U0573541

新时代经济创新思维研究

庄洪艳◎著

线装书局

图书在版编目（ＣＩＰ）数据

新时代经济创新思维研究 / 庄洪艳著. -- 北京 ：
线装书局, 2023.10
ISBN 978-7-5120-5547-6

Ⅰ．①新… Ⅱ．①庄… Ⅲ．①企业经济－研究－中国
Ⅳ．①F279.2

中国国家版本馆CIP数据核字(2023)第128583号

新时代经济创新思维研究

XINSHIDAI JINGJI CHUANGXIN SIWEI YANJIU

作　　者：庄洪艳
责任编辑：白　晨
出版发行：线装書局
　　　　　地　　址：北京市丰台区方庄日月天地大厦 B 座 17 层（100078）
　　　　　电　　话：010-58077126（发行部）010-58076938（总编室）
　　　　　网　　址：www.zgxzsj.com
经　　销：新华书店
经　　销：新华书店
印　　制：三河市腾飞印务有限公司
开　　本：787mm×1092mm　　　　1/16
印　　张：15
字　　数：340 千字
印　　次：2024 年 7 月第 1 版第 1 次印刷

线装书局官方微信

定　　价：68.00 元

前　言

　　经济建设是国家发展之根本，只有重视企业发展，国家的经济建设工作才能更上一层楼。要重视企业的经济发展，自然要先从企业的经济管理模式入手。企业只有不断改革创新，才能顺应时代，跟上时代步伐，更加长远、持续地发展。对于促进企业经济建设发展的经济管理模式来说，要做的自然也是不断创新和完善经济管理制度，从而更好地提升国有企业的经济管理质量，国有企业的抗风险能力才能提升，遇到风险和发生问题时，国有企业才能够从容面对，在最短时间内快读、准确地解决问题。在新时代、新发展理念的感召下，我们必须对企业的经济管理模式做出创新，寻找创新策略，为企业更好地发展提供帮助，为国家经济建设做出贡献。

　　创新是中国企业发展的一个重要课题，但是，中国企业长期以来创新不够，企业的管理水平还较落后。知识经济给中国企业带来巨大机会，也给中国企业带来更大挑战。要求中国企业必须创新，才能适应环境的变化，才能得到持续稳定发展。

　　近几年，我国市场经济发展速度比较快，企业步入新的发展阶段，市场经济发展处于一个快速变化的过程中，这给企业带来了发展机遇和挑战。随着企业的竞争压力逐渐增大，企业的经济管理模式也发生了一定程度的转变，由原来的生产型过渡到现有的生产经营管理型，因此，企业的经济规范化管理显得格外重要。现代企业的经济管理模式关系到企业经济效益提升，采用规范化管理的经营模式，能促进企业朝着积极健康的方向逐渐发展。

　　本书共包括十章。第一章绪论，介绍了突破思维定势，再对创新进行概述，掌握创新的含义与特征，了解根据不同标准对创新类型的划分，了解自主创新模式、模仿创新模式与合作创新模式。第二章对创新思维进行了整体介绍，包括创新思维的特点、创新思维训练应注意的问题、创新思维的方式、创新思维度量、创新思维与科学美、大数据时代的创新思维。第三章介绍创新思维的开发工具，包括头脑风暴法、思维导图法、六项思考帽法、世界咖啡法。第四章介绍了创新思维的方法，包括发散思维、联想思维、形象思维、系统思维和逆向思维等。第五章介绍了如何制定创新战略，从创新战略的选择、影响创新战略选择的因素及创新战略与风险管理。第六章介绍了创新型组织，首先介绍什么是创新型组织，再介绍创新型组织的构建以及建立创新管理部门。第七章介绍了有效沟通的内涵、方式及化解组织沟通的障碍。第八章介绍了创新激励机制的理论基础和实施。第九章介绍了创新绩效的评估的定义、原则与作用，指标体系，方法。第十章介绍了新时代经济创新思维的未来发展新趋势。

市场创新是企业创新的归宿。企业的各种创新都以满足市场需要为最终落脚点，企业创新的效果也必须有市场来检验，所以市场创新是企业创新的归宿。企业要有创新意识，一是要分析市场机会，二要掌握市场创新的基本方法和手段。

内容简介

在当今全球经济一体化以及经济发展的新政策下，企业的经济发展条件发生着根本性的改变。创新是一个国家、民族进步源泉，是保证其永葆活力的重要动力。此外，创新也是经济增长的重要内生变量，是企业持续竞争优势的重要源泉。随着经济全球化的加剧，创新作为企业软实力之一，在当今的竞争模式中扮演着关键的角色。对于企业而言，创新的关键在于创新管理，这就要求企业成员具有创新思维，企业管理者需要用创新性的思维去管理企业的创新活动，将创新转化为经济效益。

目　录

第一章　绪　论

第一节　突破思维定式

一、思维定势的形成

思维定势又称思维惯性，是由以往的知识或经验而造成的、一种对问题的特殊心理准备状态，或解决问题的倾向性。在条件、环境等不变的情况下，这种惯性能够帮助人们运用已经掌握的方法迅速高效地解决问题。但必须注意的是，在客观情况发生变化时，它又会阻碍人们探索新的方法，使得问题长期得不到解决。消极的思维定势一定是束缚创新思维的枷锁，因此，思维定势既包含了经验性、合理性，也暗藏了巨大的惯性和自我封闭性，无形中形成了思维枷锁。良好的思考习惯能高效地解决问题，相反，不良的思维习惯，会形成思维障碍。

有一个年轻学子向著名高僧南隐禅师请教如何求学。大师并没有直接回答他，而是拿起桌子上的茶壶，往学子的茶杯里不停地倒水。水很快就倒满了杯子，可禅师并没有停下来，他那双睿智的目光注视着学子面前的茶杯，任由水溢到桌面，学子起初大惑不解。渐渐地，学子似乎明白了什么，于是他对禅师说："师傅，我懂您的禅机了。"南隐禅师听罢，便放下手中的茶壶，问道："你真的懂了？"学子说："您是在告诉我，要想学习新的知识，就要让头脑腾出空间来，想了解新的道理，就要先把旧的观念放到一边，否则，我的头脑就会像这只已经装满了水的茶杯，无法再容纳新的东西了。我说得对吗？"南隐禅师听后满意地微笑。这就是"空杯心理"，形象地阐明了一种恰当的学习态度，这对于开发创新思维尤为关键，如果对已有的思维观念和思维模式不敢突破，创新思维将没有立足之地。

（一）思维定势不是凭空产生的

随着人们不断地学习知识、积累经验，在这过程中，一方面提高了认知能力，另一方面也逐渐形成了思维惯性，即思维定势。思维定势是一种按常规处理问题的思维方式，可以省去许多摸索、试探的步骤，缩短思考时间。日常生活中，思维定势可以帮助人们解决90%以上的常规问题。这对于程序性、事务性的工作是有效的，而且提高了工作效率。根据当前的问题联想起已经解决过的类似问题，将二者之间的特征进行比较，抓住共同特征，将已有的知识和经验与当前的问题情境建立联系，从而很快找到解决问题的方法。但是，定势思维不利于创新思考、创造活动，以及在工作中取得创新成果。

婴幼儿是没有思维定势的，因此，他们有着丰富而大胆的想象力、强烈的好奇心，敢于提问，虽然表现得有些幼稚，但常常闪烁着创新的火花。应试教育强调唯一标准的答案，学生死记硬背灌输式地获取知识，渐渐地，好奇心、想象力被磨灭殆尽，这是传统教育的严重弊端。

（二）思维定势是一把双刃剑

思维定势对于解决问题，既有积极的一面，更有消极的一面，而它的消极作用往往被人们忽略。它容易使人们产生思想上的惰性，形成一种机械呆板、不思改变的思维模式。当面对一个全新问题时，思维定势往往在不知不觉中，绑架人们的思维步入误区，尤其是当大学生们面对浩如烟海又瞬息万变的信息时，如果不会用创新思维去应对，最后只能被淹没。

因此，思维定势是一种惯性思维，通常沿着熟悉的思考路径，以线性的方式投射到当前的问题，不经意间就陷入了思维误区。思维定势无处不在，无时不有，无人能幸免。英国哲学家、科学家弗朗西斯·培根（Francis Bacon）说得好："即成的习惯，即使并不优良，也会因习惯而使人适应。而新事物，即使更优良，也会因不习惯而受到非议。对于旧习俗，新事物好像一个陌生的不速之客，它引起惊异，却不受欢迎。"而科学发现具有独创性，往往与思维定势不相容。微积分创立之初就遇到了强力的阻挠，微积分的产生，使数学迈入一个全新的发展阶段——变量数学阶段，然而，固守思维定势的人斥责其为"一派胡言"，其中就有当时法国科学院院士洛尔，他曾说："应该立刻把它们从（数学）这门科学中驱逐出去！"

每个人在解决问题的思维活动中，都有各自惯用的思维模式，当面对某个事物、现象或问题时，便会不假思索地把它们纳入已经习惯的思想框架内，进行深入思考和处理问题，这是思维定势的常态。"傻瓜机"的自动聚焦，为人们照相带来了很多方便，而这一功能，却曾是令科研人员头疼的事。因为一提到自动聚焦，便想到用电动机驱动镜头。这样一来，照相机的体积就不可能很小。后来，有人突发奇想用弹簧代替电动机驱动镜头，不久就制造出各式各样的超小型"傻瓜机"。法国生物学家和生理学家贝尔纳（Bernard）曾说过："妨碍人们学习的最大障碍，并不是未知的东西，而是已知的东西」

思维定势在日常事务工作中，对普通问题的思考和处理，尤其是讲究程序性、规范化地完成任务是快速高效的，但不利于开创性的改革以及突破性的创新思维，它阻碍了新思想、新观点、新技术和新形象的生发。因此，在激发创新思维过程中，首先需要突破思维定式。不同的人有不同的思维定势，应认识到自身的思维定势，并以有效的方法进行突破，形成创新思维模式。

1. 突破专业定势

专业定势是指在从事某个行业或研究某项学术时，限于行业常规、权威人物的理论所形成的思维定势。突破专业思维定势，需要在思考问题时，敢于打破行业常规，不迷信权威，针对行业属性和现有情况具体问题具体分析，从而找到最佳解决方案。

2. 打破设计定势

设计定势是指在完成某项计划的时候，依据固有的设计思路、设计技巧、传统材料进行规划或创建。爱因斯坦曾说："不怀疑不能见真理设计或技术上的完美性和先进性，往往是相对的。许多问题在设计之初并不总是十全十美。突破设计定势，就要敢于对原计划、原知识持怀疑态度，不因循守旧，不迷信书本，等等。

3. 摒弃心理定势

心理定势是指人们在长期的生活、工作过程中形成的心态。心理定势有些是负面的，容易让人产生自卑、自满等不良情绪。首先要摒弃自卑心理。自卑表现为过分看轻自己，畏惧不前。自卑的人往往低估自身的能力，缺乏自信。此外，自卑也表现在对生活的厌倦，进而对周围的人和社会不抱有任何希望。在职场上，表现为工作无力，不思进取。相反，有自满心态的人总是虚骄自大，自以为是，觉得自己的所思所想都是正确的，做事盲目冒进。因此，在生活、工作中一定要摒弃这种定势。

事物的表现方式是多种多样的，在思考问题的时候要尽量从多方面考虑。特别是在企业开发新产品的时候，往往需要考虑消费群体、地域和时间等多方面因素。尝试多角度地看待问题，就能够发现产品的不足之处。另外，在思考问题时，应当找出问题中隐含的条件，抓住问题的具体指向性，甚至有时候可以从反面思考问题，运用逆向思维解决问题，往往收到"柳暗花明又一村"的效果。

二、常见思维定势的类型

常见的思维定势有：从众型思维定势、书本型思维定势、经验型思维定势以及权威型思维定势。

（一）从众型思维定势

生物学家法布尔（Jean-Henri Casimir Fabre）曾做过一项有趣的毛毛虫实验：诱使领头毛毛虫围绕圆盘的边缘绕圈，其他的毛毛虫则跟着领头的毛毛虫，首尾相连形成一个圈，每个毛毛虫都可以是队伍的头或尾，结果，每个毛毛虫都跟着它前面的毛毛虫爬呀爬，周而复始，直到饿死累死。

从众型思维定势是指没有或不敢坚持自己的思想，凡事顺从多数人意志的一种广泛存在的心理现象，进而形成的限制思考的定势。在美国通用汽车公司的一次董事会上，一个资深董事提出了一项决策议案，立即得到大多数董事的附和。有人说，这项计划能够大幅度提高利润，有人说，该议案有助于打败竞争对手，于是大家一致建议应该组织力量，尽快付诸实施。但是，董事长却保持了冷静的头脑："我不赞同这种团体思考的方式，大家刚才的表决明显带有随声附和的色彩，这会导致十分危险的结果。因此，我建议把这项议案推迟一个月后再表决，请各位董事独立地思考一番。"一个月后，董事会重新讨论那项议案，结果被否决了。

人们在日常生活、学习和工作中，从众心理普遍存在，认为随大流安全，逐渐固化形成从众型思维定势。比如，走到十字路口，看到红灯本应该停下来，但此时别人都在往前冲，自己也会随着人群走，不自觉中破坏了交通规则。破除从众型思维定势，要求在思维过程中不盲目跟随，具备心理抗压能力；在科学研究和技术发明过程中，树立"自由之思想，独立之精神"的创新意识，克服从众型思维定势，才有可能获得突破.

（二）书本型思维定势

现有的科学技术和文学艺术是人类数千年来认识世界、改变世界的经验总结，其中大部分都是通过书本传承下来的。因此，书本知识是人类的宝贵财富，对人类社会的文明发展起着极为重要的作用，值得一代代人认真学习与继承下去。但是，对于书本知识的学习，其最终目的在于发现新知识，继续推进科学技术的不断进步，这就需要对书本知识活学活用，决不能当作教条死记硬背，更不能作为万事皆准的绝对真理，否则，就会走向事物的反面，形成书本型思维定势。孟子就特别重视和倡导人的怀疑精神，提出"尽信书宁无书"的观点。

当今社会现象瞬息万变，科技发展日新月异，而书本知识未得到及时和有效的更新，与客观事实之间存在明显的滞后性，这已经是常态，如果还是一味地抱残守缺，认为书本知识都是绝对正确的，刻板地严格按照书本旧有的知识去指导鲜活的实践活动，将会严重束缚、禁锢创新思维的涌现。

18世纪，错误解释燃烧现象的"燃素说"被视为圣典，在化学界整整统治了一个世纪。其间，卡文迪许、舍勒、普列斯特里等许多著名的科学家都曾在实验室中得到足以推翻这种错误观点的证据，但由于他们受书本思维定势的束缚，又迷信权威，在事实与权威理论产生明显矛盾时，不是去怀疑"燃素说"，而是让事实迁就"权威"的理论。法国化学家拉瓦锡则在卡文迪许等人的工作基础上，大胆提出了正确解释燃烧现象的"氧化学说"，创立了近代化学。在天文学史上，勒莫尼亚自1750年到1769年间，曾先后12次观察到天王星，但他由于受到"太阳系的范围到土星为止"陈旧观念的束缚，与将天王星认定为太阳系的一颗行星的机会擦肩而过，直到1781年英国天文学家赫舍尔才加以认定。

1.大学生要构筑适合于自己的、能支撑今后创新创业道路上取得成功的知识结构

知识结构是指各类知识相互影响而形成的知识框架以及各类知识的比重。分为：（1）自然科学知识和社会科学知识的比重；（2）普通知识和特殊知识的比重；（3）基础知识和专业知识的比重；（4）传统知识和现代知识的比重；等等。"比重"不仅指数量关系，更是质量关系。培养各领域的创新人才，需要不同的知识结构支撑。创业者必须分析自己的知识结构，特别是要找出自己所特有的或占优势的知识，以及缺乏的或处于劣势的知识，这样才能发挥优势，补足短板，找到最擅长的领域去创业，最终干出一番属于自己的事业。

2.知识结构的特征

（1）核心特征

核心特征是指将那些对实现目标有决定意义的知识放在起主导作用的核心地位，同时，让一切相关的知识在整个结构中处于相应的位置。在具备专业特长的同时，多涉猎一些相关领域的知识，形成广博和精深相融合的知识结构。

（2）整体特征

整体特征是指整个系统的功能体现"1+1>2"的整体效果，系统的不同部分又能相互适应。当掌握了很多知识的同时，又能融会贯通，就有可能在这些知识之间产生新的知识。那些杰出的科学家、发明家、企业家等，他们的知识结构大都带有综合化、整体相关的特征。

（3）动态特征

构筑知识结构是一个动态的、可变的过程，能够根据人生不同的发展阶段，适时进行定向的调整，以保持最佳的创新状态。符合创新要求的知识结构本身就

应该具有这样一种转换能力。

3.建立合理的知识结构应注意的原则

（1）整体性原则，即专博相济，一专多通，广采百家为我所用。

（2）层次性原则，即合理知识结构的建立，必须从低到高，在纵向联系中，划分基础层次、中间层次和最高层次。没有基础层次，较高层次就会成为空中楼阁，没有最高层次，则显示不出水平。因此对任何层次都不能忽视。

（3）比例性原则，即各种知识在顾全大局时，数量和质量之间应合理配比。配比的原则应根据培养目标来确定，不同的成才方向，知识结构的组成是不一样的。

（4）动态性原则，即知识结构绝不应该处于僵化状态，而必须是能够不断进行自我调节的动态结构。这是适应科技发展知识更新、研究探索新的课题和领域、职业和工作变动等因素的需要，否则，就跟不上飞速发展的时代步伐。

（三）经验型思维定势

经验型思维定势，是指人们观察、解决问题时，一味地按照以往的经验行事，照搬照套的一种思维习惯，忽视了经验的相对性和片面性，从而制约了创新思维的产生。经验似乎比科学更直接、更亲切，但经验往往比科学更肤浅、更狭隘，有时甚至更顽固。比如，18世纪的天文学家绝不相信陨石是从天上掉下来的，直到1803年4月26日，几千块陨石从天而'降，落在法国莱格尔镇，天文学家才不情愿地承认陨石是从天上掉下来的这一事实。

心理学家做过一个有趣的实验：在一个没有盖的器皿中，几只跳蚤一起蹦跳着，每一只每一次都跳差不多相同的高度，人们根本不用担心它们会跳出器皿，原来这是特殊训练的结果。跳蚤的训练场是一个比表演场地稍低一点的器皿，上面盖了一块玻璃。开始，这些跳蚤都拼命地想跳出器皿，结果总是撞到玻璃上。一段时间后，即使拿掉玻璃盖板，跳蚤也不会跳出去了，因为过去的经历已经使跳蚤的头脑中产生了经验定势。再来看一则寓言故事：有一头驴子在背盐过河时，不小心滑了一跤，盐溶化了，驴子站起来时，感到身体轻松了许多，驴子取得了经验。后来，驴子背着棉花过河，有了上次过河的经验，驴子故意跌倒在水中。结果棉花吸了水，驴子一直往下沉，最后淹死了。

每一个人成长的过程都伴随着经验的不断积累，因而，我们解决问题的能力也在不断地增强。因此，经验是人类在实践中获得的主观体验和感受，是通过感官对个别事物的表面现象、外部联系的认识，是理性认识的基础，在人类的认识与实践中发挥着不可替代的作用。经验型思维有助于人们在处理常规事物时少走弯路，提高学习、工作效率，改善生活品质。

功能固着就是经验型思维定势的表现形式。盛着半杯水的茶杯，人们看不见半杯空气的存在，这是因为生活中茶杯通常是用来盛水的，久而久之，即使茶杯里只剩下一点水，人们还是忽视了空气的存在，类似的现象比比皆是。功能固着定势下，人们只看到一个物体正在被使用的功能，而忽略了更多的潜在功能。德国心理学家邓卡尔和美国心理学家亚当森都做过这样的实验：将一支蜡烛、一盒图钉、一盒火柴放在桌上，要求大学生们将蜡烛固定在墙上，并且要求点燃蜡烛后，蜡油不能滴落在地板或桌子上。结果很多被试者不能在规定的时间内解决这一课题。原因是人们往往只看到图钉盒装图钉的功能，想不到图钉盒还有物体支架的功能。这就是功能固着定势阻碍了问题的创造性解决。研究证明，一个物体功能的固着程度，往往取决于最初接触到它时的功能的重要性。最初看到的功能越重要就越难看出其他用途；越是熟悉的东西，就越难看出它的新意和作用。长期使用的生产工艺、操作方法、技术设备、规章制度，在人的头脑中往往形成一种"历来如此""自然合理"的观念，以至于不思创新，实际上也是一种功能固着定势的表现。美国人吉列发明了世界上第一款安全剃须刀，为男人们带来了便利。吉列公司也因此长期忽略了巨大的女性市场，后经创新思维开发，开始重新审视市场，经过周密的市场调查，开发了女性专用剃毛刀架，投放市场后一举成功。

（四）权威型思维定势

几乎在所有领域，人们习惯引证权威的观点是因为有显著的说服力，但是以权威的思想作为判定事物是非的唯一标准，那就有可能出现偏差，一旦发现与权威相违背的观点，唯"权威"是瞻，这是不可取的。对权威的迷信、盲目崇拜与夸大，是思维惰性的表现，这种思维习惯或程式就是权威型思维定势。

即使是科技泰斗，也不可能永远正确。大发明家爱迪生曾写过几篇关于交流电的论文，在文中他断言因交流电太危险而不适合家庭使用，直流电才是唯一途径。伟大的科学家爱因斯坦，曾顽固地反对量子力学和测不准定理，尽管这些理论是根据他的发现推导出来的。提出原子结构"太阳系"模型的英国著名物理学家卢瑟福，曾经断言从原子中释放能量是空谈妄想。法国著名思想家笛卡尔曾用逻辑证明，托里拆利发现的真空效应是不可能的。法国科学家勒让、德国发明家西门子、美国天文学家纽康等相继通过科学论证，得出了"比空气重的机械根本飞不起来"的结论。大名鼎鼎的牛顿也曾提出过"一切行星都是在某种外来的第一推动力的作用下，由静止开始运动"这一谬论……

在科学研究中，要区分权威与权威定势。对于学科问题，导师在本领域相对于学生来说看得更远、研究得更深些，学生要尊重导师的学术观点及指导。当然，由此而产生的定势，导师可能也会更多些。破除权威型思维定势，坚持"真理面前，人人平等""吾爱吾师，吾更爱真理"。卢瑟福在带领学生进行α粒子轰击金箔的实验时，发现射出的几万粒α粒子中有几粒被弹了回来。这一实验结果与当时为世界所公认的、由他的老师英国著名物理学家汤姆逊提出的原子模型相违背。面对与权威理论相矛盾的实验结果，卢瑟福并没有将这些平均射出约一万粒才弹回一颗的α粒子当作实验误差，而是带领学生进行精确的实验，并由此创立了著名的原子"太阳系模型"，使人们对原子内部结构的认识，又向前迈进了一大步。

三、思维定势的主要特征

思维定势的主要特征有以下四个方面。

（一）形式化结构

思维定势不是指思维的具体内容，而是指思维活动所具有的、逐渐定型的一般路径、方式、程序和模式。它是空洞无物的模型，当被思考的对象填充进来、实际的思维过程及观念发生以后，才会显示出定势的存在，以及不同定势之间的差异。因此可以说，没有现实的思维过程，也就无所谓思维定势。

（二）强大的惯性

思维定势不仅逐渐成为思维习惯，而且深入人们的潜意识，成为观察问题、解决问题时不自觉的刻板反应。思维定势的惯性表现，一是新定势的建立，二是旧定势的消亡。思维定势是随着知识和经验不断积累的过程中逐渐建立起来的，它能够"不假思索"地支配人们的思维过程、心理态度乃至实践行为，具有很强的稳定性甚至顽固性。所以，改变思维定势绝不是一蹴而就的事情，而且常常伴随着巨大的痛苦。

英国经济学家贝弗里奇（William Beveridge）在其《科学研究的艺术》中解释了思维惯性："我们的思想越多次采取特定的一种思路时，下一次采取同样的思路的可能性就越大。在一连串的思想和动作中，一个个观念之间形成了联系，这些联系每被利用一次，就变得越加牢固，直到最后，整个联系紧紧地相连成为一个系统，最终使它们之间的连接很难被破坏。正像形成条件反射一样，思维最终进入固定的模式里。"

心理学家曾做过一项有趣的猴子实验，这样的惯性不仅在个体当中不知不觉地延续，更有甚者还能在群体中蔓延。

然而，许多公司把自身的成功，归因于富有竞争力的经营管理模式。以为"一招鲜吃遍天"，面对不断变化的市场，不再积极应对，不思更新，固执地运行在所谓的"成功经验"的轨道上，终将因固守陈旧的经营模式而失败。王安一度被称为"电脑业的快枪手"。然而，成功中的王安自傲于公司产品在科技水平上的优势和声誉，没有看到个人微电脑的崛起之势，创新意识逐渐钝化，固守文字处理机和大型电脑不放。在个人电脑应用不断发展、用户需求不断增加的同时，对电脑兼容性的要求也越来越高，许多公司根据市场需求的变化，纷纷推出与 IBM 相兼容的电脑，而王安却坚持继续生产与 IBM 不相兼容的产品，从而失去了大量客户。此后，王安的电脑公司市场地位每况愈下，作为公司生命线的新产品始终没有问世，终于一败涂地。我们可以得出这样的结论：适应变化、主动创新是王安的电脑公司得以高速发展的秘诀，故步自封、安于现状则是致命杀手。

（三）层层束缚的等级性

客观世界是无限的，思维对象有无穷多，它们有无穷多的关联，以及无穷多的变化。在观察、思考问题时，有许许多多的相关条件有待于我们去发掘，其产生的直接、间接的结果，也是无穷无尽的。这就要求我们必须打破思维过程中许多"约定俗成"的规矩，拓展思维的视野。在汉语当中，"创造"的"创"字本身就有破坏等意思，这或许是一种巧合，但也是一种暗示：在"造"之前，先要对原有的事物进行某种程度的破坏。世界上的任何事物都是以某种状态存在的，其存在状态又是相对静止和稳定的，因此，人们就习惯将事物定位在这种状态上，而创造必然会破坏这种状态。没有"创"就没有"造"，创是造的前提，造是创的目的。

（四）自我禁锢的封闭性

15 世纪末，哥伦布完成了横跨大西洋的探险。从此，美洲的黄金白银、珍稀物种被源源不断地运到了欧洲。于是，人们把他的发现看作是伟大的壮举，也把哥伦布看作是传奇式的英雄人物。在一次为哥伦布举行的庆功宴会上，几个贵族直言不讳地向哥伦布表达了他们的意见，认为哥伦布只不过是做了一件任何人都能做到的事，凭着偶然的运气发现了西印度群岛，并不能说明他有怎样的智慧，更没有什么值得大惊小怪。哥伦布没有为自己争辩，反而请教这些王公贵族，如何把鸡蛋立起来。结果这些王公贵族却无法办到。不能把鸡蛋立起来的原因，在于他们思维的封闭性。在他们的观念里，鸡蛋是不能被磕破的，这个定势已经根深蒂固，因此拒绝任何习惯以外的想法。但哥伦布却不受这些限制，轻轻一磕，鸡蛋便立了起来。在长期的生活实践中，人们的注意力往往倾向于自己熟悉的事物和观念，而对其他问题和现象却视而不见。所以，当某一思路行不通时，应重新审视自己的思维对象，换个思维焦点试试。

四、突破思维定式的十种策略

成功学奠基人拿破仑·希尔（Napoleon Hill）指出，人的可贵之处在于创新思维。创造出《蒙娜丽莎》和发现相对论的思维方式有哪些共同之处？爱因斯坦、爱迪生、达·芬奇、达尔文、毕加索、米开朗基罗、伽利略、弗洛伊德和莫扎特，他们的思维方式有哪些特点？我们能从他们身上学到什么？

反观我们的思维方式通常是复制性的，也就是说，以过去遇到的相似问题为基础，遇到问题的时候，我们就会这样想"我在生活、教育及工作中学到的知识，是怎样教我解决这个问题的"？然后，我们就会选择以经验为基础的最有希望的方法，排除其他一切方法并沿着这个界定的方向去解决问题，这些以经验为基础而采取行动的可靠性，使我们对于结论非常自负。

相比之下，运用创新思维思考问题的时候，科学家们会问"能有多少种方法看待这个问题？""怎样反思这些方法？""多少种解决问题的方法？"曾经有人问爱因斯坦，他与普通人的思维区别在哪里？爱因斯坦回答说："如果让一个普通人在干草垛里寻找一根针，那个人在找到一根针后就会停下来，我则会把整个草垛掀开，把可能散落在草里的针全都找出来。"

（一）从多种角度考虑问题

有成就的科学家往往擅于发现某个他人没有采用过的新角度。达·芬奇认为，为了获得有关某个问题所构成的知识，首先要学会如何从许多不同的角度，重新构建这个问题。他发现自己看待某个问题的第一种角度太偏向于自己看待事物的通常方式时，就会不停地从一个角度转向另一个角度，重新构建这个问题，他对问题的理解，随着视角的每一次转换而逐渐加深，最终抓住问题的实质。事实上，爱因斯坦的相对论，就是对不同视角之间关系的一种解释。弗洛伊德的精神分析法，旨在找到与传统方法不符的细节，以便发现一个全新的视角。

（二）思考问题形象化

文艺复兴时期，人类的创造性得到了迅速发展，这种发展与图画和图表对大量知识的记录和传播密切相关。比如，伽利略用图表形象地描绘出自己的思想，从而在科学上取得了革命性的突破；而他的同时代人，使用的还是传统的数学方法和文字方法。当爱因斯坦对一个问题进行全面思考以后，他往往会发现，用尽可能多的方式（包括图表）来表述思考对象是必要的。他的思想是非常直观的，他用的是直观和空间的思考方式，而不仅是纯数学或文字的推理方式。

（三）善于创造

创新思维突出的特点，就是具有无限的创造力。莫扎特一生创作了600多首乐曲，爱迪生拥有1093项专利，爱因斯坦最著名的作品是关于相对论的论文，他还发表了另外248篇高质量的论文。

（四）进行独创性的组合

西蒙顿在《科学天才》一书中提出，天才们进行的新颖组合，比仅仅称得上有才的人要多。就像面对着一堆积木的顽皮儿童一样，天才会在意识和潜意识中不断地对想法、形象和见解进行组合，从而将积木搭配出不同的形状。想一想爱因斯坦的方程式，爱因斯坦在思考关于光的能量、质量或速度的概念时，是以一种新颖的方式，把这些概念重新组合起来，面对着与其他人一样的世界，他却能够看到不同的信息。

（五）设法在事物之间建立联系

达·芬奇在铃声与石头入水时发出的声音之间建立了联系，这使他得出了声音是以波的形式传播的结论。德国化学家弗里德里希·凯库勒梦到一条蛇咬住了自己的尾巴，从而凭直觉理解了苯分子的环状结构。塞缪尔·莫尔斯在设法制造出足以越过大洋的电报信号上一筹莫展时，观察到马匹在驿站被换下来的情景，因而受到启发想到了电报信号的中继站，找到了解决问题的办法。（想一想：如何让石头浮在水面？）

（六）从相对立的角度思考问题

物理学家和哲学家戴维·博姆认为，天才之所以能够提出各种不同的见解，因为他们可以容纳相对立的或两种不相容的观点。

物理学家尼尔斯·玻尔认为，如果你把两种对立的思想结合到一起，你的思想就会暂时处于一种不稳定的状态，然后发展到一个新水平。玻尔的创造能力，来源于他把光想象成既是一种粒子又是一种波。

（七）善于比喻

亚里士多德把比喻看作是天才的一个标志，他认为那些能够在两种不同类事物之间发现相似之处，并把它们联系起来的人，具有特殊才能，如果相异的东西，从某种角度看上去确实是相似的，那么，它们从其他角度看上去也是相似的。亚历山大·格雷厄姆·贝尔把耳朵的内部构造比作一块极薄的能够振动的钢片，并由此发明了电话。

（八）对变化有所准备

亚历山大·弗莱明不是第一个研究致命细菌的医生。他注意到，暴露在空气中的培养基上会生出霉菌，认为这"很有趣"，进而想知道这种现象是否有利用的可能。正因为对这种"有趣"现象的观察研究，最终发明了青霉素。

美国心理学家伯尔休斯·斯金纳强调科学方法论的一个重要原则是：当你发现某件有趣的事物时，放弃所有其他的事情，转而专心研究这件事物。太多的人没能理睬机会的敲门，因为他们不得不完成事先做好的计划。天才们不会等待时机的馈赠，而是主动寻求偶然的发现。

富有创造性的天才们知道如何运用这些思维方法。社会学家哈丽雅特·朱克曼发现，恩里科·费米培养出了6名像他一样获得诺贝尔奖的学生；欧内斯特·劳伦斯和尼尔斯·玻尔各有4名学生获得诺贝尔奖；英国物理学家约瑟夫·汤姆逊和欧内斯特·卢瑟福共培养出17名诺贝尔奖获得者。上述这些诺贝尔奖得主，不仅自己富有创造力，而且能够教授他人如何创造性地思考问题。

（九）多元思维训练，需要"量子思维"

量子力学"波粒二象性"有三层内涵：光既是波，也是粒子；光不是波，也不是粒子；光仅仅是光量子。这与道家智慧"见山是山，见水是水""见山不是山，见水不是水""见山只是山，见水只是水"有异曲同工之妙。经典世界及其思维强调机械、肯定、精确，而量子世界则是一个不确定的世界，量子思维强调差异、可能、变幻。在创新探索中，人们需要量子思维。一个掌握了多元思维的人，对于在逻辑框架中不能解释的问题，换个角度就能找到解题方案。在现代教育中，多元思维（包括量子思维）的训练至关重要，异想天开是个褒义词，多元思维或许是应对未来各种挑战必备的一种本领。

（十）拓展艺术思维

达·芬奇将科学和艺术完美地结合于一体；爱因斯坦那一头蓬松的乱发似乎更有某种艺术家的气质，他出色的小提琴演奏水平富有传奇色彩；德国著名物理学家普朗克、玻恩，获得了诺贝尔物理学奖，他们的钢琴演奏也达到了专业水平；物理学家、大爆炸理论提出者之一伽莫夫，同时又是著名漫画家。艺术充分激发了他们的想象力，反过来，他们又把艺术思维运用到各自的科学领域，从而取得了巨大的科学成就。

第二节　创新概述

一、创新的含义与特征

纵观人类发展历史，创新始终是推动一个国家、一个民族向前发展的重要力量，也是推动整个人类社会向前发展的重要力量。在激烈的国际竞争中，要实现经济的持续健康发展，必须依靠创新驱动，创新是引领发展的第一动力。

（一）创新的含义

1912年，美籍奥地利经济学家熊彼特（J. A. Schumpeter）在其著作《经济发展理论》中首次提出"创新"的概念。他认为，所谓创新就是要"建立一种新的生产函数"，即"生产要素的重新组合"，把一种从来没有的关于生产要素和生产条件的"新组合"引进生产体系中，以实现对生产要素或生产条件的"新组合"。这种新组合包括：1.引进新产品；2.采用新技术；3.开辟新的市场；4.控制原材料新的供应来源；5.实现工业的新组织。熊彼特的创新概念包含的范围很广，不仅涉及技术性变化的创新，还包括非技术性变化的组织创新。在创新领域上具有开拓性，在整个西方经济学说史上占有重要的地位。但在当时，熊彼特的创新理论似乎被同期的"凯恩斯革命"理论所淹没，并未得到广泛的重视。直到20世纪50年代，随着科学技术的迅速发展，技术变革对人类社会和经济发展产生了极大的影响，人们才开始重新认识创新对经济增长和社会发展的重大作用，并开始研究创新的规律。20世纪60年代，美国经济学家华尔特·罗斯托（W. W. Rostow）提出了"起飞"六阶段理论和"技术创新"的概念，并把"技术创新"提高到"创新"的主导地位。随后，人们对技术创新进行了深入的研究，大体可分为以下三个阶段：

第一阶段是20世纪50年代初到60年代末，在新技术革命浪潮推动下，技术创新研究迅速复兴，逐步突破新古典经济学的局限与束缚，开始兴起对技术的变革和技术创新的研究，迈尔斯（S. Myers）和马奎斯（D. G. Marquis）是主要的倡议者及参与者。在其1969年的研究报告《成功的工业创新》中将创新定义为技术变革的集合，认为技术创新是一个复杂的活动过程，从新思想、新概念开始，通过不断地解决各种问题，最终使一个有经济价值和社会价值的新项目得到实际的成功应用。到70年代下半期，技术创新的界定进一步拓宽，在NSF报告《1976年：科学指示器》中，认为技术创新不仅包括将新的或改进的产品、过程或服务引入市场，并将模仿和不需要引入新技术知识的改进这两类创新划入技术创新的定义范围中。在这一阶段，创新尚处于新研究领域的开发阶段，研究比较分散，尚未形成完整的理论框架，研究方法以案例分析总结为主。

第二阶段是20世纪70年代初至80年代初，有关技术创新的研究持续升温。在这一阶段，技术创新研究从管理科学和经济发展周期研究范畴中相对独立出来，初步形成了技术创新研究的理论体系。其中，厄特巴克（J. M. UMerback）的创新研究独树一帜。他在1974年发表的《产业创新与技术扩散》中提出，与发明或技术样品相区别，创新就是技术的实际采用或首次应用。缪尔塞（R. Mueser）则在80年代中期对技术创新概念做了系统的整理分析，他认为技术创新是以其构思新颖性和成功实现为特征的有意义的非连续性事件。英国著名学者弗里曼（C. Free-man）从经济学角度对技术创新进行了思考。他认为技术创新在经济学上的意义只是包括新产品、新过程、新系统和新装备等形式在内的技术向商业化实现的首次转化。在这一阶段，研究的具体对象开始逐步分解，出现了对创新不同侧面和不同层次内容的比较全面的探讨，包括对技术创新的定义、分类、起源、特征、过程机制与决策、经济与组织效应等，并逐步将组织管理行为理论、决策理论等多种理论和方法应用到技术创新研究中。

第三阶段是20世纪80年代初至今。这一阶段，技术创新的研究呈现出研究综合化、重点专题深入研究、注重研究内容和成果对社会经济技术活动的指导作用三个特征。诸如技术创新的预测和创新活动的测度评价、创新组织建立的策略和规范、政府创新推动政策的跟踪分析、对某一行业的技术创新或某一项技术创新发生与发展的全过程的分析等实用性强的研究课题，受到普遍关注，并注重技术创新研究成果的转化。

可见，在相当长的一段时间内，人们常常将技术创新当作创新的所有内容。但是，技术创新不能代表所有的创新，技术创新只是创新的一种表现形式，是众多创新中的一种。我们认为，创新是指以现有的知识和物质，在特定的环境中，改进或创造新的事物（包括但不限于各种方法、元素、路径、环境等，并能获得一定有益效果的行为，而不仅仅包括工艺方法等技术创新。简单来说，创新有三层含义：一是更新；二是创造新的东西；三是改变现状，就是对原有的东西进行改造、改革和发展。创新的本质是突破，即突破旧的思维定势、旧的常规戒律。创新活动的核心是"新"，它或者是产品的结构、性能和外部特征的变革，或者是造型设计、内容的表现形式和手段的创造，或者是内容的丰富和完善。

（二）创新的特征

创新是突破性的实践活动，它不是一般的重复劳动，更不是对原有内容的简单修补，它具有目的性、变革性、新颖性、超前性、价值性五个特征。

1.目的性。任何创新活动都有一定的目的，这个特性贯穿于创新过程的始终。创新特别强调效益的产生，它不仅仅要知道"是什么""为什么"，还要知道"有什么用""怎样才能产生效益"。所以，创新是一个创造财富、产生效益的过程。

2.变革性。创新是对已有事物的改革和革新，是一种深刻的变革。创新是一个动态的过程。在知识经济条件下，唯一不变的就是一切都在变，而且变化得越来越快。因此，任何创新都不可能是一劳永逸的，而只有不断地变革和创新，才能适应时代的要求。

3.新颖性。创新是对现有的不合理事物的扬弃，革除过时的内容，确立新事物。创新不是模仿、再造，因此，新颖性是创新的首要特征。具体来说，新颖性又包括三个层次：一是世界新颖性或绝对新颖性；二是局部新颖性；三是主观新颖性，即只是对创造者个人来说是前所未有的。

4.超前性。创新以求新为灵魂，具有超前性。这种超前是从实际出发、实事求是的超前。因此创新可能成功，也可能失败，这种不确定性就导致了创新的风险。因此，在创新过程中，只准成功、不许失败的要求，实际上是不切实际的。只能通过科学的设计与严格的实施，来尽量降低创新的风险。

5.价值性。创新有明显、具体的价值，对经济社会具有一定的效益。创新可以重新组合生产要素，从而改变资源产出，提高组织价值。而对于企业来说，创新利润是最重要、最基础的部分，也只有创新利润才能够反映出企业的个性。

二、创新的类型

基于不同的视角，可以把创新分为不同的类型。

（一）根据创新的表现形式分类

创新虽有大小、层次之分，但无领域、范围之限。虽然创新的种类是无穷尽的，但是若按大的属性划分，我们可以根据创新的表现形式将它分为知识创新、技术创新、管理创新和方法创新四大类。

1.知识创新

知识是人们在探索、利用或改造世界的实践中所获得的认识和经验的总和。知识创新是指通过科学研究，包括基础研究和应用研究，获得新的基础科学和技术科学知识的过程。知识创新的目的是追求新发现、探索新规律、创立新学说、创造新方法、积累新知识。知识创新是技术创新的基础，是新技术和新发明的源泉，是促进科技进步和经济增长的革命性力量，它可以为人类认识世界、改造世界提供新理论和新方法，为人类文明进步和社会发展提供不竭动力。

知识创新具有以下特征：

（1）独创性。知识创新是新观念、新设想、新方案及新工艺等的采用，它甚至会破坏原有的秩序。知识创新实践常常表现为勇于探索、打破常规，知识创新活动是各种相关因素相互整合的结果。

（2）系统性。知识创新可以说是一个复杂的"知识创新系统"，在实际经济活动中，创新在企业价值链中的各个环节都有可能发生。

（3）风险性。知识创新是一种高收益与高风险并存的活动，它没有现成的方法、程序可以套用，投入和收获未必成正比，风险不可避免。

（4）科学性。知识创新是以科学理论为指导、以市场为导向的实践活动。

（5）前瞻性。有些企业，只重视能够为当前带来经济利益的创新，而不注重能够为将来带来利益的创新，而知识创新则更注重未来的利益。

对企业而言，知识创新一般有两种形式：累积式知识创新和激进式知识创新。

累积式知识创新是企业在原有知识的基础上，结合外部资源进行持续创新，这种创新是在原有知识基础上进行的创新。创新的累积性还意味着学习过程必须是连续的，学习过程依赖的主体是企业，其组织不能随时间的流逝而解体。激进式知识创新是指企业突破惯性思维，发现现有知识中没有的全新知识，这一创新的来源既有科技创新给企业带来的根本性变革，也有企业效仿竞争对手引进的新知识、新技术与新理念。无论是累积式知识创新，还是激进式知识创新，企业都需要具备包容新知识的素质和才能。

2. 技术创新

技术创新，指生产技术的创新，包括开发新技术，或者对已有的技术进行应用创新。科学是技术之源，技术是产业之源，技术创新建立在科学发展的基础之上。技术创新是一个从产生新产品或新工艺的设想到市场应用的完整过程，它包括新设想的产生、研究、开发、商业化生产到扩散等一系列的活动，本质上是一个科技、经济一体化的过程，是技术进步与应用创新共同作用催生的产物，它包括技术开发和技术应用两大环节。

技术创新既可以由企业单独完成，也可以由高校、科研院所和企业协同完成。但是，技术创新过程的完成，是以产品的市场成功为全部标志。因此，技术创新的过程，无论如何都是少不了企业参与的。具体到某个企业，企业选择何种方式进行技术创新，要视技术创新的外部环境、企业自身的实力等有关因素而定。从大企业来看，技术创新的要求具体表现为：企业要建立自己的技术开发中心，提高技术开发的能力和层次，营造技术开发成果有效利用的机制。从中小企业来看，主要是深化企业内部改革，建立承接技术开发成果并有效利用的机制。对政府而言，就是要努力营造技术开发成果有效转移和企业充分运用的社会氛围，确立企业在技术创新中的重要地位。至于提供技术开发成果的科研院所和高校，需要强化科技成果转化意识，加大技术开发成果面向市场的力度，使企业有可能获得更多的、有用的技术开发成果。

3. 管理创新

管理创新是指企业把新的管理要素（如新的管理方法、新的管理手段、新的管理模式等）或要素组合引入企业管理系统以更有效地实现组织目标的活动。管理创新是不同于一般的"创新"，其特点来自创新和管理两个方面。管理创新具有创造性、长期性、风险性、效益性和艰巨性。

创造性表现在以原有的管理思想、方法和理论为基础，充分结合实际工作环境与特点，积极地吸取外界的各种思想、知识和观念，在汲取合理内涵的同时，创造出新的管理思想、方法和理论。其重点在于突破原有的思维定势和框架，创造具有新属性的、增值的东西。

长期性表明管理创新是一项长期的、持续的、动态的工作。风险是无形的，对管理进行创新具有挑战性。管理创新并不总能获得成功。创新作为一种具有创造性的过程，包含着许多可变因素、不可知因素和不可控因素，这种不确定性使得创新必然存在许多风险。这也就是创新的代价所在。但是存在风险并不意味着要一味地冒险，去做无谓的牺牲，要理性地看待风险，要充分认识不确定因素，尽可能地规避风险，使成本付出最小化，成功概率最大化。

创新并不是为了创新而创新，而是为了更好地实现组织的目标，要取得效益和效率，因此管理创新具有效益性。通过技术创新提高产品技术含量，使其具有技术竞争优势，获取更高利润。通过管理创新，建立新的管理制度，形成新的组织模式，实现新的资源整合，从而建立起企业效益增长的长效机制。

管理创新因其综合性、前瞻性和深层性而颇为艰巨，表现出它的艰巨性。人们的观念、知识、经验等方面以及组织目标、组织结构、组织制度，关系到人的意识、权力、地位、管理方式和资源的重新配置，这必然会牵涉各个层面的利益，使得管理创新在设计与实施中遇到诸多"麻烦"。

4.方法创新

方法创新主要是指企业经营方式的创新。当然，在现实经营管理活动中，这些概念有时很难进行严格的区分。企业经营方式创新，是指企业经营观念的根本转变以及与此相应的对企业运行方式的整体变革。资本经营、精益生产是当今企业经营方式创新中比较突出的方面。

资本经营亦称资产经营，是把企业所拥有的一切资产，包括有形资产和无形资产、流动资产和固定资产等，变为可以增值的活化资本，通过流动、裂变、组合、优化配置等各种方式进行有效运营，盘活存量资产，用好增量资产，以少量自有资本带动大量社会资本，实现资产的保值、增值。

精益生产是美国麻省理工学院国际汽车计划组织召集 14 个国家的专家、学者，花费 5 年时间，耗资 500 万美元，以汽车工业这一开创大批量生产方式和准时化生产方式（Just In Time，JIT）的典型工业为例，经过理论化后总结出来的，是对日本丰田 JIT 生产方式的赞誉称呼。精，即少而精，不投入多余的生产要素，只是在适当的时间生产必要数量的市场急需产品（或下道工序急需的产品）；益，即所有经营活动都要有益、有效，具有经济效益。精益生产是当前工业界最佳的一种生产组织体系和方式。精益生产的特点是消除一切浪费，追求精益求精和不断改善。去掉生产环节中一切无用的东西，每个工人及其岗位的安排原则是必须增值，撤除一切不增值的岗位。精简是它的核心。精简产品开发、设计、生产、管理中一切不产生附加值的工作，旨在以最优品质、最低成本和最高效率对市场需求做出最迅速的响应。

（二）根据创新的程度分类

根据创新的程度，可以把创新分为根本型创新、适度型创新和渐进型创新三种类型。

1.根本型创新

根本型创新是企业首次向市场引入的、能对经济产生重大影响的创新产品或技术，包括根本型产品创新与根本型工艺创新。根本型产品创新包括全新的产品或采用与原产品技术完全不同技术的产品；根本型工艺创新是指以全新的方式生产产品和提供服务。虽然大多数根本型创新仍应用于现行市场和顾客，但是它们会造成现有的技术和生产的核心能力过时。这类例子有真空管、机械式计算器、机械式打字机等，它们都被革命性的创新所推翻，引起市场发生巨变。根本型创新常常能主导一个产业，从而彻底改变竞争的性质和基础。由于它改变了产品的基本特征，因此决定了以后的竞争格局和技术创新格局。这类创新要求全新的技能、工艺，以及贯穿整个企业的新的系统组织方式。

根本型创新与科学上的重大发现相联系，创新过程往往要经历很长时间，并经受其他各种程度创新的不断充实和完善，同时它也会引发出大量的其他创新。根本型创新能以某种方式使某一老的产业重新成长，充满活力，也能以类似的方式创造新的产业，从而对经济产生较大的溢出效应和外部性。无论是产生新产业还是改造老产业，根本型创新都是引起产业结构变化的决定性力量。然而，对企业来说，并非所有的根本型创新都能产生深刻的竞争影响。有些根本型创新，由于创新者没能把握住竞争格局，结果给创新者带来了较大损失，反而使创新模仿者坐收渔利。

福斯特（R. Foster）的技术S型曲线可以用来识别根本型创新，描述根本型技术创新的起源和演变。S型曲线中以研究/市场努力作为横轴，以技术绩效作为纵轴，研究研究/市场努力对技术绩效的影响。从图1-1可知，技术产品的绩效与研究/市场努力之间呈现出S型的移动轨迹，技术绩效随着研究/市场努力的投入变大而沿着S型曲线移动，直到遇到技术"瓶颈"，研究/市场努力才会无效，从而导致回报的减少。一旦新的创新取代老的技术，就会产生新的S型曲线。

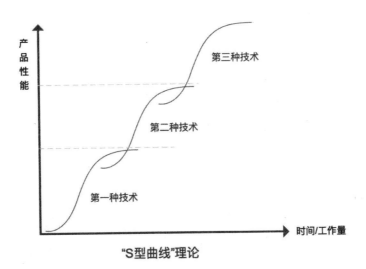

图 1-1 技术市场 S 型曲线

福斯特对技术演变的过程进行了描述，"在研发项目的早期，需要进行知识积累，在缺乏知识的情况下，由于技术开发带来的绩效增长会很慢，但是随着技术的积累，技术进步将会飞速提高。但在经过一段时间后，技术的发展会开始受到技术'瓶颈'的限制，绩效提高的速度开始下降"。市场 S 型曲线就是用以描述这一过程。首先在市场形成初期，需要进行知识积累，必须明确规定并检验成长路径和与市场相关的所有问题。企业也同样需要调查并放弃一些无效的方法。支持新技术的新市场开始演变，新竞争者进入市场，采取新技术的新合作者和分销渠道出现，等等。因此，在知道市场如何运作之前，朝市场"瓶颈"进展的速度很慢。随后，当市场中存在大量竞争者和同类产品时，回报开始下降。

因此，根本型创新可以通过新技术和新市场的 S 型曲线的产生来识别。对根本型创新进行计划，需要了解如何战略性地计划全球市场的技术不连续性（中断）和市场不连续性。很多企业都不能改变驱动它们沿着特殊轨道演进的惯性力量，所以不可能根据宏观层面的变革计划重大的战略性变革。这并不是说敏捷创造性公司或缺乏活力的公司偶遇奇迹就不能带来根本型创新，但基于它们的性质，根本型创新会很少。

根本型创新的另一个检验是判断公司的内部营销和技术 S 型曲线是否受到影响。如果不能找到企业内技术和市场战略中断，那么产品创新就不可能是根本型的。S 型曲线上的一个微小的移动，是根本型创造性的必要但不充分条件，因为它同时也是适度型创新的一个标志。

2.适度型创新

适度型创新是指"由公司的原有产品线组成，但产品并不是创新性的，即市场对于它并不陌生，它只是企业当前产品线上的新产品"。我们称这种适度创新产品为适度型创新。当前，绝大多数创新都属于适度型创新。要理解适度型创新，要理解什么是适度型创新设计，首先要明白"度"的概念。"度"的概念最早出现在古代的法家思想中，它提出了"不以规矩，无以成方圆"的思想，用法律规范来约束人们的行为，这个法律规范就是我们说的"度"，超过了这个"度"就要受惩罚。在宏观层面上，一个适度型产品将带来市场或技术的中断，但并不会同时带来两者的中断（如果两者同时发生，这将成为一种根本型创新；而如果两者都没发生，那将是一种渐进型创新）。从微观层面上，市场中断和技术中断的任何组合都会发生在企业中。适度型创新很容易识别，它的标准是在市场或技术宏观层面上发生中断，并且这个中断是轻微程度上的。它们能够演变成新的产品线，例如索尼的随身听，基于新技术扩张原有的产品线，例如佳能的激光打印机，或现有技术的新市场，例如早期的传真机。

通常情况下，"适度型创新"和"根本型创新"很容易混淆，但可以通过评估创新的技术和市场S型曲线来进行分类。一个适度的产品是指：1.依赖于产业中从未使用过的技术；2.引起了整个产业重大变革，或对产业重大变革有影响；3.是该类产品的首创产品，对市场而言是新的。因此，我们可以根据根本型创新和适度型创新的定义，来区分这两种创新。

3.渐进型创新

渐进型创新是指通过不断的、渐进的、连续的小创新，最后实现管理创新的目的。比如，针对现有产品的元件做细微的改变，强化并补充现有产品设计的功能，至于产品架构及元件的连接则不做改变。日本的企业多采用这种渐进式管理创新策略，日本政府在公务员改革过程中也采用了这种策略，通过有计划地每年逐渐减少公务员数量的办法，加以编制法定化的配套措施，使日本的公务员改革取得了成功，值得我国在制订机构改革的方案时加以学习借鉴。"一项渐进型新产品涉及对现有或/和生产和传输系统的改善和提高。"渐进型创新只会在微观层面上影响市场或技术S型曲线，并不会带来巨大中断（巨大中断一般只有在根本型创新和适度型创新中才会出现）。"渐进型创新很重要，因为：首先，它可以作为技术成熟市场的有利竞争武器；其次，基于当前技术的流线型流程能够帮助组织迅速抓住企业进入新的技术高原过程中的威胁和机会"。所以对于很多企业来说，渐进型创新是组织的血液。

渐进型创新根据创新流程的循环本质进行演变。在概念化阶段，研发会运用现有技术来改善现有产品设计。在产品生命周期的成熟阶段，生产的扩张会带来渐进型创新。他们还指出，从其他产业"借来"的技术对现有市场而言也可能是适度的，如果这项技术没有使技术或市场S型曲线产生重大变化，或没有对这两条曲线产生微小变革，则这项借来的技术可以看作一项渐进型创新。

除此之外，从创新主体的视角出发，我们还习惯于把创新分为政府创新、企业创新、团体创新、大学创新、科研机构创新、个人创新等。根据创意的来源渠道，把创新分为封闭式创新与开放式创新等。

三、创新的模式

创新过程涉及因素较多，这些因素组合、配置方式及其结构上的差异构成了创新的不同模式。根据创新方法的不同，创新可分为自主创新模式、模仿创新模式和合作创新模式三种模式。

（一）自主创新模式

自主创新模式是指创新主体以自身的研究开发为基础，实现科技成果的商品化、产业化和国际化，获取商业利益的创新活功。自主创新具有率先性，其核心技术来源于企业内部的技术积累和突破，如美国英特尔公司的计算机微处理器，我国北大方正的中文电子出版系统就是典型的例子，这是它区别于其他创新模式的本质特点。自主创新作为率先创新，具有一系列优点：一是有利于创新主体在一定时期内掌握和控制某项产品或工艺的核心技术，在一定程度上左右行业的发展，从而赢得竞争优势；二是在一些技术领域的自主创新往往能引发一系列的技术创新，带动一批新产品的诞生，推动新兴产业的发展，如美国杜邦公司通过在人造橡胶、化学纤维、塑料三大合成材料领域的自主创新，牢牢控制了世界化工原料市场；三是有利于创新企业更早积累生产技术和管理经验，获得产品成本和质量控制方面的经验；四是自主创新产品初期都处于完全独占性垄断地位，有利于企业较早建立原料供应网络和牢固的销售渠道，获得超额利润。

当然，自主创新模式也存在一些不足：一是需要巨额的投入，不仅要投巨资于研究与开发，还必须拥有实力雄厚的研发队伍，具备一流的研发水平，如微软公司一年的研发投入就相当于我国一年的科技经费；二是高风险性，自主研究开发的成功率相当低，在美国基础性研究的成功率仅为5%，在应用研究中有50%能获得技术上的成功，30%能获得商业上的成功，只有12%能给企业带来利润；三是时间长，不确定性大；四是市场开发难度大、资金投入多、时滞性强，市场开发投入收益较易被跟随者无偿占有；五是在一些法律不健全、知识产权保护不力的地区，自主创新成果有可能面临被侵犯的危险，"搭便车"现象难以避免。因此，自主创新模式主要适用于少数实力超群的大型跨国公司。

（二）模仿创新模式

模仿创新模式是指创新主体通过学习模仿率先者创新的方法，引进、购买或破译率先创新者的核心技术和技术秘密，并以其为基础进行改进的做法。模仿创新是各国企业普遍采用的创新模式，日本是模仿创新最成功的典范，日本松下公司、三洋电机等都依靠模仿创新取得了巨大成功。纵观世界各国，当今市场领袖大多并非原来的率先创新者，而更多的恰恰是模仿创新者，模仿创新并非简单抄袭，而是站在他人肩膀上，投入一定研发资源，进行进一步的完善和开发，特别是工艺和市场化研究开发。因此模仿创新往往具有低投入、低风险、市场适应性强的特点，其在产品成本和性能上也具有更强的市场竞争力，成功率更高，耗时更短。

模仿创新模式的主要缺点是被动性，在技术开发方面缺乏超前性。当新的自主创新高潮到来时，就会处于非常不利的地位，如日本企业在信息技术革命中就处于从属地位。另外，模仿创新往往还会受到率先创新者技术壁垒、市场壁垒的制约，有时还面临法律、制度方面的障碍，如专利保护制度就被率先创新者利用作为阻碍模仿创新的手段。

（三）合作创新模式

合作创新模式是指企业间或企业与科研机构、高等院校之间联合开展创新的做法。合作创新一般集中在新兴技术和高级技术领域，以合作为主进行研究开发。由于全球技术创新的加快和技术竞争的日趋激烈，企业技术问题的复杂性、综合性和系统性日益突出，依靠单个企业的力量越来越困难。因此，在企业技术创新资源不足的情况下，以合作创新来提升自主创新能力更具有重要的现实意义。合作创新一般集中在新兴技术和高新技术产业，以合作进行 R&D（research and development，研究与开发）为主要形式。合作创新通常以合作伙伴的共同利益为基础，以资源共享或优势互补为前提，有明确的合作目标、合作期限和合作规则。合作各方在技术创新的全过程或某些环节共同投入，共同参与，共享成果，共担风险。

合作创新具有以下优点：一是合作创新能节约企业在创新过程中获取研发成果的费用。合作创新同时发生研发费用和交易费用，但能实现合作者对研发资源的整合和信息的有效沟通，保证获取研发成果的总体费用降低。二是合作创新能实现创新资源的互补和共享。很多企业拥有的创新资源不能满足投入的要求，通过实施合作创新可实现企业自身与其他组织的技术创新资源互补和共享，必然能使新开发的技术成果超越企业依靠自身力量能够达到的水平，将企业的技术水平推向一个新的高度。三是合作创新是企业获得技术能力的重要途径。通过建立合作创新组织，企业可以利用大学或科研机构的研发设备和人员，并通过研发活动实现对技术能力的获取、传递和整合，使企业能够得到能力发展和组织学习的机会，实现合作创新组织内部知识的传递与整合，为企业提供知识创新和传递的平台与机制。四是合作创新可以提高企业新技术进入市场的速度。知识的快速贬值、技术的迅速发展以及现代技术的高度复杂性和整合性使产品的生命周期不断缩短，产品不断向高级化、复杂化方向发展，单个企业的经营资源已不足以保证企业在飞速发展的时代继续生存和发展，要求企业能够跟踪外部技术的发展，并有能力充分利用和整合这些新技术为己所用。而技术创新具有高成本、高风险的特点，企业一般很难胜任独立开发的使命，只有开展合作创新，才能加快技术研究与产品的市场化进程。合作创新模式的局限性在于企业不能独占创新成果，获取绝对垄断优势。同时，在进行合作创新时，还需注意合作创新组织要有明确的目标，合作创新组织成员必须有自己的专长，成员之间必须能有效地进行沟通，并建立完善的合作创新信息交流网。

以上三种创新模式各有优缺点，采用这些模式也需要有不同的条件和要求。自主创新要求创新主体有强大的经济实力、雄厚的研发力量和大量的成果积累，在技术上具有领先优势，起点和要求较高；相对来说，模仿创新和合作创新起点与要求较低。因此，自主创新模式更多地为少数发达国家和大型跨国公司所采用；而模仿创新模式则是后进国家实现快速创新、缩小与发达国家差距的一种有效途径，是发展中国家较为现实的选择。日本、韩国就是靠模仿创新发展起来的，实践证明经济发展较为成功的其他新兴工业化国家、地区也是通过这种模式发展起来的。当然，上述三种模式也不是完全排斥的，而是可以互相结合的。首先，具有不同实力和研发水平的企业可以根据自身情况选择适宜的创新模式，少数有实力的大企业可以在某些有优势的领域选择自主创新，而大多数中小企业则适宜选择模仿创新和合作创新模式。其次，从时间上看，模仿创新往往是自主创新必经的过渡阶段，一个新建企业只有通过模仿创新才能逐步积累自己的技术、资金实力、管理经验和人才队伍，为进行自主创新创造条件。最后，即使是一些大型跨国公司，在其不同发展阶段和不同产品、不同技术领域，也可以同时分别采取这三种不同的模式，从而做到扬长避短，改善创新效果。

第二章　创新思维

　　法国思想家帕斯卡认为，人不过是会思维的芦苇。思维是人类区别于万物的本质特征，追求的终极目标就是创新。正如从远古走入农耕，由工业时代进入信息社会，人类历史正是一部思维创造史。任何创造活动，都离不开创新思维的激活和运用，创造的核心是创新思维，那么，什么是创新思维呢？查阅中外文献，相关的定义和解释不计其数，不外乎狭义与广义两种角度：狭义的创新思维，是指创立新理论，产生新发明，塑造新艺术形象的思维活动；广义的创新思维，是指突破思维定式，寻找解决问题新思路的思维过程。狭义的解释强调思维成果对人类社会进步的重大意义；广义的解释注重更多的是人参与各领域的创新活动。编者在同济大学数十年从事创新思维的教学与研究后认为，创新思维是指从发现新的问题中诞生新的观点、知识和思想，或者发明以前没有的新产品、技术、方法、制度、流程等新成果。创新思维是一种具有开创意义的思维活动，即开拓人类认识新领域，开创人类认识新成果的思维活动，表现为发明新技术，形成新观念，提出新方案，创建新理论等。创新思维是创新能力的核心因素，是创业者的灵魂和发动机，在应对各种变化和挑战时，展现出逻辑思维与非逻辑思维的重组，显现出智力因素与非智力因素的重合。创新思维意味着以各种脑力活动，用智慧来解决疑难问题。当代科学社会学创始人默顿（Merton）的研究表明，科学研究犹如百米赛跑，许多人朝着同一目标奋力前行。比如，牛顿和莱布尼茨在微积分学上，达尔文和华莱士在进化论上，爱因斯坦和彭加勒在相对论上，爱迪生和斯旺在碳丝灯的发明上，等等，他们都曾并肩前进过，而最先到达终点，取得成功者，往往是在前进过程中巧妙地运用创新思维，发挥出更大创新能力的人。

　　恩格斯指出："一个民族想要站在科学的最高峰，就一刻也不能没有理论思维。"英国剑桥大学 W.I.贝弗里奇教授在其《科学研究的艺术》一书中提出："精密仪器在现代科学中起到了重要的作用。但我有时怀疑，人们是否容易忘记科学研究中最重要的工具，必须始终是人的头脑。"许多科学家、发明家、哲学家都曾经强调人的思维在科学研究和发明创造活动中的主导性、关键性作用。屠呦呦于2015年荣获诺贝尔生理医学奖，并获得2016国家最高科学技术奖。这些奖项是为了表彰她创造性地发现、提取了抗疟药物青蒿素，挽救了数百万人的生命。这对我国中医药行业进一步推进科技创新、拓展中医药在世界上的影响力意义重大。全世界每年有4亿人次感染疟疾，青蒿素类抗疟药成为疟疾肆虐地区的救命药。屠呦呦因此还于2011年9月24日荣获了拉斯克临床医学奖。

而大众创业万众创新所运用的创新思维属于广义的范畴，是指运用非惯常性思维，突破原有思维的条条框框，从而取得了新颖成果。从开发广义的创新思维出发，积小胜为大胜，向着最高目标不断攀登！

忽略了创新思维的开发，只会在逻辑思维的框框中按部就班，那么，人们一定会在与机器人的大战中败下阵来，拱手让出岗位，为机器人做下手。未来的职业会诞生在人类智慧的基础上，人们将在设计、人文、艺术、美学、学术、信息等方面从事创新工作。因此，为了把握发明创造规律，就要认真研究思维活动的规律，特别是创新思维的规律，以便用科学的思维方法来指导具体的发明创造工作，提高创新创业的效率。

第一节　创新思维的特点

大学生在日常学习中，分析问题、研究问题时，习惯于使用逻辑思维。一定程度上，这是传统应试教育的结果，因为这样可以获得所谓的唯一正确的标准答案。虽然逻辑思维是极其重要的一种思维方式，思维很周密、严谨，然而，单靠逻辑思维却很难实现创新。究其原因，创新就是以非习惯的方式思考问题的能力。只有看到的与别人不同，想到的与别人不同，才有可能做出与别人不同的创新成果。

创新思维与常规思维相比，最根本的差异在于：创新思维除了逻辑思维外，还包含了各种形式的非逻辑思维，思维呈现发散状，追求多视角、多路径、多层次、多方法地解决问题，这样才有可能有新的突破，获得新的成果。物理学家尼尔斯·玻尔曾提醒学生："伤不是在思考，而只是有逻辑而已。"我们的大脑有别于一台有逻辑的电脑。仅靠逻辑思维难以实现创新，就是因为它难以跳出常规思维的框框。计算机的逻辑思维能力可以由输入的各种程序而显得十分出色，然而只能进行逻辑思维的计算机是无法创造专利的。创新思维是人类思维的一种高级形式，寻求多角度、全方位、多视角开拓新的领域、新的思路，以找到新理论、新方法、新技术等。

爱因斯坦曾断言："创造并非逻辑推理之结果，逻辑推理只是用未验证已有的创造设想"。麦克斯韦是著名的物理学家，同时又是诗人。在物理学上，他建立了电磁理论，完成了自牛顿以来的又一次物理学革命。在钻研科学的同时，麦克斯韦还对诗歌情有独钟，他在读中学时就表现出非凡的诗歌才华，曾在爱丁堡中学举行的数学和诗歌比赛中分别获得第一名。尽管他并未想成为诗人，但他的诗自成一格，一直被同学和同事传抄、朗诵并欣赏。显然，诗歌创作运用的形象思维、发散思维，激发了麦克斯韦丰富的想象力，源源不断地给他带来了创新灵感，让麦克斯韦在科学的天空自由地翱翔。

世界著名作曲家莫扎特曾师从伟大的作曲家海顿。有一次，他跟海顿说："我能写一段曲子，老师您肯定弹奏不了。"海顿不以为然，觉得有什么复杂的曲子自己不会弹呢，于是莫扎特将自己写好的曲谱递给了海顿。海顿弹奏了一段后惊呼起来："这是什么曲子呀，当两手分别在钢琴两端弹奏时，怎么会有一个音符出现在键盘中间呢？任何人都无法弹奏这样的曲子。"莫扎特接过乐谱后，说："老师，您看我怎么弹。"只见他遇到那个在键盘中间出现的音符时，便俯下身，用鼻子弹了出来。莫扎特的这一动作令海顿感慨不已。在海顿眼里，弹钢琴只能用手指，如果两只手在键盘两侧时，键盘中间出现音符就不可能弹奏，而莫扎特却认为鼻子虽然是呼吸器官，但没人规定不能用鼻子来弹奏。显然，莫扎特后来之所以能成为大师，与他的这种思维的独特性是分不开的。在日常生活中，谁的思维越独特，往往就越能收到意想不到的效果。比如，有一段时间，英国著名作家毛姆的小说销售不畅，他便在报刊上刊登了一则征婚启事：本人年轻英俊，家有百万资产，希望获得和毛姆小说中女主人公一样的爱情。结果毛姆的这一独特举动，使他的小说在短时间内被抢购一空！

那么，创新思维具有怎样的特点呢？

其一，非逻辑性。创新思维绝不是按部就班的推理，而是跳跃性的突破。出人意料的创意往往是非逻辑思维的产物，否则，人人都按逻辑分析而想到、得到创新成功，显然这是不可能的。没有突破就没有创新，这是显而易见的道理。

其二，联动性。是一种"由此及彼"的联想能力。即在发现一种现象、事物、问题等以后，联想到与之相似、相关，甚至是相反的现象、事物、问题等（横向联动）。或立即纵深挖掘（纵向联动），在表面上看毫不相干的事物启发之下，找到了事物之间的相互联系，思路豁然开朗，从而寻到了解题的诸多路径。

其三，发散性。创新思维是探索性的，因而不受条条框框的限制，即非单项也非单一的思维方式，思维是立体的。事实上，世界上每个问题都绝非只有一个答案。而创新的目标，就是善于从不同的角度想问题，从众多可能的方案中选择最佳的方案，创新思维的展开，遵循着由发散到收敛、再发散再收敛的探索过程进行的。

其四，综合性。创新是多种思维方式的综合。爱因斯坦总结了发现相对论的思维方法：大胆想象，小心论证。因此，逻辑思维与非逻辑思维的密切结合，这是创新思维不同于常规思维的主要特点之一。

其五，独创性。如何应对飞速发展的科学技术，又如何面对纷繁复杂的社会现象，创新思维所要分析、思考和解决的问题，是没有现成答案的，不能单纯地用常规、传统的思维方式加以解决。它要求不断转换角度、变换思路、更换路径去探索，才有可能产生独创性的成果。

第二节　创新思维训练应注意的问题

思维方法可以训练吗？答案是肯定的。有关思维方法的研究都指向这一事实：人脑可以像肌肉一样，通过后天的训练而强化。教育家叶圣陶认为："能力的长进得靠训练，能力的保持得靠熟悉，其间都有条理、步骤，不能马马虎虎一读了之。"哲学家罗素在《教育的目的》中指出："真正有用的训练，是理解若干一般原则，对于这些原则在各种具体情况下的应用有彻底的基础训练。"生物学家贝斯特曾说："真正的教育就是智慧训练。……经过训练的智慧乃是力量的源泉。学校的存在总要教些什么东西，这就是思维的能力。"

那么，我们在创新思维训练时应注意以下问题。

（1）国内外的思维训练方法种类繁多，良莠不齐，训练题也是数不胜数，在开发思维的过程中，要分辨诸多非科学成分，如各种脑筋急转弯、智力大冲浪等，这只是游戏而已。

（2）认清思维训练是工具，掌握思维方法才是真正的目标。在进行思维训练的过程中，应重点关注思维方法，而不是唯一正确的答案。如果不重视方法的学习，思维训练只能是低水平的重复，劳而无功。必须把思维训练完全融入思维方法的学习过程中。

（3）克服思维训练重结果轻过程的弊端。只重结果的训练，只会重蹈应试教育死记硬背的覆辙，与开发创新思维背道而驰。并不是所有找到了正确答案的学生，就自然而然地提高了创新思维水平。真正的思维训练是既关心结果，更关注思维过程，即如何寻找答案的方法才是最重要的。

（4）思维训练仅在课堂中进行是远远不够的，学生更要在各类实践环节、各种课内课外的学习、活动中，尤其是科技作品竞赛、创业大赛中经受磨炼，提高创新能力。思维训练的环境是广泛的，在大学的生活、工作和学习中都可以找到训练思维的机会。

著名物理学家卢瑟福在实验室发现一名学生正在做实验，便问道："你上午干什么？"学生答："做实验。""下午呢？"学生再答："做实验。""那么晚上呢？"学生又答："还是做实验。"他满以为会得到老师的赞扬，却不想，卢瑟福严肃又和蔼地说："你还有时间思考吗？"

著名物理学家劳厄（Laue）曾说："重要的不是获得知识，而是发展思维能力，教育无非是将一切已学过的东西都遗忘时，所剩下来的东西。"

联合国教科文组织国际教育发展委员会曾经在《学会生存》的报告中指出："教育具有开发创新精神和窒息创新精神的双重力量。"如果我们再不大力开展创新思维的教育，那么就是在窒息青年学生的创新精神！

为了提高思维技能训练的可操作性，可以将隐性思维显性化，显性思维工具化，高效思维自动化，以帮助人们形成有效的思维方式，打破固有的思维定势，从而提高创新思维的能力。隐性思维显性化，是指应用可视化认知工具（思维导图、六顶思考帽、思维地图等），将思维过程和思维结果呈现出来，促进思考者观察反思的过程。思维是外部世界通过感官对内部世界（人脑）的一个非对称性映射，思维活动发生于人脑内部，具有抽象性、

非线性和内隐性，并且瞬息万变，难以把控。因此，将内隐的思维过程信息显性化，对有意识地训练思维的活动具有特别重要的意义。

第三节　创新思维的方式

创新思维是进行创新创业活动的关键，在发现、解决问题的过程中具有重要作用。了解创新思维的方式，掌握创新思维的规律，进行创新思维的训练，是提高创新思维能力的重点。

一、形象思维

形象思维，是以事物的具体形象或图像作为主要思维内容的思维形态，即通过对事物具体形象或图像的认识和分析，判断和把握事物的本质及其运动规律。与抽象思维相比，形象思维是一种更趋近于人类本能的思维形态。生活离不开形象思维，形象思维的基本单位是表象。它是用表象来进行分析、综合、抽象、概括的过程。当人们解决问题时，借助表象进行联想、想象，通过抽象概括构成新的形象，这种思维过程就是形象思维。

脑科学研究发现，左脑是"理性脑"，主管计算、分类、判断等抽象的逻辑思维；右脑是"感性脑"，在视觉知觉、形象记忆、想象等方面起决定作用，是进行形象思维、直觉思维、发散思维的中枢，具有不连续性、弥散性、整体性等特点。

应避免片面地使用左脑，而忽视右脑训练，避免因过分强调记忆力、抽象思维能力，而忽视想象力、创造力、形象思维能力、发散思维能力的培养，应充分发挥艺术教育的巨大作用，使大脑思维运动能够处在最佳的创新状态。

长期以来，人们误以为科学家和艺术家各自运用一套独特的思维方法，即科学家使用逻辑、抽象思维，而想象、形象思维则为艺术家所独有。其实不然，爱因斯坦常常运用形象思维打比方，或画一个示意图，许多枯燥的、抽象的理论问题便会豁然开朗起来。李政道在画册《科学与艺术》的序言中说："艺术和科学的共同基础是人类的创造力，艺术，如诗歌、绘画、音乐等，是用创新手法去唤起每一个人的意识或潜意识中深藏的、已经存在的情感……"并形象地比喻："事实上如一个硬币的两面，科学和艺术源于人类最高尚的部分，都追求深刻性、普遍性、永恒性和富有意义。"

注重教学效果的教师在给学生上课时，往往借助形象化的语言、图形、演示实验、模型、标本等，使抽象的科学道理、枯燥的数学公式等变得通俗易懂。因此，形象思维是人们在认识过程中，对事物的表象进行取舍时形成的，以反映事物的形象特征为主要任务的一种思维形式。它是以形象来揭示事物本质的，就连先驱者10号宇宙飞船和外太空的联系方式，都是运用形象思维，如男女两个人的裸体像，地球在太阳系的位置等形象信息。

客观世界中的事物都是以形象的状态存在的，人类认识世界的过程，离不开对事物形象的认知。形象思维有其对客观事物独特的认知理解方式，它的某些功能是抽象思维不可替代的。传统观念认为，形象思维局限于对事物和问题表面的认知。其实，这是一种对形象思维肤浅、片面的看法。形象思维是要透过对事物具体形象或图像的认识和理解，探究事物的本质和运动规律。在抽象思维中，从思维起点到思维目的，必须按照一定的过程、沿着若干思维环节来进行，否则抽象思维将失去方向和目的。而形象思维通过形象认识，来验证思维结果的准确性与合理性，可以看作是"真实的再现"，在这一阶段，先跨越了抽象思维从思维起点到思维目的，纷繁复杂的探究过程，在取得结果之后，可以再用抽象思维来加以验证。形象思维能给人们以整体观和大局观，以直观形象的方式把握事物的实质，从而起到化繁为简、事半功倍之效。

笛卡尔连接法用抽象的几何图形说明代数方程，尽可能采用"智力图像"解决问题。这种思维模型类似于物理模型、几何模型等，然后，尽可能采用这种图像模型来进行思维。笛卡尔连接法在科学探索中十分重要，麦克斯韦就是用数学方程表示了法拉第关于磁力线的几何想法；而爱因斯坦也在许多文章中讲到了物理原理几何化的问题，这正是笛卡尔连接法这种思维技巧的直接应用。一个强有力的思维方法，是根据信息和知觉创作一幅图，然后就这幅图找出办法。可采用各种智力因素或者其他各种具体、生动、鲜明的图像来取代数字或语言进行思维，这对创新思维是大有裨益的。

（一）形象思维与抽象思维具有互补性

形象思维与抽象思维二者结合应用，其产生的效果远远超过二者功能的简单相加，形象思维对抽象的问题加以形象的转化或想象，进行形象的感受和认知。在很多具体问题上，用形象思维表达抽象的概念往往比抽象思维更清晰、更生动、更简洁。纵观世界艺术史上那些伟大的艺术家们，他们不但具备卓越的形象思维，而且其抽象思维能力也不同凡响，他们创作的艺术作品，无不蕴含着对人类、对人生、对世界的敏锐洞察和深沉思考。换言之，他们是用形象的手段来表达抽象的意义，如果不是兼备这两种思维是无法做到的。因此，优秀的艺术家在向自然以及外部世界汲取创作素材、创作灵感的同时，也常常用抽象思维把这些灵感和素材进行一番抽象的思考和整理，形成完整的艺术作品。许多科学家也是科艺皆通，居里夫人弹得一手好钢琴，爱因斯坦擅长小提琴，他们之所以能取得卓越非凡的科学成就，形象思维所起的作用是不可或缺的。

（二）形象思维有助于立体思维模式的构建

形象思维能力越强，其立体思维架构就越清晰，相反，不习惯形象思维的人，这一架构就无从建立。在科学探索中，人们不仅要使用抽象思维，也要运用形象思维。在职场上，发达的形象思维可以帮助人们在激烈而又复杂的环境中获得竞争优势。企业经营者如不用形象思维去思考，他得到的信息，就有可能不完整、过时，甚至是错误的，因此，他也就难以将企业做大做强。

诺贝尔奖获得者、美国教授斯佩里通过裂脑人试验发现右脑有许多高级功能，纠正了前人把右脑看成劣势半球的错误观点。左脑和右脑储存的信息量是大不相同的，人脑所储存的信息绝大部分在右脑，右脑的信息储存量是左脑的100万倍。人们思考的过程，实际上是左脑一边观察提取右脑所描绘的图像，一边将其符号化、语言化。换言之，右脑储存的形象信息经左脑进行逻辑处理，才转变成语言信息。如果说人生短短几十年积累的知识是一滴水的话，右脑存储的祖先千百万年遗留给我们的遗传信息则是一片汪洋大海！科学家们应用示踪原子研究发现，当遇到新问题需要进行创新思考时，示踪原子的密集区恰好落在右脑。这进一步说明，右脑不仅不是劣势半脑，反而是创造性半脑，是创新思维的发源地。当然，我们强调开发右脑的重要性，并不是要用右脑思维取代左脑思维；然而，对右脑的思维训练，长期被传统教育所忽视。

由于形象思维能展示出立体感强的三维空间，因此不仅艺术家需要形象思维，擅长抽象思维的科学家、哲学家，机械思维见长的技师、工匠等都不可能与形象思维绝缘。比如，建筑师在做规划时，他的大脑屏幕上展现出各种生动的图景，应用形象思维去完整地体现出来，加上自己独特的想象，然后再进行去粗取精、去伪存真、由表及里的科学分析和判断，最后才能形成一幅崭新的城市蓝图。

哥白尼创立日心说的时候，就连天文望远镜也没有，他就是靠着自己的大胆想象构想出了新的宇宙体系。他在《天体运行论》中用诗一般的语言，描绘了一幅想象出来的宠伟天象。"在所有这些行星中间，太阳傲然坐镇，高踞于王位之上，统治着围绕膝下的子女一样的行星。"这样一段极富情感色彩，极其生动的场景，谁又会拒绝呢？再如，数学虽然是一门极其抽象的学科，但对它的研究也需要形象思维。

形象思维在科技探索中也是经常运用的一种思维方式，有其独特的功能。形象思维就是依据生活中的各种现象加以选择、分析、综合的思维方式。例如，机械工程师在设计一个零件或一台机器时，设计者头脑中浮现出该零件或机器的形状、颜色等外部特征，以及在头脑中将想象中的零件或机器进行分解、组装等的思维活动，同样属于形象思维。

科学的发现往往与形象思维紧密联系在一起。例如，牛顿力学第一运动定律发现的过程。自古以来，人们就有这样的经验：要使一个物体运动得更快，必须有更大的力去作用它。一辆四匹马拉的车当然要比两匹马拉的车跑得快，结论似乎是很自然的，即物体的运动速度与对它的作用力成正比。因此，古希腊著名的科学家、哲学家亚里士多德在他的力学著作中写道："各物体只有在一个不断作用着的推动者直接接触下，才能保持运动，否则，物体就会停止。"两千年来人们对这一观念深信不疑。

而伽利略却这样想：假如有人在平路上推一辆小车，如果突然松手，小车还会继续前进一小段距离。那么，怎样才能增加这段距离呢？这有许多办法，例如在转轴处涂油，把路面修得平滑，等等。车轮转动得越容易，路面越光滑，车便可走更长的距离。伽利略进一步想象，假如路面是绝对光滑的，车轮也毫无摩擦，那么小车就不会有任何阻力，它就会永远运动下去。由此他得出一个新的结论：一个物体，假如没有外力作用于它，它将沿着直线永远以同样速度运动下去。伽利略的这个结论被牛顿所证实，并总结成了牛顿第一运动定律。

显然，伽利略的这一结论就是从形象思维中得来的，这种思想实验在现实中是无法做到的，然而，它却为惯性定律的建立提供了线索。试想，伽利略如果不依靠形象思维去思考问题，能做出如此大胆的结论吗？有一个年轻人向爱因斯坦请教相对论，这样既高深又抽象的物理理论，要让一个门外汉弄懂谈何容易。然而，爱因斯坦却用十分简洁、形象的语言，对深奥的相对论做出了解释："比方说，你同最亲爱的人在一起聊天，一个钟头过去了，你觉得只过了五分钟；可如果让你一个人在大热天孤单地坐在炽热的火炉旁，五分钟就好像一个小时。这就是相对论"。

（三）形象思维的特点

形象思维具有以下四个特点。

1.形象性。是形象思维最基本的特点，反映事物的形象，意象、想象等思维的形式，其表达的工具和手段是能为感官所感知的图形、图像、图式和形象性的符号。形象性使形象思维具有生动性、直观性和整体性的优点。

2.非逻辑性。是指形象思维不像抽象（逻辑）思维那样，对信息的加工线性地按部就班地推进，它可以是思维的跳跃或者无序的组合。非逻辑性的主要作用就是能快速地把握问题的特性，对相关信息的加工不求细致有序，只要求把握住问题。

3.粗略性。是指形象思维对情形的反映是粗略的，对问题的把握是大致的，对问题的分析是定性的或半定量的。因此，形象思维一般用于问题的定性分析。而抽象思维却可以给出精确的数量关系，事实上，在实际的思维活动中，通常需要将抽象思维与形象思维有机结合，协同运用。

4.想象性。想象是大脑使用已有的形象，形成新形象的过程。通常情况下，形象思维不会满足于对已有形象的再现，它更擅长对已有形象的创建，从而获得新形象。因此，新形象思维更具有创造性的优点。创新者一般都具有非常丰富的想象力。

形象思维是对头脑中的形象进行抽象概括，并形成新形象的心理过程。它比概念概括有着较大的稳定性、整体性，而且有更加具体和丰富的内容，因为概念概括要舍弃非本质的特征，而形象概括则常包含着丰富的细节。科学家、文学家、艺术家、技术专家常常将形象概括与概念概括相结合，从而创造出新的成果或新的形象。丁肇中在回答发现比质子重的光特征粒子——J粒子的难度时，曾十分形象地说："这好比在一个下雨天，每秒钟在某个地方落下100亿颗雨滴，其中有一颗是带颜色的，我们要将它找出来。"

二、想象思维

想象思维是指人体对大脑已有记忆的表象进行加工重建的思维活动。想象思维在生活中具有普遍性，想象思维是创新的基础。爱因斯坦说："想象力比知识更重要，因为知识是有限的，而想象力概括着世界上的一切，推动着进步，并且是知识进化的源泉。"训练和培养创新人才，充分发挥想象力和创造形象的能力是必不可少的环节。

在科学萌芽时期，人们就已经运用想象。比如世界万物的构成，古希腊哲学家对世界本原的思考：泰勒斯提出"水是万物本原"；毕达哥拉斯认为"数是万物本原"；德谟克利特发明了"原子"一词，在希腊语中，意思是"不可分割的"，他认为万事万物，包括人类都是由原子组合而成的。又如，文艺复兴运动，在科学大师身上，我们可以看到具有想象力的品质，如达·芬奇集艺术与科学于一身，以名画《蒙娜丽莎》《最后的晚餐》而著称，他的伟大远不止于艺术，更多地表现在科学和技术方面，他把自己设计的飞行机称作"大鸟"，想象着"大鸟"从佛罗伦萨附近的切塞利山上升起来，他的想象是可贵的，因为它超越了神话，通过科学设计制作飞行机器，完全有可能梦想成真。

伽利略是经典力学和实验物理的开拓者，他借助想象做的力学实验，成为科学研究的重要方法；牛顿由苹果引发的想象加上严密论证，从而发现了天体运动的奥秘；爱因斯坦小时候智力并不出众，但极富想象力，他借助想象明白了，沿着光线以相同的速度奔跑，将发现自己处于物理上不可能的情况，看到的电磁波是静止的。与光同行的想象，后来成为爱因斯坦建立狭义相对论的思想萌芽。之后又建立起广义相对论。广义相对性原理与等效原理是广义相对论的两大思想支柱，而关于升降机的思想实验（想象），对等效原理的获得起了关键作用。

英国科学家霍金对黑洞进行了深入研究，创建了一套理论体系，《时间简史》的出版使黑洞概念风靡世界。对黑洞的简单理解是：黑洞无情地把靠近它的东西撕碎并吞噬下去，不可能透露出任何信息，所有被它吞噬的东西，将永远置身于我们的宇宙之外。由于我们无法深入到黑洞内部（即使周边也不可能），所以我们对黑洞的认识是建立在数学推演、间接观测和由此而来的想象上。

科学发展与人类想象力密切关联。从宏观的星系到微观的基本粒子，没有想象力根本无法把握。科学幻想，便是根据科学知识、科学假说和科学新发现所做的大胆想象。任何创新都离不开想象思维。缺乏想象力的人，对科学本质和自然界的事物都难以深刻理解，在时间与空间的架构上往往具有障碍。因此，想象不是文学家和艺术家的专利，科技创新同样离不开想象。列宁曾说："甚至没有想象，就不能发明微积分。"想象是重塑新形象的思维过程，常常伴随着既生动又陌生的图像，想象完全不受逻辑的框框限制，是人类不断创新的火种和出发点，是人们创新思维的核心能力。原子核物理学之父卢瑟福曾说过："出色的科学家总是善于想象的。"英国诗人雪莱说："想象是创造力，也就是一种综合的原理。它的对象是宇宙万物和存在本身所共有的形象。"

想象思维源自客观世界，它本质上是对客观事物和规律的一种反映、提炼、升华和概括，已经越过单纯的、直观的感性认识阶段，进入提炼之后的理性认识阶段。物质空间决定了存储东西的多少，思维的延展能力也因为思维空间的大小，决定着自身信息含量的多少。正是爱因斯坦具有灵活的思维、丰富的想象，最终帮助他走向成功。知识固然重要，但没有了想象力，只能是一潭死水。想象力好比创新的催化剂，没有它，就不会有新的观念、新的产品。华盛顿大学文理学院的卡尔·茨布纳和凯瑟琳·麦克德尔莫特通过大量的心理和神经实验，发现了记忆与想象力的关系，正是想象力将人们已有的知识或者储备的记忆转化为新的东西。

著名物理学家普朗克说："每一种假设都是想象力发挥作用的产物。"可见想象是何其的重要。德国气象学家魏格纳望着世界地图，忽然发现了一个有趣的现象：在大西洋西岸、非洲西部的海岸线和南美洲东部的海岸线，正好彼此吻合。魏格纳便大胆地运用想象思维，提出了"在远古时代，这两块大陆本是合为一体的，后来由于某种原因，经过长期演变才逐渐断裂漂移开来"的观点。此后，经过进一步的考察和论证，概括出了对研究地球演变具有极其重要意义的"大陆漂移"学说。以上事例鲜明地显示出想象思维的特点：

（一）形象性

将形象思维更加具体化，是人脑借助表象进行加工操作的主要形式。

（二）概括性

从整体上把握外部世界的事物，将脑海中存在的记忆表象进行加工、组合，形成能够对外部世界的事物进行描述的新图像。

（三）超越性

超越已有的记忆表象范围，创造出许多新的表象，这是创新思维的本质属性。

想象作为形象思维的一种基本方法，不仅能构想出未曾知觉甚至创造出未曾存在的事物形象，因此，任何创新活动都不能没有想象力的参与，离开了想象，思维就难以升华为创新思维，也就不可能做出创新成果。

DNA结构的发现，为解开一切生物（包括人类自身）的遗传和变异之谜带来了希望，这足以和达尔文的《物种起源》相媲美。1962年，沃森、克里克和威尔金斯三人因DNA结构的发现，共获诺贝尔医学奖。想象在DNA结构的发现过程中起到了关键作用。

德国数学家哥德巴赫发现：许多奇数有一个共同的特征，即大于7的奇数，可由三个奇素数之和来表示，于是他大胆地提出了"任何大于7的奇数，都可表示为三个奇素数之和"的设想，并将这一设想告诉了欧拉。欧拉不仅肯定了哥德巴赫这一设想，受此启发，又提出了"任何一个大于4的偶数，都可表示为两个奇素数之和"的设想。后来，这两个设想就合称为哥德巴赫猜想。我国著名数学家陈景润在此领域做出了杰出贡献。

想象思维的重要作用是显而易见的。主要有以下三个方面。

（一）想象思维存在于创新过程中。

普林斯顿大学的教授在教学过程中一直强调，想象思维是很重要的，想象思维在科研中超过其他任何思维方式。创新就是要产生新颖的结果，任何创新都不是凭空就能发生的，只有在已有的情形中，通过联想、实践、改进，才能创造出让人耳目一新的产品。

（二）想象思维存在于人们的精神文化中。

人类的生活是丰富多彩的，这就导致了因个人的思维方式不同，而产生五花八门的想象。人类文化的多彩性，正是依靠想象思维而存在。诗人、艺术家能写出或画出震撼人心的作品，均需要充分地发挥想象力。在看小说和影视作品的时候，同样也需要观众发挥自身的想象力，才能体会到其中的奥妙。

（三）想象思维在发明创造中占据主导作用。

在设计一个产品时，往往需要在脑海中构造一个虚拟的模型，将外形、功能一一在脑海中演示直至完善。德国古典哲学家康德说过："想象力是一个创造性的认识功能，它能从真实的自然界中，创造一个相似的自然界。"康德甚至认为，通过人类自身的想象力，完全能模拟出一个自然的形态，可见想象思维在创造发明中的重要性。爱因斯坦说："想象力是一种特殊的创造力，人类的发展过程离不开想象思维的参与。"

三、联想思维

联想是人脑中记忆和想象联系的纽带。记忆片段通过联想衔接起来，转换为新的想法。联想与想象是记忆的提炼、升华、扩展和创造，而不是简单的再现。从这个过程中产生的一个设想，导致另外一个设想或更多的设想，从而不断地创作出新作品。联想是创意产生的基础，在创意设计中起到了催化剂、导火索的作用。联想越广阔、越丰富，就越富有创造能力。人脑可以进行无限制的联想，我们每个人的创新思维潜力也同样是取之不尽的，大脑如同小宇宙——微小的放射中心，不可计数的联想发散开来。

联想思维是指人们在头脑中将一种事物的形象与另一种事物的形象联系起来，探索它们之间或类似甚至是相反的对应关系，从而找到解决问题的思维方法。

苏联心理学家哥洛万斯和斯塔林茨曾用实验证明，任何两个概念词语都可以经过四五个步骤建立起联想的关系。比如讲台和足球，是两个风马牛不相及的概念，但联想，思维可以使它们之间发生联系：讲台-平面，平面-草地，草地-球场，球场-足球。假设每个词语都可以与10个词直接发生联系，那么第一步就有10次联想的机会，第二步就有100次机会，第三步就有1000次，第四步就有10000次，第五步就有100000次机会！

联想试验从另一个侧面印证了世界万物处在普遍联系的哲学原理。因此，联想思维有着广泛的空间，更有博大、深厚的哲学基础，它为创新思维提供了无限广阔的天地。一个人如果不会运用联想思维，那么，他的知识是零碎的、孤立的，他的学识是狭隘的；如果他善于运用联想思维，就会由此及彼扩展开去，做到举一反三，触类旁通，以一当十，使思维跳出固有的小圈子，突破思维定式而获得创新的成果。

比如，在讨论如何提高潜艇的潜行速度，人们联想到了海豚，经研究发现，海豚的皮肤具有双层管状的特殊结构，于是，人们便将双层管状结构应用到潜艇上，果然大大提高了潜艇的潜行速度。再如，响尾蛇的视力很差，但是在黑夜里却能准确地捕获十多米远的田鼠，其秘密在于它的眼睛和鼻子之间的颊窝，这个部位是一个生物的红外感受器，能感受到远处动物活动时由于热量产生而发出的微量红外线，从而实现"热定位"。美国导弹专家由此发明了红外跟踪的响尾蛇导弹。

联想思维方法是在创新过程中使用较多的一种方法，它能大大拓展人脑的思维，以此获得更多的创新设想。一个人的联想能力越强，就越能将自己有限的知识和经验调动起来，探寻众多的创新思路，做出创新成果。

（一）联想思维的类型

联想思维有以下三种类型。

1.相似联想

相似联想是联想思维最基本的路径，是指尽量根据事物之间在形状、结构等诸多方面的相似性进行联想的思维方式。

贝弗里奇在《科学研究的艺术》中写道："独创性常常在于发现两个以上研究对象或设想之间的联系和相似之处，而原来以为这些对象或设想间彼此没有任何关系。"比如钢筋混凝土的发明，法国园艺师约瑟夫·莫尼埃发现，植物根系在松软的土壤中盘根错节、相互交叉成网状结构，使土壤抱成一团。他由此生发联想，在水泥中加入了一些网状铁丝，结果制成的花坛不再像从前那样容易破碎。约瑟夫·莫尼埃又运用这一发明，建造了一座钢筋混凝土桥梁。从此，钢筋混凝土作为一种新型的建筑材料得到了广泛应用。

再如，目前的爆破技术，能将一幢高层建筑物炸成粉末，而不影响旁边的其他建筑物。由此联想，人体内也有多种结石需要摧毁，二者之间有相似性。医生由此发明了微爆破技术，为无数结石患者带来了福音。

2. 相关联想

所谓相关联想指在思考问题时，尽量根据事物之间，在时间或空间等方面，彼此接近的关系进行联想。由于世上万物都不是孤立存在的，在空间和时间上存在直接或间接的联系，因此，相关联想常常让头脑的思路灵活，脑洞打开。比如"人造血"的发明，相关联想起到了重要作用。一只老鼠掉进了氟化碳溶液中，但它却没有淹死。于是，科学家们马上联想到这与氟化碳能溶解和释放氧气、二氧化碳有关，并利用氟化碳制成了"人造血"。

3. 对比联想

对比联想是指在思考问题时，尽量将在形状、结构等方面存在差异，甚至是完全不同的事物进行联想的思维方式。由于客观事物之间普遍存在着相对或相反的关系，因此运用对比联想，往往也能引发新的设想。比如，当物理学家开尔文了解到巴斯德已经证明，细菌可以在高温下被杀灭，食品经过煮沸可以长时间保存，便大胆地运用对比联想：既然高温可以杀菌，那么低温下是否也可以呢？经过精心研究，发明了"冷藏"工艺，为人类的健康保健做出了重要的贡献。

这样的联想，在科学研究以及日常的学习活动中经常发生。由实数想到虚数，由欧氏几何想到非欧氏几何，由粒子想到反粒子，由物质想到反物质，由精确数学想到模糊数学，等等，都是对比联想的结果。

日本创造学家高桥浩常说："联想是打开沉睡在头脑深处记忆的、最简便和最适宜的钥匙。"

（二）运用联想思维的方式

运用联想思维的方式有以下两种。

1. 自由联想

自由联想是由芝加哥大学的心理学家们首先提出，并开始实验的。实验要求受试者尽快想出事物与现象，如飞机立刻联想到机身、机翼、航空港等，联想到火箭、宇宙飞船，地效飞行器，真空管道磁悬浮火车，等等。追踪研究发现，自由联想能力越强，创新的可能性也就越大。

2. 强制联想

强制联想是由苏联心理学家哥洛万和斯塔林茨发明的。方法是拿一本产品目录，随意翻阅，联想两种产品能否构成新产品。日本软件银行总裁孙正义发明的办法很奇特，从字典里随意找3个名词，然后挖空心思将它们组合成新东西。他发明的"多国语言翻译机"，以1亿日元卖给了夏普公司，赚得了创业的第一桶金。

尼龙搭扣的发明者是瑞士工程师乔治，他每次打猎归来发现裤腿和衣物上都会粘满一种草籽，很难用刷子刷干净，非得一个一个地摘才行。他用放大镜仔细地进行观察后大吃了一惊：原来在这些小小的草籽上长着许多小钩子，正是这些小钩子牢牢地钩住了他的衣裤。乔治开始强制联想，难道不可以用许多带小钩子的布带，来代替纽扣或拉链吗？经过多次试验和研究，他制造了一条布满尼龙小钩的带子和一条布满密密麻麻尼龙小环的带子，将两条带子相对一合，小钩恰好钩住小环，牢牢地固定在一起，必要时再把它们拉开。乔治发明了尼龙搭扣，获得了许多国家的专利。

普林斯顿大学曾采用急骤的联想或暴风雨式的联想方法训练大学生思维的流畅性。训练时，教师要求学生像夏天的暴风雨一样，迅速讲出一些观念，不容迟疑，也不用考虑质量的好坏，评判在训练后进行。学生的反应速度愈快，表明思维愈流畅。这种自由联想与迅速反应的训练，促进了创新思维的发展。心理学家认为，创造力有三个因素：流畅性、灵活性和独创性。流畅性是指遇到刺激能迅速地做出反应的能力；灵活性是指凡事能随机应变进行处理的能力；独创性是指对刺激能做出奇特新颖的反应的能力。这三种性质是建立在丰富的知识和深广的阅历之上的。

四、灵感思维

爱迪生说："天才，就是百分之一的灵感，加上百分之九十九的汗水！"人们一直强调成功需要付出超常的勤奋，却忽视了一点，如果没有那百分之一的灵感，百分之九十九的汗水都将大大贬值。对于成功而言，头脑中那百分之一的灵感是最宝贵的。穷困潦倒的沃特·迪士尼，由一只小老鼠引发了瞬间的灵感，从而创造出世界上最著名的卡通形象——米老鼠。

灵感思维像是我们寻寻觅觅的那位佳人，"众里寻他千百度，蓦然回首，那人却在灯火阑珊处"。偶发性是灵感的主要特征，对灵感出现的具体时机，创新者往往难以驾驭，它经常是在人意想不到的时间和地点，以意想不到的方式迸发出来。台湾著名作家刘墉的《寻找灵感》，对下意识地捕捉灵感有这样的描述："你若呼唤那山，而山不来，你便向它走去。"与其千呼万唤等待灵感，不如百折不挠地寻找灵感，"日有所思，夜有所梦"，你会发现灵感也是如此。你愈是寻找它，它愈是会出现。虽然好像在意外中突然涌现，实际却是因为你在不断地寻找，所以它的出现才会使你惊艳。

我国古代的玄学、禅宗在论道悟道方面，特别注重思维的引导和灵感的激发，从中可以看到许多创新教育的影子。

灵感思维具有以下特征：

（一）偶发性

灵感不会在显意识领域，遵循常规逻辑而形成。因而灵感思维产生的程序、规则以及思维的要素与过程等，都不是被自我意识清晰地意识到的，灵感的降临是瞬间产生的。

（二）独创性

灵感思维具有很强的创新特征。

（三）非自觉性

灵感思维的突出特征，是它不受人们的意识所控制。

（四）意象性

在灵感思维活动过程中，潜意识领域或显意识领域，总伴有思维意象活动的存在。没有意象的暗示与启迪，就没有思维的顿悟，灵感也就无从谈起。

（五）灵活互补性

灵感思维具有高度灵活的互补性，是其思维的重要特征，如潜意识与显意识的互补，逻辑与非逻辑的互补，抽象与形象的互补，等等。

所谓文学艺术上的"神来之笔"，两军对阵的"出奇制胜"，科技发明的"茅塞顿开"，市场竞争的"豁然开朗"等都彰显了灵感的关键作用，都是其特点的生动体现。

灵感的出现丝毫离不开知识素材的积累，积累是量变，灵感的产生是质变。灵感只降临于勤奋好学的人，他必须对问题的解决抱有浓厚的兴趣和强烈的愿望，对问题和有关资料进行长时间的、反复的探索，从而把握问题的各个方面，才有可能产生灵感。正如著名的科学家巴斯德所说的："灵感只偏爱那些有准备的头脑。"如果爱因斯坦不经过"十年深思"，恐怕也不可能忽然产生灵感，创立狭义相对论。因此，灵感是"长期积累，偶然得之的。"

瑞典化学家诺贝尔研制硝化甘油炸药，其威力虽大，但极不安全。在运输中，硝化甘油流出，全部被用来垫坛子的硅藻土吸收，毫无痕迹。诺贝尔忽然有了灵感，索性将硝化甘油与硅藻土混合，发明了安全炸药。法国著名数学家彭加勒曾经苦思冥想一个数学题，很长一段时间都没有破解。一天，他打算去乡间度假，打开车门的一瞬间，他的脑海里突然出现了一个"非欧几何学的变换方法"的设想，这位伟大的数学家由此打开了另一扇通往发明的大门。

由于灵感是未经过有意识的逻辑思维，而直接获得某种知识的特殊方法，因此它出现在大脑功能处于最佳状态的时候。许多科学家、文艺家的经验表明，经过一段长时间的紧张思索之后，身心会极度疲劳，思维显得十分迟钝，此时应设法转移注意力，把正在思考的问题暂时搁置起来，去从事体育活动、文艺活动，或散步、赏花、谈心、下棋、看戏，甚至睡觉，让自己的思维松弛下来，沉浸在一种漫无目的的遐想之中。在这种情形下，灵感常常会飘然而至。阿基米德定律，是阿基米德在沐浴时悟出的；爱因斯坦在朋友家的饭桌旁与主人讨论问题时，忽然来了灵感，迫不及待地把公式记录在桌布上；贝多芬在散步时忽然有了灵感，便蹲在地上写了起来，行人看清是贝多芬时，便都停止了脚步，一直到贝多芬写完。

灵感思维表面看似乎是突发的、巧合的，其实质是长期不懈的思考得来的结果。当解决问题的思维转入潜意识里，突然有某种事物触发的时候，一切都会迎刃而解。

伟大的文艺作品和发明创造，都离不开创造者坚持不懈的创造性劳动。灵感思维出现的心理、意识的运动和发展的飞跃现象，是由量变到质变转化的。可以说，灵感思维是一种善于把自己完全浸入创造性活动的心理状态。

五、直觉思维

科学家钱学森在《关于灵感思维研究的十封信》中指出："人类的思维分为线型的逻辑思维、面型的形象思维、体型的灵感（直觉）思维三个层次。"并认为，"线型的潜力不大，而体型的潜力最大"。创新思维依赖人脑对事物的直觉性观察和思考。所谓直觉思维，是一种非逻辑思维的跳跃式的思维形式，它是根据对事物的生动直觉印象，直接把握事物的本质和规律，是一种浓缩的高度省略和检索的思维。直觉思维常常表现出人的领悟力和创造力。美国著名心理学家布鲁纳认为，直觉思维是组合部分信息，利用灵感感知事物全貌的思维。直觉思维不像逻辑推导那样有规律，而是从部分信息进行推测，达到对全貌的感知。培养由不完全信息得出结论的非逻辑思维，就是要求在部分信息的基础上进行大胆假设，进而得到感悟。因此，要提高创新思维能力，就必须重视非逻辑思维，养成大胆猜测与假设的思考习惯。直觉思维即无须经过大脑的分析、推理等，而直接给出答案的过程。它是大脑受到外界刺激后立即产生的一种反应，其预感是不加任何思索推理的结果。那么，直觉思维为何常常又是正确的，甚至具有创造性呢？这是因为直觉的本质是在经验前提之下，大脑对思维过程简化、压缩甚至超越后，得到事物的规律或问题的本质，是一种闪电式的顿悟。

爱因斯坦说："真正可贵的是直觉。"丹麦物理学家玻尔说："实验物理的全部伟大发现都来源于一些人的直觉，卢瑟福很早就以他深邃的直觉认识到原子核的存在。"法国著名数学家彭加勒说："教导我们瞭望的本领是直觉。没有直觉，数学家便会像这样一个作家：他只是按语法写诗，但却毫无思想。"世界上第一位诺贝尔物理学奖获得者，德国科学家威廉·伦琴无意中发现，放在实验室的照相底片感光，直觉提醒他，一定有一种射线存在！他通过研究发现了这种神秘 X 射线的种种性质，为 X 射线在医疗上的应用做出了巨大贡献。在从事基本粒子研究时，丁肇中凭直觉判断出重光子没有理由一定要比质子轻，很可能存在许多有光的特征而又比较重的粒子。当时，理论上并没有预言这些粒子的存在，正是直觉判断使丁肇中选择了探查粒子存在的科研课题。经过几年的潜心研究，他终于发现了比质子重的光特征粒子——J 粒子，荣膺 1976 年诺贝尔物理学奖。科学史专家凯德洛夫论述道，没有任何一个创造性行为，能够脱离直觉活动；直觉醒悟是创新思维的一个重要组成部分。直觉思维表现出创新、流畅、生动、形象以及富有生命的魅力。有意识地突破逻辑思维的框架，而运用一些非逻辑的直觉方法，如模糊估量法、整体把握法、笛卡尔连接法等，常常会带来新的突破。

那么，直觉又为何带有创新的特点呢？这是由直觉思维的典型特征决定的。

（一）结论的突发性

直觉的结论往往是在没有任何先兆的情况下，突然跳到眼前，以至于主体意识不到他的思维过程，或者说不出为什么得出这样的结论。这主要是由直觉思维的无意识性和不自觉性造成的，它是一瞬间对问题的理解和领悟。

（二）结构的跳跃性

主要表现为直觉思维的非逻辑性，它没有常规逻辑思维那样循序渐进的思维环节，可以一下子从起点跳到终点，从一件事物跳到另一件事物。

（三）思维的或然性

直觉思维一般只是形成猜想或假说，即大致判断，所以，通过直觉得出的结论，还要进行科学的论证和检验，方可确信。正如纽约大学心理学教授詹·布鲁斯指出的那样："直觉可以把你带入真理的殿堂，但如果你只是停留在直觉上，也可以使你陷入死角。"

当然，由于直觉思维的非逻辑性，它的结论常常是不可靠的，但我们不能因此而否定直觉思维的创新作用。著名物理学家、诺贝尔奖获得者杨振宁，在谈到氢弹之父泰勒的讲课特点时曾说："泰勒物理学的特点是，他有许多直觉的见解，这些见解不一定都是对的，恐怕有 90% 是错误的，不过没关系，只要有 10% 是对的就行了。"这就是学校教育在教授学生直觉思维时，应该有的态度。显然，直觉在创新活动中起着十分重要的作用：

（一）动力和加速的作用

被爱因斯坦称为具有"大胆的直觉"的居里夫人，发现放射性元素的过程就是凭借一种直觉。居里夫人经过初步实验，发现放射性与化合情况以及温度、光线无关。于是她大胆猜测，这种放射性是原子的一种特性，这种放射性元素除了铀之外，还有别的元素，不久便发现了另一种放射性强度更大的元素——镭。

（二）帮助人们做出最佳的选择

任何一项创新都需要从许多方案中做出选择，而直觉可以从许多可能方案中选出最佳方案。这是创新者广泛采用的一条原理。

（三）有利于做出预见

创新者凭借卓越的直觉能力，能够从纷繁复杂的材料中，敏锐地察觉某一类现象和思想具有重大意义，预见将来可能会产生重大的发明创造。

直觉在创新活动中起着非常重要的作用，但是，直觉是以经验为基础的，越是熟悉的事物越容易产生直觉，而经验是有限的，这一有限性常导致创新者凭直觉得出的结论，被限制在一定的范围内，并可能出现错误的判断。因此，在创造过程中，既要重视直觉思维的积极作用，又要注意克服它的缺陷，对于由直觉得出的猜测，应进一步用实践来检验它的正确性。

六、发散思维

人类的大脑面对大自然中无穷无尽的问题，诸如，天上的星星有多少颗？宇宙的历史有多长？宇宙的尽头在哪里？人类的大脑细胞有多少？等等。思维对象有无穷多的数量；无穷多的关联；无穷多的变化。中国的哲学经典《道德经》上说："道生一，一生二，二生三，三生万物。"万事万物都是在原有存在元素的基础上派生出来的。善于思考的人，就能从看似毫不相干的因素当中，发现隐含的相关性，从而联结成新的思路。辩证法告诉我们，我们不是生活在静止的世界里，而是生活在不断变化着的世界里。冬去春来，星移斗转，天地间的变化无时无刻不在发生着。世界的无限性，决定了人类思维和选择的无限性。

发散思维是由美国心理学家 J. P. 吉尔福特在《人类智力的本质》中提出的，作为一种与创造性有密切关系的思考方法，是对一个问题从不同角度、不同层次、不同路径进行全方位的探索，从而提出新思路、新结构或新发现的思维过程。美国思维训练专家罗杰·欧克提醒我们：通常人们在思考问题中，当获得一个答案后即行终止，这样，便在思维者脑海中形成僵化的思路，不利于创新思维的开发。法国哲学家埃米尔·查蒂尔说："如果我们只有一个主意，那么没有比这个主意更危险的了。"现实中，一个问题可能有多种答案，我们可以此问题为中心，不断向外发散思考，找到更多正确的答案，这就是所谓的发散思维，在所有合适的各种答案中，充分表现出思维的创造性成分。1979年，诺贝尔物理学奖获得者、美国科学家谢尔登·李·格拉肖说："涉猎多方面的学问可以开阔思路……对世界或人类社会的事物形象掌握得越多，越有助于抽象思维。"在科技领域，有无穷多的问题，自然就有无穷多的解决方法，只有不断打开思路，从各种视角去探寻，海阔天空地进行思维发散，才有可能做出新发明、新创造。提高创造力的有效途径就是寻找尽可能多的角度、路径和方法。

人的大脑思维模式就像一台超级生物电脑，思维从几乎无限的数据节点发散开去，与构成大脑物理结构的神经元网络非常相似。这让我们联想所见的自然界万千景象：树叶的纹路，树的枝干，长江无数的支流穿过华夏大地，甚至浩瀚宇宙超新星爆炸等。

人的创造能力是由许多因素构成的，尽管目前学术界对创造力的构成因素，尚没有一个统一的意见。但发散思维是构成创造力的主要成分，这在许多心理学家中是有共识的。

（一）发散思维具体运用的方法

1.组合发散

美国"阿波罗"登月计划，是一项浩大的系统工程，耗资250亿美元，历时10年，参与工程的有120多所大学、2万多家公司和研究机构，共投入45万多名科技人员，立项课题5万多个。"阿波罗"计划的负责人直言不讳地说："阿波罗"宇宙飞船的技术，没有一项是新的突破都是现有的技术，关键在于把它们准确无误地组合在一起。当美国人为"阿波罗"计划成功举行宴会时，将各种酒兑在一起干杯时，他说："这叫鸡尾酒，它体现了美国人的民族精神，组合就是创造！"

美国佛罗里达州的海曼在绘画中，常因找不到橡皮而烦恼，忽然有一天，他灵机一动，将橡皮绑在铅笔的末端，于是用起来很顺手。转而又想，何不用薄铁皮把橡皮固定好？接着海曼将这一小发明申请了专利。著名的RABAR铅笔公司用55万美元买下了这一专利，海曼由此获得了创业的第一桶金。

2.侧向发散

侧向发散不从正面直接入手，而是另辟蹊径，从侧面寻找突破口，往往能化难为易，变被动为主动。例如，地质学家伍德沃德发现一种小草，在一些地方开紫红色的花，在另一地方开红色的花，他猜想这是否是因土壤中含有不同的矿物质而引起的？经过实验室样品分析，发现开紫色花的土壤中含有大量铜元素。最后，发现了世界罕见的大铜矿。

3.立体发散

立体发散是指对认识对象从多角度、多方位、多层次、多学科、多途径地观察研究的立体思维方式。爱因斯坦在回答"为什么别人没有发现相对论，而你发现了呢？"的问题时说："不是我比其他人更聪明，只是我与其他人看问题的角度不同。这就像一只小虫在一个篮球上爬行，由于它所看到的世界都是扁平的，这样，他永远不会知道自己是在一个有限的球体上爬行，它还以为是在征服一个无限的世界呢！如果这时候飞来一只蜜蜂，它一眼就会看出小虫是在一个有限的球体上爬行，因为蜜蜂的视觉是立体的，这对它来说是轻而易举的事情。我就是那一只蜜蜂，所以我发现了相对论。"

4.信息交合发散

信息交合发散指利用两轴信息交合发散，形成信息反应场，使人的思维从无序进入到有序状态，极大地开拓了人们思考问题的视野，是一种既简单又实用的发散思维方法。在编者参加的国际创造学研讨会上，日本学者村上幸雄提问："回形针有多少种用途？"针对回形针进行拓展训练，可以获得几乎无穷多的实用新型、外观设计的小发明。将回形针分解成材质、质量、体积、长度、形状、韧性、弹性、硬度、颜色等诸多属性，与人类活动的要素结合，形成纵横两轴的信息反应场。这样，两轴的信息交合扩散，就能够发现回形针存在着无穷多的用途，从中可选出一些有市场应用价值设想，进而做出实用新型或外观设计的产品，再通过申请专利获得保护。

人类在不断学习知识的过程中，对很多事物的认识形成了固有的习惯和经验。经验是宝贵的，但也有它的局限性。此一时彼一时，很多问题的出现，同以往的情况不会完全相同，经验往往会影响人们对事物的正确判断。

发散思维的概念，是一种从不同的途径、不同的角度等不同的方向去展开思考，是从一个思维出发点探求多种不同答案的思维过程，它能使人产生大量的创新设想，摆脱习惯性思维的束缚，使人们的大脑趋于灵活多样。创新思维的对象性质如图2-1所示。

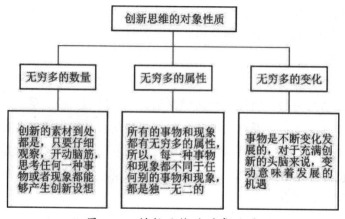

图2-1 创新思维的对象性质

思想家托马斯·库恩认为，科学革命时期发散思维占优势，科学探索者要在发散思维和收敛思维之间保持必要的张力。

发散思维就是充分发挥自己的想象力，在思考任何问题的时候，都要让思维处于活跃状态，不要让经验主义和盲目崇拜禁锢自己。要善于将看起来毫无关联的事物联系起来，这样，便打开了发散思维的大门，探索尽可能多的解决问题的途径和方法。

（二）发散思维应用的路径

发散思维的应用包括用途发散、功能发散、结构发散和因果发散等。

1.用途发散是以某个物品为扩散点，尽可能多地列举材料的用途。

2.功能发散是以某种功能为发散点，设想出获得该功能的各种可能性。

3.结构发散是以某个事物的结构为发散点，尽可能多地设想出具有该结构的各种可能。

4.因果发散是以某个事物发展的结果为发散点，推测造成该结果的各种原因，或以某个事物发展的起因为发散点，推测可能发生的各种结果。

5.形态发散是以物体的形态（如颜色、形状、声音、味道、明暗等）为发散点，设想出利用某种形态的可能性。

（三）发散思维的特点

发散思维具有流畅性、变通性和独创性的特点。

1.流畅性是指发散思维应用于某一方面时，能够举一反三，迅速地沿着这一方向发散出去，形成同一方向的丰富内容。发散思维是思维过程的自由发挥，在单位时间内生成并表达出尽可能多的想法，以及较快地适应、吸收新的思想。

2.变通性是指发散思维能从思维的某一方向跳到其他方向，使思考的方向越来越多，从而形成立体思维，并编织成思维之网。变通的过程就是克服人们头脑中已经僵化的思维框架和陈规陋习，使得发散思维不仅数量多，而且跨度大，在众多领域进退自如。常常通过借助横向类比、跨域转化、触类旁通等方法，使发散思维沿着不同的方向无边界地扩散，呈现出多样性、多面性和立体化。

3.独创性表现为发散的"新异""奇特"和"独到"，即从前所未有的新角度认识事物，提出超乎寻常的新思路，从而获得创新成果。独创性是在流畅性和变通性的基础上形成的，是发散思维的最高目标。没有发散思维的流畅性和变通性，就没有独创性。实际上，要达到思维的流畅和变通，需要广博的知识以及多方面的生活经验。知识和经验为发散思维的独特性创立了条件。由流畅性到变通性再到独创性，思维活动就进入了创新的高级阶段，是创新人才必须具备的素质。

发散思维是一种跳出经验局限的思维。事物总是处在不断的发展变化中，人们应该以发展的眼光来看待事物的变化，只凭借过往的经验埋头苦干是行不通的。

如果思维拘泥于经验，就不能汲取新的知识。这时，就需要丢掉以往的经验，将思维的出口打开。而发散思维就是在不断地放空大脑中经验的碎片，从多方面考虑事物的发展和存在过程。

采用发散思维，尽可能多地找出解决问题的途径和方法，通过收敛思维，再论证各种方案的可操作性，最终综合成一个或若干个理想方案。

（四）增强发散思维的方法

增强发散思维的方法有以下四种。

1.考虑所有因素。尽可能周全地从各个方面考察和思考一个问题，这对问题的探索、解决特别有用。

2.预测各种结果。思考一个问题时，应考虑各种"后果"或最终可能出现的结局。这有利于对事物的发展有较明确的预测，并从中寻求最佳的结局模式。

3.尝试思维跳跃。当解决某个问题遇到困难时，可以采用思维跳跃的方法，即不从正面直接入手，而是另辟蹊径，从侧面突围。

4.寻求多种方案。思考问题时，快速"扫描"事物或问题的各个点、线、面、立体空间，寻求多种方案并深入思考，从而找出全新的思路和方法。

七、集中思维

集中思维又称聚合思维、收敛思维，是将从不同的角度和层面的信息聚焦在一个点上，尽可能利用已有的知识和经验，将其重新整合，从思维开放的自由状态，转换为在聚焦点上思考，把众多的信息和解题的可能性，有条理地逐步引导到逻辑序列中的科学范畴，从而寻求到目标和结果的思维方法。集中思维具有集聚性、综合性和逻辑性的特点。

集中思维与发散思维之间存在对立关系，但只有经过了发散思维广泛收集素材，运用收敛思维的时候，才能在众多繁杂的信息中找出自己需要的。如果从一开始不进行发散思维活动，那么在本身信息含量小的情况下，集中思维也就失去了价值。因此，爱因斯坦曾说："聚合思维是发散思维的基点与最终归宿。"在集中思维的过程中，必须综合思考发散思维获得的信息，并对其进行归纳、分析比较，从中发现最佳的方法或方案。集中式综合绝不是简单的排列组合，更是创新性的整合，即以目标为核心，对原有的知识和经验从内容到结构上，有目的地全面评价、选择和重组。

（一）发散思维与集中思维具有互补性

思维的发散与收敛，需要经过多次转换，才能最终得到一个最优化解。创新者在搜索目标的时候，从发散中抓住目标。从发散到收敛，循环往复，不断搜寻目标。因此，发散思维只有和集中思维结合起来，才能产生实际作用。所以说，发散思维与集中思维是两种互补的思维模式。

（二）发散思维与集中思维必须保持一定的距离

只有发散思维，没有集中思维，必然导致思维混乱；没有发散思维，只有集中思维，必然导致思维的僵化，压制人们本身的创造能力。发明创造就是不断地遵循从发散思维至集中思维，然后又从集中思维到发散思维的多次循环逐步深化的过程。

发散思维与集中思维之间应时刻保持联系，只有在这种类似于弹簧的张力与合力之中，才能找到一个思维的临界点，用来推动思维的发展与进步。爱因斯坦的思维模式具有很强的发散性与集中性。以发散思维的形式集中，是避免在思考问题时，无法走出自身局限以及头脑僵化的最佳解决方法。有效地筛选发散思维形成的条件，找出解答问题的关键点，才是运用集中思维的最主要过程。诺贝尔化学奖得主莱纳斯认为，获得一斤好想法的最佳方法是拥有很多个想法。因此，当我们在进行一些关键性的抉择时，应该多设计一些方案，多考虑几种可能性，有助于更深刻地认识问题，并获得更为明智、高效的选择。

达尔文为了研究生物进化的过程，从1831年开始收集各种动植物和地质标本，挖掘古生物化石，研究生物遗骸，足迹遍布世界（运用发散思维），经过27年的研究和积累，终于写出了《物种起源》（运用集中思维）。在现代市场环境中，明智的创业者都会先广泛收集市场信息（运用发散思维），再通过对这些信息的综合分析，找到市场的切入点（运用集中思维）。

发散思维阶段一般不考虑方案的合理性，否则会大大限制思维的发散，背离了发散思维的初衷，因此，所获得的想法大多是不成熟或者不切实际的。所以，必须在集中思维阶段，对发散思维的结果逐一进行筛选，按照实用、可行的标准，对众多的设想或方案进行评判，最终得出可行的方案或结果。

有些人的思维很灵活，能够收集到比较丰富的信息，但在众多的信息面前，却茫然无措，不能从中得出明确的结论，犹豫不决，以至错失良机。因此，对创新者的逻辑思维能力提出了更高的要求。我们的头脑是一座几乎被遗忘的宝藏。创新思维能改变世界，认真地挖掘这座属于自己的宝藏，肯定会有意想不到的收获。

八、横向思维

横向思维是由著名思维训练专家、英国剑桥大学爱德华·德·波诺教授，于1967年在《水平思维的运用》一书中首先提出的。横向思维从多个角度出发，拓宽解决问题的思路，一改解决问题的常规路径，尤其对解决错综复杂的难题，有着明显的效果，在创造活动中起着巨大作用。

横向思维是对事物进行横向比较的过程中，把研究的问题放到事物的相互联系中，从而更深刻、更全面地揭示问题的本质。爱德华·德·波诺教授用挖井做比喻，论述了横向思维与纵向思维之间的联系。纵向思维从单一的概念出发，并沿着这个概念一直推进，直到找出最佳的解决方案。但是，如果那个作为起点的概念选错了，问题就麻烦了。而横向思维则要求，首先从各种不同角度思考问题，然后再确定并找出最佳的解决方案。挖一口井，首先要确定井的正确位置，一旦发现位置错了，应该果断放弃，另寻新址，不可贪恋那口尽管挖了半截，但位置错误的枯井。

横向思维理论，是思维科学研究史上的一个重大突破，它向以纵向思维为主体的传统思维理论，提出了挑战。它不仅创造了一种更为切实有效的思维模式，而且打破了传统思维的枷锁，使思维形态延展的无限性成为可能，从而使人类智慧登上了一个得以无限发挥的新起点。但横向思维也有其自身的局限与不足：横向思维注重横向选择的重要性，可它并不能代替纵向思维分析性的作用，如果一味以横向选择作为思维的重心，而纵向思维的深度不够，对每一种选择都浅尝辄止，会导致"半途而废"的结果出现。仍以"挖井"的比喻来讲，如果真的很快就要出水了，这时放弃，岂不可惜？这也是思维决策过程中经常遇到的问题。

法国科学家贝尔纳是一个非常有趣的科学天才，他在结晶学、分子生物学、科学学等领域都做出过重大贡献。贝尔纳的同事和学生们都相信，按照贝尔纳的天赋，他完全有可能获得诺贝尔奖，而且不止一次。然而，这一天却始终没有到来。其原因是贝尔纳总是喜欢提出一个题目，抛出一个思想，自己先涉足一番，不久便放弃，留给别人去完成。世界上不少著名的科研成果，其原始思想都来源于贝尔纳。

因此，横向思维与纵向思维各有特点与缺陷，是相辅相成的关系。

（1）纵向思维是分析性的，注重思维的深度；横向思维是启发性的，注重思维的广度。

（2）纵向思维强调思维的逻辑性，横向思维强调思维的发散性。

（3）纵向思维要求思维过程按部就班，环环相扣；而横向思维过程可以跳跃。

（4）思维者在进行纵向思维时，集中于一点，拒绝一切不相干的因素；而横向思维欢迎偶然闯入的因素。

（5）纵向思维遵循经验的途径，横向思维探索新的路径。

（6）纵向思维经常使用否定，堵死探索的途径；横向思维不用否定，尽可能多地探索解决问题的方法，探索就允许犯错。

兴趣过于广泛，思维过于分散，对科学创造也是不利的，这种现象称为"贝尔纳现象"。"智力僵化"是指极端的纵向思维，"贝尔纳现象"则是极端的横向思维，都应该尽力避免。在强调横向思维作用的同时，不应忽视纵向思维的价值。

在洛杉矶奥运会运作上，尤伯罗斯把横向思维与纵向思维的方法运用到了极致，千方百计寻找开源节流的每一个环节：1.充分挖掘和运用现有的体育场馆，租借大学的学生宿舍用作奥运村；2.必须建造的场馆，按市场运作，鼓动"麦当劳"等财团出资兴建；3.选择30家"赞助"奥运会的厂商，出资1.17亿美元；4.竞聘50家供应商，每家至少需赞助400万美元；5.对奥运会的独家播映权招投标，最后以2.75亿美元卖给了美国广播公司；6.美国柯达公司认为奥运会理应购买他的照相器材，却又埋怨400万美元的赞助费太贵，尤伯罗斯果断将这一权利出售给了日本富士公司；7.奥运会火炬在美国国内传递，从东到西，沿途经过32个州和1个特区，在奥运会开幕前准时送到洛杉矶，全程1.5万千米，火炬传递接力权以每千米3000美元出售；8.把奥运会"山鹰"标志，作为一种专利商标广泛出售；等等。

九、纵向思维

纵向思维，是指思维过程沿着单一的思路，依据一定的逻辑，由近及远步步推导，由浅入深层层递进，最终指向思维结果的一种思维模式，其实质与逻辑思维方法基本等同。人们大都习惯于纵向思维模式，它与人们习惯逻辑思维的成因也相同，是人们在长期学习和生活实践中自然而然形成的。习惯纵向思维的人，在他所熟知的领域分析问题细致而深刻，能够通过蛛丝马迹层层剖析，直至推断出问题的实质。纵向思维有利于强化思维的深度。

日本人运用横向思维与纵向思维，成功地分析出大庆油田的所在位置。大庆油田是我国在20世纪60年代勘探、开发的大油田，当时，绝大多数中国人不知道大庆油田在哪里，令人惊奇的是日本人却对大庆油田了如指掌。首先，日本人从中国画报刊登的铁人王进喜的大幅相片上推断出大庆油田在东北三省的偏北处，因为相片上的王进喜身穿大棉袄，背景是遍地积雪。其次，他们又从另一幅肩扛人推的照片，推断出油田离铁路线不远。再次，他们从《人民日报》的一篇报道中看到这样一段话：王进喜到了马家窑，说了一声："好大的油海啊！我们要把中国贫油的帽子扔到太平洋里去！"据此，日本人判断，大庆油田的中心就在马家窑。日本人又推断，大庆油田在1964年开始产油，依据是王进喜在这一年参加了第三届全国人民代表大会，如果不出油，王进喜是不会当选为人大代表的。日本人还准确推算出，大庆油田油井的直径大小和大庆油田的产量，依据还是《人民日报》中一幅钻塔的照片和国务院政府工作报告，即把当时公布的全国石油产量减去原来的石油产量，连小学生都能算出大庆的石油年产量为3000万吨，这一结论与大庆油田的实际年产量相差无几。有了如此多的准确情报，日本人迅速设计出适合大庆油田开采用的石油设备。当我国政府向世界各国征求开采大庆油田的方案时，日本人一举中标。

纵向思维有利于对问题的深层分析，其自身的局限性有以下三个方面。

（1）纵向思维只注重对单一思路的深入思考，不利于思考面的展开。拘泥于纵向思维模式的人，习惯把一种观念、一种方法当作原则，在思考问题时，往往"一条道儿跑到黑"，这样的人倒是十分执着，但却不知变通。

（2）纵向思维沿着一条思路思考，忽略了许多相关因素，以及在思维过程中发生的变数。人们在实践中，常会遇到一件事结果错了，再回过头来检查整个过程，找到了错误的环节才恍然大悟，如果此时结合着横向思维来思考，就有可能避免走弯路。

横向思维与纵向思维的结合运用，既提高了思维的效率，又强化了思维的精度，是对传统思维的一次重大变革，但它仍存在明显的局限性，具体有以下两个方面。

（1）纵向思维与横向思维分别针对的是思维的深度和广度，但没有涉及思维的高度。

所谓思维的高度，是指站在俯瞰的层面，把具体问题或事件放在与其相关联的环境和背景下进行考察，使之合乎全局的走向。在横向思维和纵向思维中，思维对象都局限于问题本身，缺乏对所处环境和背景的宏观思考。而人们在现实中遇到的问题，几乎都是在一定环境和背景下发生的，忽视了环境因素和背景条件，所做的决策在表面上似乎符合事件和问题的逻辑，但却可能与全局趋势相背离。

（2）横向思维为思考者提供了选择多种方案的可能性，但是横向思维并没有告诉思考者，如何在多种备选方案中确定最佳方案。很多时候，可选择的方案太多，思考者在实践之前，不能明确判断各种方案的效果，反而会陷入无所适从的境地。

我们在分析问题时，从不同的视角出发，可以得出不同的结论，而不同的结论又都有其相应的论据。针对同一事件，不同的人往往也持不同的观点，双方（或多方）都能为自己的观点摆出充分的理由，从而形成"能证明自己是对的，却不能证明对方是错的局面"。如果单纯从矛盾各方本身的逻辑来看，则很难判断谁是谁非。而如果能从全局着眼，哪一方更符合全局的趋势和要求，则它就是最优的选择。

十、逆向思维

逆向思维又称反向思维，是指对已经存在的现实问题，或已有定论的事物或者观点，采用反向思维的方式寻找解决问题的方法和途径，从事物的相反方面进行思考的思维方式。由于事物之间普遍存在着相互联系及作用，并在一定条件下发生相互转化，这就为逆向思维提供了巨大的思考空间。它能够从问题的反面揭示事物的本质，克服正向思维的缺陷，突破陈旧的"思维定势"的束缚，极大地拓展了科技发明的领域。

逆向思维能够帮助人们运用简单的办法，解决看似复杂的问题，常常收到出其不意的成效，因而广泛应用于生活的各个方面，给人们带来了更多的便利，能够使人更具智慧，想他人未想到的，更容易取得成功。逆向思维的开发，能够突破思维定式，从不同的角度去探究世界，从而取得更好的思维效果，更有利于解决问题。

通常人们习惯顺着事物发展的正方向去思考、探究问题，并寻找问题的解决办法。事实上，对于某些特殊的问题，从事物的结论往回推，倒过来想，将已知条件当作结果，倒推原因，或许会使问题更简单化。逆向思维的特点是，敢于"反其道而行之"，在思考问题时，从问题的反方向深入探索，找寻问题的解决方法。当所有人都用一种固定的思维方式思考时，用逆向思维思考，将会收获更多。比如早期的电灯泡使用不久后，灯泡内部就会发黑。一开始，人们尽可能把灯泡内部抽成真空，可是发黑问题仍然存在。后来，米尔兰博士运用反向思考，设想向灯泡内充入某种气体。经过实验，最后确定用傲气替代真空，解决了灯泡发黑的问题。

（一）逆向思维的思考方向

1.逆现象原理思考

逆现象原理思考是指将自然现象、物理变化、化学反应等进行反向思索。比如，电能生磁，那么，磁能否生电？法拉第由此创立了电磁感应原理。又如，伏特发明了伏特电池，将化学能转换成电能，反过来想，电能可否转换为化学能？戴维最终创立了电化学。再如，爱迪生在改进电话时，意外发现传话器里的膜板随着说话声音，会引起相应的颤动，爱迪生反过来想，这种颤动能否使它发出原先的说话声音呢？最后发明了"会说话"的机器——留声机。其他诸如发电机与电动机，电风扇与风力发电机等的发明，都是逆向思维的结果。

2.逆作用方向思考

事物的方向与性质、功能等方面同样有着内在联系，因此反方向思索是逆向思维常用的技巧。比如，火箭通常是向上发射的，苏联的工程师却想着向地下发射，穿透土壤、冰层、冻土、岩石等，比普通钻机降低1/2能耗，效率大大提高。又如，通常破冰船是靠自身巨大的体量压碎坚冰，苏联科学家却偏偏让破冰船潜入冰面以下，依靠浮力顶开冰层，破冰船因此变得自重轻、体积小、船速快，破冰效率大大提高。

3.逆事物位置思考

将事物的位置颠倒，往往能产生意想不到的创新效果。比如，传统动物园里的动物因为被关进笼子里，渐渐失去了野性。于是，人们把自己请进装有防护栅栏的车子，去看自然中的动物觅食，就有了野生动物园。

逆向思维的运用，并不是指在面对任何事情时，都站在别人的对立面，不能仅仅局限在事物的表象进行反向思考，而是从深刻认识事物的本质着眼，这样，才能真正从逆向思维中得到最令人满意的结果。养成逆向思维的习惯，会使人在思考的时候独辟蹊径，在别人没有注意到的、易被人们忽略的地方有所发现，从而想出出人意料的方法。逆向思维往往能使人在多种解决问题的方法中，获得最佳方案和途径。逆向思维最难能可贵之处在于，它是对人类认识的挑战，是对事物本质认识的不断深化，我们应当自觉地运用逆向思维，创造出更多的奇迹。

（二）逆向思维在发明创造中的应用

1.反转型逆向技法

反转型逆向技法，是指对问题反向思考而产生的发明构思方法，是从相反方向对事物的形态、功能、结构、因果等方面进行逆向思维的创造技法。

艾米不小心打翻了一个瓶子，液体浸湿了桌面上的文件，情急之下艾米迅速抓起文件，仔细察看，文件上被浸染的字迹依然清晰可见。当她拿去复印时，一个奇怪的现象出现了：被浸染的部分复印出来后却是一团黑斑。艾米灵光一现，是不是可以将液体和黑斑形成的现象倒过来运用？艾米想，自从复印机问世后，不是经常有文件被盗印的事发生吗？为什么不以这种奇特的液体为基础，研制出一种特殊的液体，来解决被盗印的问题呢？艾米利用逆向思维，经过尝试和努力，终于研制出了防盗印的纸张。

2.转换型逆向技法

在解决问题时，如果遇到障碍，尝试换一个角度去思考问题，从而使问题能够顺利地解决。从普林斯顿大学教授讲的一则故事中得到启发：很久以前，还没有发明鞋子。国王外出打猎，不小心被路边的荆棘扎到了脚。国王盛怒之下，命令一个大臣："三天之内将城里的大街小巷统统铺上毛皮，如果不能完工，就要将其绞死。"很快，所有的毛皮都用完了，人们只好通过杀死家畜来获得更多的毛皮，可是，尽管这样，毛皮依然不够用。大臣急中生智，转换思路，做了两个皮布袋献给国王。国王把两个皮布袋套在脚上，感觉非常舒服，重奖了大臣。鞋也由此发明。最后，教授意味深长地说："很多时候，人们只需要换一种思考方式，就能轻松地解决难题。"这就是转换型逆向技法的运用。

"两向旋转发电机"的发明，归功于转换型逆向技法。翻阅国内外科技文献，发电机共同的构造是，各有一个定子和一个转子，定子不动，转子转动。而"两向旋转发电机"的定子也转动，发电效率比普通发电机提高了四倍。

3.缺陷型逆向技法

缺陷型逆向技法，是一种将事物的缺陷通过逆向思考，将其变成有利的一面，从而加以应用的创造技法。这种方法不以克服缺陷为目的，而是将缺陷化害为利，找到解决问题的方法。有一家纺纱厂，由于设备严重老化，致使纺出的纱线粗细不匀，生产出一批残次品，造成很大损失。有一个员工建议不如将纱线制成衣服，因为纱线粗细不匀，衣服的纹理也将会不同寻常，说不定能得到顾客的青睐。果然，衣服制成后，因其纱线粗细不匀，具有古朴的风格，深受大众欢迎，上市不久便销售一空。其实，任何事物都没有绝对的好坏之分，从一个角度看起来是劣势，从另一个角度看起来就可能是优势。如果能够巧妙利用事物的缺陷，就可以在遭遇困境之后，获得意想不到的收获。

日本丰田汽车公司前总经理丰田宗一郎曾说："假如我这个人有所成就的话，那是因为我善于倒过来思考。"目前，丰田公司已发展成世界一流的跨国企业。在生产管理上，一般企业都是"顺着抓"的，即由第一道工序顺次抓到最后一道工序。而丰田却别出心裁地"倒过来抓"，即由最后一道工序抓到第一道工序，这就使后道工序始终处于主动地位，强化了企业的科学管理。实践证明，"倒过来抓"更有利于实现目标管理，增强了各道工序的责任感，从而大大提高了生产效益。

十一、侧向思维

侧向思维也称旁通思维，是指从其他领域或相去甚远的事物中，从表面看似"无关"的信息中获得启示，从而产生解决问题的新设想、新路径的思维方式。围绕一个问题，经验迁移，发现解决问题的通道。维斯金高兹在研制火车制动装置时，发现人们在建设隧道中，用压缩机来压缩空气，能在数百米远开动钻机，从而得到了启示。可以利用问题刺激源的作用，借助迁移技能和思路，这是侧向思维与逻辑思维的不同之处。侧向思维恰到好处地运用了"经验迁移"，用解决某个问题的经验来解决另一个问题的思路。

比如，上海市创造学会副会长包起帆，立足装卸公司的本职工作，发明了第一只木材抓斗——双索门机抓斗，获得了国家发明奖。他从圆珠笔伸缩灵活的结构，想到这种结构能否用到抓斗上去呢？于是包起帆将"双索抓斗"改为"单索抓斗"，用一根绳索就可以完成打开、闭合抓斗两个动作。在发明抓斗的过程中，包起帆常常从其他的物体结构中得到启发，可谓"触类旁通"。他的抓斗发明，还获得了日内瓦国际发明展览会金奖。又如，德国人阿格里科拉发明的螺丝钉，就是从小小的钉螺壳得到启发，由此，英国的怀亚特兄弟发明了第一台制造螺丝钉的机器。再如，最早提出螺旋桨设想的是瑞士物理学家伯努利，装在船尾的螺旋桨高速转动时，推进船舶的效率，要比用两侧笨重的轮子推进效率高了许多。最终英国造船师弗朗西斯·史密斯获得了双叶式螺旋桨的专利，安装在"阿基米德"号轮船上进行试航，果然成功了！

十二、求异思维

创新思维的关键在"新"，不论是新技术、新产品、新方法、新理论、新思想等，都在一"新"字。而"新"的前提是"异"，换言之，创新首先要"求异"，异于旧的形式，异于旧的内容，异于旧的功能，异于旧的结构，异于旧的特性……因而，求异才能创新，要标新必然先立异。所以，求异思维就是突破常规思维只会单一方向、从正面思考的习惯，遇到问题善于打破常规，善于从各个侧面思考的一种思维方式。比如，发明除尘器的最初想法是：把灰尘吹走，结果弄得尘土飞扬，又破坏了周边环境。那么，转换一下思路：既然吹的办法行不通，干脆把垃圾吸进来再集中处理，问题立即解决了。求异思维要求我们，一旦遇到常规方法解决不了时，一定要适时地"转弯"，甚至是180度大转弯，往往可以收到"柳暗花明又一村"的奇异效果。

在解题时，追求一题多解，最能体现求异思维的特点。对于任何一个问题，我们不能满足于一题一解，要尽可能多地寻找解题的途径与方法，从而开阔解题思路，提高融会贯通运用知识的能力。在创业的过程中，求异思维的运用，对于产品的更新换代、高效使用设备和节约原材料等方面，都有很好的经济效益。

十三、换元思维

换元思维是一种有效地解决问题的方法。阿普顿是美国普林斯顿大学的高才生，一次，爱迪生交给他一只梨形灯泡，让他测算容积。阿普顿起初不以为然，但当他开始计算时，才发现灯泡这样的不规则形状，很难把容积计算准确，即使是近似处理也相当烦琐。阿普顿画了草图，在纸上写满了密密麻麻的资料和算式，还是没有算出来。爱迪生对阿普顿说："我们换种方法试试。"便取来一大杯水，往阿普顿测算的灯泡里倒满了水，然后再把水由灯泡倒进量筒，于是，就量出了水的体积，当然，水的体积也就是灯泡的容积。

爱迪生用换元思维，轻而易举就测出灯泡的容积。不同的问题需要不同的思维方法来解决，思维方法是多种多样的，除了常用的逻辑思维外，还有形象思维、发散思维、集中思维、逆向思维，等等，这些不同的思维方法，都有它们各自的作用和价值，适合解决各种不同类型的问题。思维方法单一的人遇到难题时，未必是这个问题真的难以解决，只是他没有掌握适合解决这一类型问题的思维方法而已。

20世纪80年代，我国出现了一门新兴的学科——物元分析理论，揭开了换元思维的奥秘。这门学科旨在通过研究事物的可变性，以及事物变化的条件、路径和规律，探索事物转化的过程，进而寻求解决问题的方法。物元分析理论的核心思想是：它并不把问题系统中的各项条件，看成是一成不变的，而是可变动的，在物元分析的意识下，问题的进程就像流水一样，遇到任何障碍都能千方百计绕过去。

物元的变换有两种模式：一种是问题系统内部各元素的变换，比如曹冲称象，就是把问题的要素之一"大象"变换成"石头"；另一种是变换问题系统的结构，使之性质发生一定程度的改变，从而达到解决问题的目的，这种变换方式带有深刻的系统思维含义。

十四、变维思维

所谓变维思维，是将认知的对象毫无例外地当作能够进一步开拓或挖掘的客体，循序变换思维的视点、角度，猎取那些具有新颖、奇特的思想火花，从而产生新的创造性设想。由于客观事物具有不同的方面或角度，人们可以从不同的方面或角度去观察、分析和研究事物，以达到正确地反映事物的目的。因此，变维思维是人们长期从不同的方面或角度来反映事物的过程中总结出来的。正如切一个苹果，横向切或是纵向切，看到的切面是完全不同的。

变维思维的主要特点，就是思维视点、角度的变换。视点的变换指认识对象的部位迁移，角度的变换指认知主体（认知者本人）的方位、方式的更替。而视点和角度的变化，又是由事物本身的复杂多样性所决定的。比如，爱迪生是直流输电系统的创始人，他认为交流电电压高，很危险，因此反对使用交流电；而交流输电系统的发明者特斯拉则认为，直流输电电压低，电路上损耗大，而交流电利用高压来输电，电流就很小，在输电线路上不会损失太多的电功率，到了用户那里，再用变压器将电压降下来，既安全又节省。尼亚加拉大瀑布水电站决定采用交流输电系统，使交流电赢得了决定性的胜利。爱迪生电气公司的声誉再也维持不下去了，不得不改名为通用电气公司。爱迪生的重大失误，是因为他没有用变维思维来思考问题，如果他能平心静气地听取特斯拉的建议，认真研究一下交流输电的好处，这样的失误是完全能够避免的。

十五、迂回思维

人们在进行创造性活动中，思路不可能永远沿着直线前进，事物或问题的复杂性也不容许这样。所谓迂回思维，是指思维的发展过程不是笔直的直线式前进，不是总在思考如何正面、直接地克服障碍、解决问题，而是在一定时间内，暂时离开直线轨道，转入一个曲折蜿蜒、绕道前行的思维方法，这样，才能透过表面的偶然性揭示其内在的规律性。

客观事物的发展都是由简单到复杂，由低级到高级，是不断前进、不断上升的发展过程。但是有些事物在发展到某一个阶段，则又可能是后退的、下降的，即我们经常所说的螺旋式上升或波浪式前进。运用曲折迂回的思维方法，就是指当我们解决某个问题的思考活动，遇到了难以消除的障碍时，可以谋求避开或越过障碍而解决问题的思维方法。

比如，心理学家把鸡和狗关在一道铁丝网前，铁丝网后放有食饵，鸡径直地向食饵方向冲去，结果被铁丝网拦住，吃不到食饵；而狗先是一动也不动地环视了一会儿食饵、铁丝网以及旁边的墙壁，然后绕过右边的墙，走到铁丝网的另一侧，把食饵吃掉了。这则动物实验对人类的思维方式很有启发。在思考解决问题时，我们有时像鸡那样，思维直接扑向目标；有时则像狗那样，思维方向转弯后达到目标。从思维来看，有直线思维和U形思维之分。许多问题的求解，靠直线思维是难以如愿的，这时采用U形思维去观察思考或许能迎刃而解。

十六、假说思维

假说是一种创造性的思维方法，正确地掌握和运用假说思维，对科研工作具有实际意义。它能够调节思维主体的主观能动性和创造性；能够使思维主体不满足于已有的成绩，而是在此基础上进行不断创新；能够使思维主体面对已经陈旧或日渐失效的理论，敢于修正。假说思维法是根据已知的科学原理，将一定的事实材料对事物存在的原因、普遍规律或因果关系等，做出有根据的假定、说明和科学解释的思维方法。一方面，建立假说是人们初步认识某些真理的重要方法和途径，也是科学理论形成和发展的重要阶段，因而，假说不同于无知妄说；另一方面，人们为了一定目的而建立的假说，只是对事物的存在原因和规律性的初步的假定说明，因此，它具有推测的性质，它提供给人们的知识并不确凿可靠，还需要科学的论证和实践的检验，因此，它又区别于科学理论。

人类不少发明创造来源于科学的假设、假想、假说。不少科学家、发明家总是把假设、假想、假说作为自己创造发明的第一个逻辑起点，一开始几乎是在模糊中起步。恩格斯说：“只要自然科学在思考着，它的发展形式就是假说。”牛顿也说：“没有大胆的猜测，就做不出伟大的发现。”赫胥黎则说：“一切科学都始于假说……”例如，天文学中的哥白尼太阳中心说，地质学中的大陆漂移说、板块结构说、海底扩张说，数学中的“哥德巴赫猜想”，等等，这些理论都是在假说的不断完善中形成的。假设、假想、假说是认识未来的桥梁，是攀登科学高峰的阶梯。卡尔·萨根说：“科学与其说是一种知识体系，不如说是一种思维方式。”

十七、模糊思维

模糊思维是与精确思维相对立的，但是模糊思维现象并非含混不清，更不是抛开逻辑、放弃精确，而是辩证思维，以达到模糊与精确相统一、逻辑与非逻辑相结合，使之具有广泛的实用价值。模糊思维法所遵循的是“a是a，又不必是a”的模糊逻辑。它符合辩证法逻辑，但又和传统的逻辑有区别。它突破了传统逻辑“是就是，不是就不是”的界限，为人们解决模糊事物中的问题，开拓了广阔的天地。

20世纪60年代，美国控制论专家查德创立了模糊数学，使人类的认识工具进入了一个新的发展领域。实践证明，在某些事物的分析、认识上，过分精确反而模糊，适当模糊反而精确，只要使模糊与精确互相补充，就能达到对客观事物较为全面的把握与认识。例如，计算机在处理问题的时候，采用的是传统数学的精确模式。计算机使用的数字只有1和0，非此即彼，在进行精确判断时非常有用。模式识别是计算机应用的重要领域之一，但是高精确的电脑在这里却遇到了问题。当计算机来识别一个人时，是把他的面孔、五官、身高、体重、发型、肤色等特征，变换为几千万个数据储存起来，然而，一旦这个人的某种特征发生变化，如发式改变或者面部做了美容，那么，计算机却无法识别了。由此可以看出，计算机在模式识别方面，虽然很精确但又很僵化。难怪计算机之父冯·诺依曼在谈到模式识别的时候，高度评价了人类神经系统的能力。虽然计算机处理问题的速度和准确性是人脑无法比拟的，但是人脑却能在准确性不高的情况下，处理相当复杂的问题，如果计算机使用模糊识别法，则可大大提高它的模式识别能力。

从哲学意义上讲，模糊逻辑是“模糊”与“精确”的有机统一。逻辑的模糊化并不是说逻辑变得模糊不清了，而是逻辑功能从处理精确现象，扩大到了处理模糊现象。因此可以说，模糊逻辑是逻辑从“精确化”向“模糊化”的发展，模糊逻辑借助于模糊数学，它是“软科学”和“硬科学”的联系环节，因此，模糊逻辑方法的应用非常广泛。

十八、简化思维

最简单的办法往往是最聪明的，最伟大的真理常常也是最简单的。通常，人们按照固有的思维方式去观察、思考问题，往往将简单的问题复杂化。事实上，很多事情并不像人们想象的那么困难。简化思维能够使复杂的问题简单化，促使人们用更加简单的方式解决问题。比如，直升机机顶的旋翼旋转时会产生反扭矩。怎样才能克服它？常规的思维是加一个反方向的旋转桨。通过实验，这并不可行。然而，一个叫西科斯的美国人巧妙地设计了一个尾桨，用一个部件就消除了这种派生现象。

又如，美国《读者文摘》（中文版）1997年9月刊载，美国太空总署征求一种供太空人使用的、超现代化的书写工具，要求是：必须能在真空环境中使用，必要时能让笔嘴向上书写，还要几乎永远不用补充墨水或油墨。消息传出后，全世界的天才们都为此大动脑筋，各种各样的设计方案不断涌来，其中有一封从德国发来的电报，让太空总署的官员看了之后汗颜。上面只有寥寥数字：试过铅笔没有？出乎所有人的意料，一支小小的铅笔就将所有的问题解决了，谁会想到用铅笔去解决连美国太空署都没有办法解决的问题。就是不起眼的铅笔，恰恰符合了美国太空署的所有要求。一种打破常规的简化思维，出色地解决了航天难题，出乎意料，又在情理之中。

网上曾流传：你简单，世界也简单。我们往往把简单的事情复杂化，因为面对难题时，人们不会想到能用简单的办法去解决，误以为越是复杂的解决方式，越是让内心的成就感越大，如果解决方式过于简单，反倒会觉得自己没有能力。

十九、分解思维

分解思维是一个心理感知的过程，它是一个由表及里、由浅入深、循序渐进的过程。分解思维是人类能够存活于世界的基本能力，是人类思维的基础，是一种独特的思维方法，同时也属于创新思维的一种。其原则是将大目标分解为小目标，将大事物分解为小事物，分解是一个没有极限的过程。因此，运用分解思维，可以帮助人们完善目标，将大目标分解成一个个小目标，然后逐个去实现。

分解思维有两种：一种是分解分离，即将某一事物拆开以后，将适合目标的、思维主体所需要的进行保留，而将其他不需要的部分舍弃掉；另一种方法是分解重组，即将正在研究的对象分解开，对其中的元素打乱后再进行排序，或者再以一定的规律进行合理的组合，以得到新的思路和成果。比如，纳米技术的灵感，来自物理学家理查德·费曼的一次演讲。他提出了一个新的想法：从石器时代开始，人类从磨尖箭头到光刻芯片的所有技术，都与一次性地削去或者融合数以亿计的原子，以便把物质做成有用的形态有关。费曼质问道，为什么我们不可以从另外一个角度出发，从单个的分子甚至原子开始进行组装，以达到我们的要求？他说："至少依我看来，物理学的规律不排除一个原子、一个原子地制造物品的可能性。"1990年，IBM公司阿尔马登研究中心的科学家成功地对单个原子进行了重排，他们使用一种称为扫描探针的设备，慢慢地把35个原子移动到各自的位置，组成了IBM三个字母，三个字母加起来还没有3纳米长，这证明了费曼的想法是正确的。

爱因斯坦在进行科学研究时，通过分解，能够让自己对问题有一个透彻的了解。在进行思维分解的时候，爱因斯坦会从不同角度对问题进行剖析，重新构建这个问题。因此，他能对时间的绝对性和空间的绝对性提出质疑，并提出广义相对论与狭义相对论的观点。他给世人留下的，不仅仅是物理学领域的重大科学成果，最为重要的是，他给全人类留下了宝贵的精神财富整套科学的思维方法。最基础的就是分解思维，分解思维是进行其他思维的前提。科学实践表明，分解思维是一切科学成果的基础。在进行科学活动的时候，一定要坚持对事物进行分解思维活动，把握事物的本质。

分解思维具有具体化、清晰化的功能。分解的过程，就是将抽象化为具体，将整体化为局部的过程，分解的目的就是让混沌的事物变得清晰。不论是客观事物还是主观想象，如果没有进行一定的分解，是很难有一个全面的认识的。

在对事物进行分解时，被分解的事物并不是被动的，它一直在不断地变化，这种变化透露出某种信息，思维主体接收到这种信息后，对这种信息进行处理，并产生一定的反应。分解过程其实也是一个互动过程，分解具有无限性、层次性、选择性、求真性、变异性，这些特点统一在分解思维的过程之中。

（一）分解具有无限性

人类的认识对象不仅是人类赖以生存的地球，还有未知的茫茫宇宙。所谓宇宙，是时间与空间的集合体。四方上下称为宇，古往今来称为宙。人类对宇宙的探索在不断地加深，从地球扩展到太阳系，从太阳系扩展到银河系，再到河外星系，甚至已经达到了一百多亿光年以外的范围了。宇宙的无限性体现在时间与空间的无限性上，还表现为物质运动的无限性，这就决定了人的认识无限性，因此，对其进行分解也是无限性的。分解的无限性，有一个重要的原因是物质具有无限可分性。古人认为，一根竹竿，每天取其中一半，永远也取不完。19世纪，科学家发现了分子，接着又发现了原子，当时认为原子是物质的最小单位。随后，又发现了比原子还要小的基本粒子，如中子、光子、质子、中微子、反粒子、超子，等等，并且这些粒子之间可以相互转化。

（二）分解具有层次性

分解具有层次性，源于事物具有层次性。世界万物都是按照一定的等级秩序组织起来的，它们自成系统，一个小系统上面有一个大系统，大系统之上又有更大的系统。人们为了有序地认识世界，将事物按照不同层次进行分类。例如，宇宙可以按照这一方法划分为物理层次、生命层次、社会层次、化学层次，等等；植物可以分为门、纲、目、科、属、种六个层次。如果要有序地认识世界，那么就必须对世界进行有序的分解。

（三）分解具有选择性

心理结构是分解思维方法选择性的基础。普林斯顿大学某心理系教授曾邀请一个木材商、一个植物学家、一个画家一起来观赏一棵古松，但三个人眼中的古松却是完全不一样的。木材商觉得这是一块很好的木料，砍掉放到市场上一定能卖不少钱；植物学家感觉到的只有植物的分类，对植物进行研究，如树叶是什么形状的，是针形的还是扇形的，种子是什么样的，等等；而画家看到的却是这棵树呈现出来的美感。三个人因为自身的心理结构不同，所以他们对事物进行了有选择性的分解。

（四）求真分解和变异分解

对某一事物进行分解，可以根据不同的角度分为求真分解和变异分解。求真分解是感觉与实际相符合，变异分解是感觉与实际不相符合。求真分解与变异分解是一个整体的两个不同部分，它们相互依存，在一定条件下相互转化。对事物进行分解，可以对某一事物了解得更加清晰，可以将抽象的事物具体化。通过分解思维，原来深处于迷雾之中的事物可以慢慢褪去神秘的面纱，浮出其本质，让模糊的事物变得可以感知。通过分解思维方法，可以让抽象、笼统的客观事物暴露出它不为人知的一面，让人们可以系统地掌握它。正是由于人类思维具有分解性，人们才能通过分解思维不断深入地认识世界。

二十、立体思维

人类对空间的认识顺序是由点到线，到面，再到三维空间，人类思维模式的演化，也是遵循了这一过程。逻辑思维是线型的思维，横向思维（水平思维）是面的思维，立体思维则是三维空间式的思维形态。所谓立体思维，就是把具体的思维对象，放到与其相关的背景条件当中，在思维过程中不局限于思维对象自身的属性和运动规律，同时还要考虑背景条件对它的影响。由于立体思维运用了不同层次的思维形式和方法，有利于对事物进行多层次、多方位的研究，因而灵活地运用立体思维，就能像爱因斯坦那样常常迸发出许多新颖的思想。立体思维是一种宏观的思维模式，现代都市交通就是立体思维的形象展现。

立体思维需要有丰富的经验和广博的学识作基础。一个学识肤浅、阅历单纯的人，是无法驾驭宏大的思维活动场景进行立体思维的。与纵向思维、横向思维相比较而言，立体思维是一种更高层次的思维模式。纵向思维呈线型，着重于思维的深度；横向思维呈面状，着重于思维的广度；而立体思维则表现为立体形态，它在思维模式的深度、广度的基础上，强调思维的高度。立体思维居于俯瞰的思维高度，纳入的关联信息更多，考察的视角更全面。

2002年诺贝尔经济学奖授予经济学家弗农·史密斯和认知心理学家丹尼尔·卡尼曼，因为他们努力把实验经济学和经济心理学结合起来，形成了行为金融学的研究领域。随着社会的发展，经济研究领域与范围逐渐超出了传统经济学的分析范畴，分析对象几乎扩大到了所有人类行为。经济学大家族中又派生出许多交叉学科和边缘学派，如混沌经济学、不确定经济学、行为经济学、实验经济学等。由此可见，立体思维在日益多元化、复杂化、综合化的科学技术研究中起着重要的作用。

二十一、系统思维

中国古代很早就产生了系统论思想。战国时期儒家学派的荀子（《荀子·天论》）指明，任何一物不过是万物的一部分，而万物又是宇宙大道的一部分；中国阴阳家哲学中，将五行生克的关系，作为整体规律和秩序的规划机理。以上皆立足于整体与部分之间的关系，倡导以整体观去处理现实中的一切问题，这都体现了深刻的系统论思想。荀子的年代虽然比亚里士多德稍晚约60年，但其对系统论思想的认识，要比亚里士多德更为具体；而中国古代文化典籍《易经》，包含五行生克等较为成熟的系统论思想，成于春秋时期，远远早于亚里士多德提出的"整体大于部分之和"的观点。据此推论，最早诞生系统论思想的国家应该是中国，而非古希腊。

20世纪中叶，以美籍奥地利人、理论生物学家贝塔朗菲为代表的一批科学家，将系统论完善为一门科学。在人类历史上，系统论的产生和发展使人类认识世界和改造世界的能力发生了质的飞跃。系统论的核心思想是系统的整体观念。贝塔朗菲强调，任何系统都是一个有机的整体，它不是各个部分的机械组合或简单相加，系统的整体功能是各要素在孤立状态下所没有的新质。拿破仑说："一个法国士兵打不过一个马克留人，但一千个马克留人却打不过一千个法国士兵。"这是系统论思想在军事上的运用。系统论的另一个重要观念是系统的有序性，系统的各个要素都是按照一定的结构顺序关联到一起的，其间存在各种各样的平衡关系和制约关系，这些关系的性质影响到整个系统的性质和效率。比如，同样是碳化结构的金刚石和石墨，属性却大不相同。通过系统中各个要素之间的优化配置，使系统发挥出更高的效率。反之，系统要素之间存在冲突，从而使整个系统的效率降低。系统论的第三个观念，即系统内部各要素之间的互补性，各个具体要素都有其自身的功能和特征，这些功能和特征既有优势也有不足，需要有其他要素来补充，而它本身也可以去补充别的要素。比如，现实世界中的男女之间就存在这样的互补关系，自然界的生态平衡系统，也处处体现这样的互补关系。

系统思维是基于系统论之上的一种思维方法，其作用体现在以下三个方面。

（1）系统思维有助于简化人们对事物的认知，也有助于加强对知识的理解和记忆。人们面对的是一个错综复杂、令人眼花缭乱的现实世界，但是通过系统思维，人们可以认识到，那些看似截然不同的事物和学科背后，其实存在着千丝万缕的联系，这些联系又使它们在系统的意义上统一起来。每一门学科的知识本身都具有整体性和有序性，只有把握了其整体性和有序性，才能对该门学科具有清晰有序的认识。不同学科之间又蔚然而成一个更大的知识系统，如数理化、文史哲等，这也就是我们通常所说的融会贯通。所以，大学生在构筑知识结构时，必须要运用系统思维。

（2）系统思维有助于人们从整体上把握和处理实际问题。事物既然是以系统的状态存在的，那么在做相应的处理时，如果只关注具体要素，而忽略了系统中的其他要素及其协同效应，必然导致思维认知的片面性，任何事物最终必须契合其所在系统的整体效应，才能体现其价值，充分发挥其作用。

（3）系统对要素固然具有很大的主导作用，但从另一个方面来讲，要素对系统也具有一定的影响，在某些特定情况下，这种影响的力量还相当巨大，甚至改变系统的性质，所谓"牵一发而动全身""千里之堤，溃于蚁穴"，就是指要素对系统的影响作用。拿破仑说："由一只羊来领导一群狮子，会使整群狮子都变成羊；由一头狮子领导一群羊，能使整群羊全都变成狮子。"

二十二、辩证思维

辩证思维在我国有着悠久的历史，我国古代文化典籍《易经》以及传承《易经》的道家学派，都是以辩证法为其主要的哲学基础，并以此来观察和探究客观世界的。比如《易经》中阴阳相生的观点，及其阐释的物质从生到灭的演变规律，都体现了深刻的辩证法思想。

辩证思维的实质，就是以动态的、矛盾的观点来观察事物和分析问题。世间万物都处于一种永恒的运动状态，任何视觉和理性所感知的静止，只是一种假象或暂时状态。静止是相对的、有条件限制的，而运动则是永恒的，无条件的。由于许多事物和现象的发展是一个微妙、持续、渐进的过程，而人们对事物的观察，却往往局限在某一特定的阶段，甚至只是停留在一个瞬间，人们习惯于把自己所看到的"静止"视为常态，并把这种假象带到思维活动当中，造成思维的错觉，进而导致思维结果的谬误。在现实生活中，类似刻舟求剑的谬误并不罕见，许多事情已经时过境迁了，但人们却仍然执着于原有观念，这是与客观世界的发展变化规律相背离的。1543年，波兰天文学家哥白尼发表了《天体运行论》，成为自然科学向宗教权威发出的挑战书，他用地动学说驳斥了"地球不动"的谬论，否定上帝把地球置于宇宙中心的宗教教条。随着哥白尼"日心说"的传播，威胁着天主教的神学统治，引起他们强烈不安。

德国自然哲学家黑格尔从辩证法的高度研究认为，认识是一个无限发展的辩证过程，这一过程不仅包含着差别和矛盾，同时也包含着对自身的否定。正是这种差别、矛盾和否定促使它不断运动、变化和发展，而怀疑和批判正是其中的一个重要环节。要从一切确定的和有限中指出其中的不稳定性，这种否定是积极的否定。但由于黑格尔的整个哲学出发点是唯心的，我们应以辩证唯物主义为指导，形成科学的辩证思维方法。唯物辩证法认为，科学理论、学说和观念，是人们在一定历史条件下形成的对自然界及其规律在一定程度上的正确认识。相对于无限运动发展着的自然界，以及无限发展着的人类实践来说，还有其相对的、不完善的，甚至是错误的一面。随着社会生产的不断发展和科学实验水平的提高，新的科学事实不断涌现出来，原有知识的局限和不足就会从不同的侧面和程度上暴露出来，进而出现了事实和认识之间的矛盾。人们只有对原有的理论、观念、学说持怀疑的批判态度，并对以往的知识加以探讨和修正，才有可能发展人们对自然界的认识。怀疑要以事实作基础，要用逻辑的思维，要进行辩证的思考，要由实践来检验，这是辩证思维方法的实质内容和基本规则。

2013年3月21日，欧洲空间局公布了普朗克卫星的最新观测结果。对这颗卫星以前所未有的精度绘制了宇宙微波背景辐射（CMB）的图谱——130多亿年前宇宙大爆炸刚刚结束时发出的光。科学家认为，这张新的CMB的图谱证实了宇宙学家35年来一直非常重视的理论——宇宙起源于大爆炸，并在随后经历了一次短时间内的超加速膨胀，即暴胀。普朗克团队声称，宇宙学这本大书应该要结尾了。而另一部分科学家并不同意这样的解释，恰恰相反，普朗克数据并不支持最简单的暴胀模型，还使该理论一直存在的基本问题变得更为严重，这使得天体物理学家有新的理由去考虑关于宇宙起源和演化的其他理论。两种可能性都存在，要么宇宙有一个开始，我们一般称之为"大爆炸"；要么没有开始，所谓的大爆炸其实是一次"大反弹"，即从之前的某种宇宙学想到现在的膨胀相的一次转变。虽然大多数宇宙学家假设有一个爆炸，但目前还没有任何证据能辨别137亿年前发生的到底是爆炸还是反弹。

有些科学家接受暴胀是不可被检测的，但拒绝放弃它。他们还提出，科学本身必须改变，应该抛弃科学的标志性特点——可检测性。这个主张已经引发了此起彼伏的关于科学本质及其新定义的讨论，并促使某些非实验主义科学的理论抬头。

辩证思维认为，任何事物都是矛盾性的存在，不仅事物的外部存在矛盾，在事物的内部也存在着矛盾。就事物的外部矛盾而言，如善与恶、阴与阳、真与假、美与丑、爱与恨、得与失等概念都是矛盾存在的，没有一方也就没有另一方；就事物的内部矛盾而言，任何事物和问题的存在，都包含它自己的对立体，当事物显示出某一方面的性质和特征时，其相反的性质和特征也隐藏在内部。比如，事物有存在就会有消亡，福与祸的相互转化，人有生就有死，有希望就有失望，有所付出也会有所欲求。

相对于逻辑思维，辩证思维是一种更为全面、客观地观察事物和分析问题的方法。在逻辑思维中，事物和问题之间非此即彼、非真即假，不允许亦此亦彼、亦真亦假的情况出现，这会造成逻辑上的混乱，使逻辑思维无法进行下去。在辩证思维看来，事物可以在同一条件下亦此亦彼、亦真亦假，而无碍思维活动的正常进行。逻辑思维是静态的、独立的。为了能使大脑认识事物，我们就不得不把本质是运动的客观事物人为地规定为静止的，否则，大脑就无法准确把握变幻不定的客观世界，也就更谈不上进一步认识事物的本质。辩证思维是动态的、矛盾的，它是从现实世界发展的客观规律出发，并严格遵循这一规律的。但我们知道，事物的发展变化是一个无限的过程，如果我们在思考问题时，要把它所有的变化过程统统考虑进去，则对具体问题的思考，就无法进行下去了。同样，事物的矛盾转化过程也是无穷无尽的，塞翁失马的典故，说的就是事物的矛盾不断转化的道理。凡是事业上卓有成就的人，都善于用辩证思维来思考问题，透过事物的发展变化规律，前瞻性地把握经济以及市场需求的未来趋势。

二十三、批判思维

现代社会的高度文明是人类思维的结晶，那么，是什么驱动人类去思维？苏联著名心理学家捷普洛夫对此做了回答："思维永远是由问题开始的。"提问题又是从批判思维开始的，正因如此，爱因斯坦指出："提出一个问题往往比解决一个问题更重要。"当然，要提出一个有创见的问题，其影响因素是多方面的，但都与思维方法有着极其密切的关系。非逻辑思维讲究流畅性、灵活性和独特性，也是长期被忽略的思维方法。当人们面对富有挑战性的难题，运用逻辑思维难以解决时，使用灵感思维、直觉思维，以及联想、想象等具有跳跃特性的非逻辑思维，往往能找到新途径，想出新点子。

人们在突出非逻辑思维的同时，不能排斥或贬低逻辑思维在创新活动中的作用，在新思想、新设想提出之后，需要运用逻辑思维进行推理和论证。逻辑思维与非逻辑思维是相互促进、相互联系的，逻辑思维是非逻辑思维的基础，没有非逻辑思维做先导，就难以提出新问题、新设想。之所以非逻辑思维在创新活动中起着决定性作用，是创新思维的主要形式，其主要原因是非逻辑思维隐含了批判思维的核心元素。因为仅凭逻辑思维是演绎不出新发现、新思维的。爱因斯坦曾说："没有通向创造发明的逻辑通道。""没有合乎逻辑的方法，能导致这些基本定律的发现。"

批判思维是人们在进行发明创造活动中，不可或缺的一种思维方式。具有批判性思维的人，善于从怀疑中发现并辩证性地提出问题，从而准确地进行考量。那些伟大的科学家，如苏格拉底、伽利略、牛顿、爱因斯坦，都是不盲从跟随前人的研究成果，勇于批判，才推动自然科学不断发展。批判理性主义的创始人卡尔·波普提出，科学必须可证伪，因此科学是从批判中发展起来的。英国唯物主义和现代实验科学的始祖弗兰西斯·培根，首次把怀疑作为一个科学方法论的原则提出来，并对此做出了比较系统和明确的阐述。培根在长期的科学工作中发现，在认识的过程中，主观与客观不一定相符合，往往存在着主观和客观之间的矛盾。他宣称："真理是时间的女儿，但绝不是权威的女儿。"所以我们不能以权威为标准，只有经得起时间考验的理论才是真理。法国哲学家和科学家笛卡尔，特别注重科学思维方法的研究和应用。他在《方法谈》中提出了四条指导推理和寻找科学真理的方法论原则，其中第一条就是"普遍怀疑"原则，亦即"系统怀疑"原则。

恩格斯说："怀疑的、批判的头脑是科学工作者的认识主体，特别是消除迷信、解放思想的内在武器。"当一种传统理论比较流行，而这种理论实际上又存在着谬误时，人们往往仍然习惯于用这些观点，牵强附会甚至歪曲地去解释和说明客观事实。只有敢于对传统理论中的某些观点提出怀疑的人，才能彻底打破思想上的禁锢，重新审视眼前的客观事实，从而才有可能得到符合实际的新认识。宋代哲学家张载曾深刻地指出，"于不疑处有疑，方是进矣"。宋明理学的代表人物朱熹也认为，"大疑则大悟，不疑则不悟"。在科学史上，如果没有对亚里士多德的落体速度与质量成正比的理论、"燃素说""物种不变论"的大胆怀疑及批判，人们的思想必将永远禁锢在这些错误的理论学说之中；如果没有对牛顿经典力学的怀疑及批判，就不会有相对论的提出和创立。

批判性思维与习惯思维是完全对立的，它不会被经验或各种条条框框所束缚。批判性思维要求人们在遇到问题的时候积极主动地去思考、去面对、去寻根问底，而不是逃避。运用批判性思维思考问题会事半功倍。苏联科学院的夏尔布里津教授在1981年前，通过实验发现了物质在超低温下电阻消失的现象，由于他没有用批判思维进行思考，而将这一现象归因于"物质表面异常"。五年后，瑞士苏黎世研究所的缪勒和柏诺兹，根据与夏尔布里津教授相似的实验现象，大胆地提出了超导理论，并因此荣获了1987年的诺贝尔物理学奖。

人在自然界的优越性就在于人类会思考。思考能力是人类生活的一种基本能力，人们不仅对各种事物要进行思考，而且对思考的方法也要进行思考。思考的方法是为了判断思维的正确与否，这是一种批判性的思考。著名科学家福尔顿测量固体氢的热传导度时，测得的结果比当时权威的数据大了500倍，福尔顿立即判断是自己测错了，因而没有深入研究下去。后来，美国一名年轻科学家在测量固体氢的热传导度过程中，也测得和福尔顿一样的结果，然而这名科学家却进一步对实验结果进行了深入研究，最终发明了一种新的热传导度测量法。

批判思维是思考者为提高自己对任何问题思考的质量而运用的一种思维方式，这对于思考问题有一定的影响或者指引。所以，要学会批判性地看待问题和提出问题，最终提高批判性思维能力。法国文学家布鲁叶曾说："好的判断是世界上最稀有的东西，比钻石珠宝还要稀有。"批判是有针对性的，也是有目的性的。为了能够正确地思考，批判性思维就必须建立在充分理解问题的基础上。如果对事物一知半解或者不求甚解，那么，就不能进行批判性思维。

"世界500强"中的不少美国企业对于人才的培养和选拔，都是以能否运用批判性思维进行思考为标准。因为他们相信，拥有批判性思维能力的人更务实，工作效率更高，而且批判性思维也是普通职员与优秀人才的区别所在。企业拥有批判性思维的人才，就等于拥有了能够让企业持续发展的动力，所以，美国高校的教育核心就是为社会、企业培养具有批判性思维能力的人才。

杜威把批判性思维称为"反省思维"，这是因为对于提出的想法和推论，需要进行缜密的求证，这也是一种进行反思的行为。居里夫人在研究实验中，对每个产生的想法都会有一个推论，然后再进行试验求证，检验对错。批判性思维能够让人们对事物做出正确的评估和判断。充满智慧的古代中国人曾说："博学之，审问之，慎思之，明辨之，笃行之。"坚持批判性思维，有利于开创一个成功的人生。

创新思维并不是某种单一的思维形式，而是不同思维形式的辩证综合，是逻辑思维、直觉思维、发散思维、集中思维等一系列思维方法的有机结合；是智力因素和非智力因素的巧妙互补；是左脑与右脑的协同配合，它在创新创业过程中，处于中心和关键的地位。以新方法解决新问题，以新思路谋求新发展，以新眼光把握新机遇，没有创新的思维方式，就没有创新创业的行动和实践。而对新机遇、新挑战，不是翻老皇历，不是因循守旧，而是努力想新方法、找新出路，以求新求变的活力，闯出一片新天地，只有这样才真正掌握了创新思维。

第四节　创新思维度量

每个人的思维呈现不同的倾向性，有些人思维跨度很大，能够海阔天空地联想；而另一些人则缺少这样的思维广度，只能在一个问题圈子中绕来绕去，思路总是打不开。同样，有些人的思维很深刻，能够追求根源的最深层；而另一些人总是浮于表面，难以深入下去，思考任何问题都是蜻蜓点水、浅尝辄止。创新思维的度量有以下十二个方面。

一、思维的广度

思维的广度指当头脑在思考一个事物、观念或者问题的过程中，能够在多大范围内联想起别的事物、观念和问题，以及联想的数量。

从思维的范围来说，当确定了一个思考的对象，就要围绕着这个对象来思考。但是，这个对象和哪些因素有联系呢？这就要求我们在思考过程中，破除各种思维定势，运用各种视角，把这个对象放在更广阔的背景里进行考察，从而有可能发现它更多的属性。

心理学家进行过这样一次测试：把一群人关进一所无光、无声的室内，使他们的感官不能充分发挥作用，然后再对他们进行创新思维的测试，结果是这些人的得分比在正常环境下进行测试的人要低很多。由此可见，观察和思考的范围不能过于狭窄。扩展思维的广度，就相当于增加了思维对象的数量，数量越多，产生好创意的可能性也就越大。

二、思维的深度

思维的深刻性是个人思维素质的一个重要方面。一般来说，思维的深度主要表现在以下四个方面。

（1）透过现象抓住本质；

（2）从事物的现状把握它的发展过程；

（3）从具体领域进入抽象领域；

（4）从原因探索结果，或者反过来从结果追溯原因，等等。

寻根究底是科学家必备的重要素质。许多重大的发现和发明，就是由于科学家对某一偶然现象穷追不舍而获得的。例如，英国著名化学家道尔顿就是从一双袜子开始发现色盲的。一天，道尔顿为妈妈买了一双袜子作为生日礼物。妈妈拿到袜子后大吃一惊，说："我怎能穿一双樱桃红色的袜子？"道尔顿争辩道："这明明是双灰色的袜子啊?"道尔顿感到很奇怪:为什么他看上去是灰色的,别人看上去却是红色的?为了搞清楚这一问题,他开始钻研起这种奇特的生理现象,并最终发现了色盲。

面对具体的事物,人们的思维往往受到各种各样的束缚。如果能够进入抽象的领域,思维束缚反而少一些,更容易发挥思维的创新能力。比如,"请设计一种新式的门"!那么,学生的头脑中立即浮现出一块长方形的厚板,一边有折页或钱链,另一边有拉手和锁孔。这种先入为主的形象极大地妨碍了创新思维。

在研究市场上的顾客行为的时候,同样需要有抽象思维的能力:表面上看,顾客购买的是某种商品,是具体而实在的东西;但是从更深的抽象层次来看,顾客所购买的只是"自己某种需求的满足",特定的商品不过是满足这种需求的手段而已。

在企业发展史上,我们能够看到,那些抽象思维水平较差的经营者,总认为自己给消费者提供的是具体的产品或服务,而没有看到更深层次的东西,以致当变革时代到来之时,他们常常手足无措而日趋落伍。比如,当电视机刚刚出现的时候,许多电影业者对它嗤之以鼻,没有把握住转折的机会,终于受到无情的冲击,导致失败。他们应该从更抽象的层次看到,消费者所愿意购买的,并不是"电影",而是"娱乐"。解决现实问题的时候,我们依然需要高度的抽象思维能力。比如,你想创办一家公司,但是缺少资金,怎么办?你首先想到去银行申请贷款,或者找亲朋好友借钱,那么,还有没有其他办法呢?

三、思维的速度

面对变幻多端的市场,以及新技术、新产品等挑战,创新思维是需要讲求效率的,这就要求必须在限定的时间内,想出对策和计划;一旦超出了限定的时间,就有可能遭受损失。也就是说,超出时间范围,好点子就有可能变得毫无价值。所以,提高思维的速度是一件很有意义的事情。

思维的快速推进主要有两种:一种是横向转换;另一种是纵向进退。所谓"横向转换",就是不断地从一条思路跳到另一条思路,直到找出合适的答案或者对策。而所谓"纵向进退",就是头脑沿着一条思路前进,中途不转换路线,直到找出合适的答案或对策。"横向转换"与思维的广度有关,应不断拓展思维的范围和数量;而"纵向进退"则与思维的深度关系密切,如沿着一条因果链条推论到底。

比如,李某从某大学食品加工专业毕业,承包了一家小型食品加工厂。一次新食品推介会上,他打开一个青菜罐头,忽然看见青菜叶里卷着一只小蚂蚱,这肯定是拣菜工人的粗心造成的。怎么办?李某迅速做出反应,避免了一场公司危机的发生。（如果是你在现场，将如何处置？）

在需要迅速找到对策的场合，必须把思维的速度放在第一位。首先是运用"横向转换"找出合适的线索，然后，再采用"纵向进退"进行深入的思考，摆出令人可信的依据。

比如，在一次选"香港小姐"的决赛中，为了测试参赛者的思维速度和应对技巧，主持人提出了这样一个难题：假如你必须在肖邦和希特勒两个人中间，选择一个作为终身伴侣，你会选择哪一个呢？似乎有一万个理由选择肖邦，没有任何理由选择希特勒。但是，最终夺得"香港小姐"桂冠的那名参赛者，却选择了希特勒，为什么？（如果是你将如何回答？要求即刻回答。）

在纵向进退的思维过程中，必须抓住事物的中心或核心，这个中心在数量上只是少数，但是在质量和能量上则是举足轻重的因素。意大利学者巴特莱认为，在任何一组事物中，占重要地位的事物总是少数，只要集中力量处理好这个"重要的少数"，就不必过多地计较那些"微不足道的多数"。这种"巴特莱原则"又称为"80比20定律"。

四、思维的精度

思维的速度常常与思维的精度发生矛盾。头脑运转过快，就容易发生疏忽和错漏；而精细准确的思考往往需要耗费大量的时间。针对这种情况，最好的办法是，根据不同场合，或以速度为主，或以精度优先，或兼顾速度和精度两个方面，等等。总之，要具体情况具体分析，切忌"一刀切"。

创新思维不但要求速度快，还要求精确性高。"精确思考"离不开"精确观察"和"精确记忆"。精确的观察能够为头脑提供准确的思维素材，而精确的记忆使头脑在联想时有充分广阔的天地，二者都是创新思维的基础性工作。如果对某一种事物不感兴趣，或者没有充分的准备，那么即便是专家，也会"视而不见"。科学家大都有着敏锐的观察力，巴甫洛夫把"观察、观察、再观察"作为自己的座右铭；达尔文从小酷爱观察昆虫，他曾自我评价道："我并没有突出的理解力和过人的机智，只是在抓住稍纵即逝的事物，并在对它们进行观察方面，我的能力也许在众人之上"。

关于记忆，人的头脑只能记住自己感兴趣的东西，也就是说，当头脑形成某种视角的时候，所有与这个视角有关联的外来事物和观念，能够很容易地被记住，而不符合这个视角的，会被不断地淘汰出去。弗洛伊德曾经说过："遗忘是头脑的一种自我保护机制，只有不愿意记住的东西，才会遗忘。"比如，一串毫无规律的数字，普通人很难记住，但是，假如这串数字是自己恋人的电话号码，或是打开某个宝库的密码，又或是与自己性命攸关的某种暗号，那么人们很快就能记住，而且长时间不会遗忘。

五、思维的力度

在人类的思维过程中，思维本身所具有的力度是非常重要的，要注意培养自己对问题、事物分析的穿透力。遇到复杂问题时做到透过现象看到本质。在迅速发展变化的社会中，人类的思维力度将得到更深的开发。培养自己的思维力度，就是提高对事物的透视能力。各种思维训练和有益的智力活动等都能促进大脑思维力度的提高。

六、思维的密度

思维的密度是指大脑提供给思维的衡量标准。在信息爆炸的时代，各类科技新知识不断涌现，创新创业者必须掌握丰富而有价值的知识，运用这些知识适时地做出分析决策，同时不断用新的知识来更换旧的知识，用全新的方法来代替陈旧的方法。

人们应勤于记忆生活中各种有用的新知识，从有目的的记忆到习惯性记忆，这是需要经过一定的训练的。俗话说："书到用时方恨少。"思维密度可为创造性活动提供坚实的基础，人们需要开发大密度知识信息存储的能力。

七、思维的立度

几千年的文明史已经证明，人类社会从低级向高级发展的历史，同时也是从仅仅为生存繁衍种族而生活，到为了满足物质和精神生活的需要而发展，这种变化是一种飞越。在现实社会中，目光短浅的企业家往往没有长远的目标，不可能从事创造性的工作，最终导致失败。因此，思维的立度，要求人的思维有远见性，能从历史的经验和现实的科技发展中，体验到未来社会的需求，从而为创业制订切实可行的计划，以达到创造性的实现。

八、思维的空间度

思维的空间度是指在思维过程中，掌握分析对象的所有因果关系的衡量标准。全方专位、全息思维是最佳思维的空间度，包含对所有因果关系的分析和判断，因此，有可能做出最佳的决策。最简单的是一维问题，最复杂的是全方位问题。多维因果关系的问题，绝不能用一维空间度来衡量，否则往往导致决策失误。随着科学技术的发展，人类对事物因果关系的认识将日趋全面、合理，从日常生活中掌握同类事物的因果关系，能帮助人们发现类似问题中可能存在的因果关系，从而以最佳的空间度标准来进行思维。

九、思维的适度

所谓思维的适度，是指掌握对被分析事物提出要求的分寸。适度与前面谈到的精度不同，精度就类似 1+2=3，答案是精确的，而适度则是根据对象的具体情况，在思维过程中制定一定的、切合实际的决策标准。"欲速则不达"，就是没有处理好适度的问题。平时常说的：说话办事情要有分寸，待人接物要有礼有节，实际上就是思维的适度问题。人的行为是通过大脑的思维功能来指挥的。因此，思维的适度能获得最佳的效益，适度不当将收到相反的效果。

十、思维的跨度

思维的跨度是指在思维过程中，将不明显具有因果关系的事物联系起来，进行分析考虑能力的衡量标准。人们除了要正确把握一般的因果关系外，还要把握具有二阶、三阶，甚至更高阶因果联系的事物，这样的思维度往往是从根本上解决问题的关键。在决定创业时，必须进行深入细致的分析，实际上就是思维跨度在起作用，从简单到复杂，然后再回到简单的问题上来，这就必须抓住其重要的因果关系才能实现。

十一、思维的自由度

所谓思维的自由度，是指一个人的思维活动所受到的限制多少的衡量标准。限制越少，思维自由度越大，越有可能发现问题，并提出解决问题的创造性见解。但在现实生活中，由于物质生活所能提供的条件以及知识水平的限制，每个人的思维自由度都是有限的。思维的自由度，一是受社会的限制，二是受个人知识水平的限制。个人思维的自由度越大，则越有可能创造发明，这些已被人类的实践活动所证实。

十二、思维的效度

所谓思维的效度，是指人们的思维活动所具有的效益指标。创新创业要注意效益，而实际上关键问题是要注意思维的效度。如果不注意思维的效度，想出来的主意无法实现，或实现它的代价太高，这就是低效度的表现。当然，不行动则更无效益可言。思维的效度作为一种衡量标准，要求人们在思维活动的同时，注意大脑的合理运用，这种合理性必须与社会实践的可能性相比较。成功的思维过程必将带来成功的实践结果，这样可以给人一种慰藉，同时激发创新思维的发展。反之，不成功的思维会给人带来失败的痛苦。失败和成功就像一对孪生兄弟，从失败中吸取教训，总结经验，那么，成功就会向你招手。总之，要不断进取，不断发展，既力争成功，也要不怕失败。

第五节　创新思维与科学美

回顾历史上人类思想文化的第一个高峰——古希腊的文明。科学的萌芽，也在这里出现。例如，古希腊著名的数学家和哲学家毕达哥拉斯，在他创立的学派中，将"数"看作是万物的本原，相信"哪里有数，哪里就有美"。基于对弦的长度与其音高之关系的研究，毕达哥拉斯学派十分推崇比例表现出来的"和谐"，认为各行星与地球的距离也一定符合音乐的规律，才能奏出"天体的音乐"，出于一种唯美信念，认为球形是一切几何立体中最完美的形体，因而天体和宇宙都应该是球形的，高贵的天体只有绕着宇宙中心作匀速圆周运动才是合理的。毕达哥拉斯学派的这种宇宙和谐的观念，对于后来天文学甚至其他自然科学的发展，一直有着深远的影响。

1543年，波兰天文学家哥白尼出版《天体运动论》，以全新的见解提出日心说体系，带来了一场宇宙观的革命。在这个新理论中，源于古希腊毕达哥拉斯学派的宇宙和谐观念的影响同样深刻。其中基本假设大大减少，理论的和谐程度更高，计算上的简化和精确度也大为提高。所有这些特征都充分体现了科学之美。哥白尼在《天体运动论》的开篇中说："在哺育人的天赋才智的多种多样的文化与艺术研究中，我认为首先应该用全副精力来研究那些与最美的事物有关的东西。"1596年，德国人开普勒的《宇宙的神秘》一书中，就为了实现对于天体之运动规律的和谐美妙的数学表述，而提出一个以五种规则的多面体的组合来表示行星轨道的模型。后来，他获得了丹麦天文学家第谷的天文观测资料，经过精心的数学研究，找出了行星运动的三个定律。他打破了圆周运动是最完美的传统观念，提出行星以椭圆轨道运动，在更大范围内的和谐中，得出以数学比率表达的宇宙法则。与毕达哥拉斯一样，开普勒将形体的运动比作一道和声乐曲，甚至他的研究也是从一首古老的名为"和谐的序曲"的乐曲受到启发，并通过他发现的行星运动定律，表达了天体之音乐的主调。量子力学奠基者之一狄拉克指出，上帝用美妙的数学创造了世界，描述自然的基本规律的方程，必须包含伟大的数学美，而这种数学美，对于科学家来说就像宗教一样。因此，科学家们关注的是，在科学理论中，以数学美的形式体现出来的理论之美，以及这种理论之美背后的自然之美。量子力学创始人之一海森堡说："科学和艺术都形成了人类的一种语言，我们可以用它来讨论现实中离我们比较远的那些基本成分。一组连贯的概念和各种不同的艺术风格，就是这种语言的不同单词和词组。"

1953年，生物学家沃森和克里克创建DNA双螺旋结构理论，其他科学家很快表示理解和接受，这其中有审美因素的重要作用。一起工作的女科学家富兰克林说："接受这一事实：这一结构太漂亮了，以致不能不是真的。"

英国著名数学家哈代深信好的数学应该是美的。英国博物学家赫胥黎指出："科学和艺术就是自然这块奖章的正面和反面，它的一面以感情来表达事物的永恒的秩序；另一面，则以思想的形式来表达事物的永恒的秩序。"

许多科学家、艺术家和教育家都认识到：人类理解科学需要艺术，理解艺术也需要科学，艺术与科学的整合，是未来人类思想发展的主流。在教育过程中，要重视科学教育与艺术教育的结合。要全面开发脑功能，实现逻辑思维和形象思维统一，提高人才的综合素质和创造力。

当上升到人类认识的金字塔的顶端时，真与美统一了起来。科学家们如果采取艺术美的标准，将有助于对自然界真理的发现。

艺术和科学都有一个共同的源头，这就是自然。可以说如果没有自然就没有一切。

自然孕育了人类，发展了人类的理智，丰富了人类的情感。

科学理论符合对称、和谐和简单的性质，这几乎成为建构科学理论的"美学"标准。

（一）对称

许多自然现象展示出对称性。诸如分子、雪花和星系，由于在旋转或反射下保持不变，因而都有对称性。科学家公认，对称性在人类对自然界的探索中起着极为重要的作用。对称性导致守恒律，例如，为什么过去和现在物体运动的规律是相同的？因为运动规律在时间平移的变动中能够保持不变，也就是说，它具有时间平移的对称性。时间平移对称性导致能量守恒定律，这是自然界中普适的重要定律。

（二）和谐

古希腊科学家毕达哥拉斯最早提出"美是和谐"的观点，他发现乐器的弦长成简单的整数比例时，会发出和谐的声音。毕达哥拉斯不满足对音乐的研究，进而用和谐观点解释宇宙的构成和宇宙之美，他认为，弦上的节奏就是横贯宇宙的和谐的象征，天体运动发出和谐的乐音，他的观点对后世科学家有重要的影响。早期科学中理解和谐，可表现为简单的比例关系，那么，现代科学理解的和谐就要复杂得多。比如广义相对论的魅力，即体现出各部分之间以及各部分与整体之间固有的和谐。

（三）简单

是指科学定律和公式外在形式的简单，与内在深刻的有机统一；或外在形式虽然看上去复杂，但它作为基础的各理念的数目简单，有着内在的深刻。例如，牛顿第二定律看上去简单，却让人不禁惊讶，自然界的基本规律竟如此简单！

许多科学家都相信，审美感觉能够引导他们到达真理，用于辨认真理的审美标准是存在的。科学家和艺术家的创造都源于生活，都需要用审美的眼光去观察，都离不开想象力和灵感。

第六节　大数据时代的新思维

"大数据"是从英语"Big Data"一词翻译而来的。"大数据"近几年逐渐被人们所熟知，并为全球各个国家、各大企业所重视。简单来说，"大数据"是一种巨量资料库，可以在合理时间内达到撷取、管理、处理并整理为帮助政府决策、企业经营的资讯信息。最早提出"大数据"时代来临的是全球知名的咨询公司麦肯锡。2008年9月，《自然》杂志推出封面专栏——"大数据"，内容讲述了数据在生物、物理、工程、数学及社会经济等多方面学科所占据的位置和角色的重要性。

哈佛大学社会学教授加里·金说："这是一场革命，庞大的数据资源使得各个领域开始了量化进程。无论学术界、商界还是政府，所有领域都将开始这种进程。"《大数据时代》的作者维克托·迈尔·舍恩伯格通过4个"V"的特征描述，对大数据进行了定义。

（一）数据体量够大（Volume）

从TB级别，跃升到PB级别，它不是样本思维，而是全体思维。大数据不再抽样，不再调用部分，要的是所有可能的数据，它是一个全貌。

（二）数据类型够多（Variety）

数据形式包括文本、图像、视频、机器数据、地理位置信息等。

（三）数据价值密度低（Value）

以视频监控为例，在连续不间断的监控过程中，可能有用的数据仅仅一两秒。

（四）数据具有实效性（Velocity）

数据处理速度快，做到即时输入、处理与丢弃，立竿见影而非事后见效。比如，在百度输入一条查询信息，后台必须经过大量计算迅速呈现，而不是一个小时后才看到结果。

数据分为两个部分，即结构化数据和非结构化数据。相对于以文本为主的结构化数据而言，非结构化数据众多，包括图片、音频、视频、地理位置信息等。根据IDC的一份名为"数字宇宙"的报告，预计到2020年，全世界的数据使用量将高达 35.2 ZB。在如此浩瀚的数据面前，处理数据的效率决定了政府决策正确与否、企业生命的长短。如何通过强大的计算方式，迅速地从海量的数据中捕捉到有价值的信息，已成为目前"大数据"背景下需要解决的难题。

以往只有像谷歌、微软这样的全球化公司能做关于大数据的深挖和分析，但现在，大数据已经平民化，越来越多的 IT 公司有机会进入这个领域。大数据领域有了不同的数据分析和服务，促使人们不断地创新商业模式。大数据的价值就在于：通过数据共享、交叉复用后获取最大的数据价值。不久的将来，大数据将会如基础设施一样，有数据提供方、管理者、监管者，数据的交叉复用将大数据变成不可限量的产业。

互联网公司，本质都是数据公司。互联网的最大魅力在于，网上的行为全部可以被"追踪"和"引导"。通过对线上浏览、分享、活动、购买等信息的分析，商家可以很容易地了解消费者实际的和潜在的购买需求，这使得网络推荐成本非常低，并且很容易提升消费者满意度。互联网公司是典型的"数据驱动"型企业，如亚马逊、谷歌以及中国三大互联网公司百度、阿里巴巴、腾讯，都是非常典型的数据公司。互联网公司在跨界做零售、金融、媒体等各个行业的时候，首先掌握的是用户的数据，这些数据能够帮助它们做出更好的决策。数据可以说明过去，也可以驱动现在，更可以决定未来。阿里巴巴创始人马云敏锐地捕捉到大数据的巨大潜能，2012 年，他提出大数据战略，通过资源共享与数据互通创造商业价值。在一年一度的"双 11"销售热潮中，阿里巴巴以云计算为基础的数据服务，对消费者需求信息进行详细的捕捉，并帮助电商随时调整销售决策。

大数据时代对人类有着至关重要的影响，改变着人类经济和生活的各个方面，改变科学研究的途径，进而改变人类的思维方式，甚至将成为改变未来社会的重要力量。

具体而言，大数据时代呈现出以下十一种新思维。

一、博弈思维

在瞬息万变的商场中，唯有变化本身是不变的。市场、企业、客户都在这个社会转型期经历着剧烈的变化。很难想象未来有什么新生事物异军突起。为了求变图存，每个行业、每个企业都在探索着生存之道。商场如战场，博弈中，双方都希望获胜，都在运用大数据进行数学推算和心理揣摩。有时推测正确，赢得胜利；有时推测错误，就导致失败。所以，博弈不是单方面的想法和行动，而是对立双方之间的互动，是双方做出科学、巧妙策略的大数据对决和数学推演。同时，博弈方法需要借助一定的心理分析，既然博弈双方的实力是公开的，那么可以根据双方以往交手的情况，揣摩对方现在的心理，这是一场心理的较量。

博弈思维法是思维方法中比较复杂、难以把握的一种。它具有理论上的多样性和行动上的一次性特点。也就是说,在做出决策之前,思维主体要尽可能地考虑事物可能出现的一切情况,并加以分析、对比,最后选择一种最佳方案付诸实施。一旦实施,无论对错都无法挽回,只有一拼了。博弈方法与其他思维方法的不同之处在于,它借助于概率论、统计学、组合论等数学理论,具有较强的自然科学性,也具有较大的难度。在很多情况下,它是运用大数据、数学大公式的推演,是算法、数学模型的应用。

二、超前思维

互联网工具,特别是云计算的强大数据处理能力与信息分析能力,使企业向外寻找更多渠道,跳出原有模式的框框成了一种可能。从本质上说,这场无处不在的颠覆旧商业模式的跨界运动,就是以高效率产业整合低效率产业。过去阻碍广大企业(特别是中小企业)进行预测的信息不对称问题,现在基本上可以通过云计算共享数据资源来解决。

超前思维是一种预测性思维,比较集中地体现了人的思维能动性。人在行动前有行动计划,在生产前有生产目标,在学习前有学习要求,在工作前有工作设想,以观念的形态存于人们的大脑中,并且指导着行动、生产、学习、工作的进行和开展,这些计划、目标、要求和设想就是超前思维的表现。因此,超前思维也是一种战略策划思路。通过对企业进行创新性改造,让那些原本毫不相关的不同行业,实现进一步的融会贯通。在跨界整合的过程中,企业可以利用不同行业资源的组合,创造新的商业模式。

美国社会学家阿尔温·托尔勒(代表作《未来的振荡》《第三次浪潮》)和美国社会预测学家约翰·奈斯比特(代表作《大趋势——改变我们生活的十个方向》(《2000年大趋势》)就是未来学热潮中的两个代表人物。对现实进行超前思维,是人类思维和行为中共同的东西。既然要向前运动,那么就要了解运动发展的方向、可能和趋势,并以对未来的预测指导现在的行动。其目的是使一切事物向理想、更高级的水平前进,超前思维不可或缺。

三、定律思维

大数据中存在着很多潜在的规律,只有找到这些规律,大数据才有价值。建设新数据时代和平台的必要手段,就是通过积累数据,预测提升服务和管理水平来实现。大数据时代正在聚集改变的能量,其定律也在发生着一定的变化。研究发现,摩尔定律的时代将会结束。

社会上的一切现象以及企业的发展,能够被数据化的东西越来越多。最早仅仅是数字可以被数据化，于是就有了阿拉伯数字的计数法，后来又出现了二进制，再后来人们发现文字也可以处理成数据，进而又发现图像也可以处理成数据。如今，存储能力无限扩大，处理数据的计算能力不断进步，人们所处理的往往不是一个样本数据，而是整体的数据。大数据已经显现出三个规律：其一，知其然而不必知其所以然，外行可以打败内行；其二，改变价格歧视，商家比你更了解你自己，反之亦然，你比商家更清楚价格底细；其三，打破专家的信息优势，学生可以给教师解惑。从某种角度说，在大数据时代，一切预测和分析都动摇了以往的方法论。对于大数据，很多人以为，拥有大量的数据才是获得价值的根本，其实不然，只有拥有大数据思维，远比大量的数据更有价值，这才是大数据的白金定律。

四、颠覆思维

在大数据时代，创新和转变思维意味着突破和发展。转变思维模式是大数据时代的必然趋势。

国内最大的免费安全平台360互联网安全中心，能够颠覆传统杀毒软件市场，成为No.1，靠的是两个字：免费！在竞争激烈的互联网时代，谁有如此大的狠心，先咬自己一口呢？360做到了！它将用户的使用门槛降到了无门槛。就这一点，迅速推广了360免费杀毒软件。在随时都有异军突起的市场，任何看似与你行业不相关的人，都有可能打败你。同理，你也要有胆量闯入新的地盘，只要有创新思维的方法及其他必要的物质准备，运用新型科学技术，开发出价值高于传统类型的新产品，就可大胆地创业，开拓新疆界。

只有转变思维，才能让更多的不可能变成可能，才能提高人们的生活品质。一旦人们改变了原有的生活方式，那些固守陈规的企业就会遭遇前所未有的挑战。早些年，国美电器最鼎盛的时候，就有人预言它今后的路会越来越难走。果然，随着京东商城的崛起，国美电器只留下伤痛的背影。可惜它醒得太晚，原因是没有转变思维。而德国宝马公司在未来会逐渐关闭实体店，进而在网络上直销最新款的汽车。现在已经是直销时代了，不管你喜不喜欢，接不接受都无法阻挡网络直销时代踏着铿锵脚步到来的事实。残酷竞争的市场告诉人们：如果一味地停留在过去，不懂得转变，最终导致被大数据时代淘汰的结局。

五、冲击思维

大数据对人类的生活和工作到底有什么冲击？阿里巴巴创始人马云耗时十多年建立了支付宝。支付宝表面上看起来牢不可破，且为人们带来了很多便利。可在大数据飞速发展的今天，任何事情都有可能发生。就在2014年春节，腾讯发起了微信红包。无疑，这对支付宝的统治地位形成了冲击。有了第一次冲击，就会有第二次，第三次……面临着互联网的一次次冲击，微软也无奈宣布向手机和平板电脑厂商免费提供视窗操作系统，以此来抵抗谷歌的安卓操作系统。

阿里巴巴入股新浪微博，获取了更多社交平台没有的数据，用来预测用户需求的趋势，并在生产、供应链、库存、物流等环节反映出来，把握整个商业社会律动的脉搏。通过整合各方，如阿里云、淘宝网、天猫、支付宝平台等资源优势，实现资源共享与数据链互通，创造海量的商业价值和财富。在互联网的冲击之下，已经淘汰了很多行业。互联网不仅是一个创造价值的领导者，还是一个毁灭性极强的领导者，在其面前，传统商业模式显得不堪一击。

比如小米手机的出现，对传统的手机厂商形成巨大的冲击。其实，小米的模式如同它的名字，特别简单，就是互联网硬件免费的概念。又如微信的出现，但凡安装微信的手机用户，绝不会频繁地发短信或打电话，因为微信的方便程度是显而易见的。

大数据的冲击表现在以下三个方面。

（一）大数据正以无限的增长，突破有限的增长

传统经济发展方式是有限的，物质财富和自然资产是有限的。

（二）大数据正以效益递增突破原有模式

传统的发展方式成本高、效益低下，而在大数据时代，投入的成本较低，回报的节奏快、效益高。

（三）大数据是和谐共赢的，它突破了对立和矛盾的发展

因为大数据所包含的东西是可以复制、递增，甚至是共享的。

六、幂律思维

幂律思维是大数据所遵循的基本原理。幂律指的是几何平均定值，如有10000个连线的大节点有10个，有1000个连线的中节点有100个，有100个连线的小节点有1000个……在对数坐标上画出来，会得到一条斜向下的直线。幂律是控制人们生活节奏的根本。

19世纪经济学家维弗雷多·帕累托发现：大多数人都是贫穷的，只有少数人积累了大部分财富，富人的出现并不令人吃惊。令人吃惊的是，富人的富有程度，远远超过财富随机分配的一般水平。在大数据时代，如果没有数据分析的力量，谷歌和雅虎就不可能有数以万亿的点击率，比尔·盖茨也不可能聚集如此之多的财富，幂律分布就能预测出，告诉人们总有严重偏离平均值的异常值。

幂律和爆发点是相伴相生的，一旦幂律出现，爆发点也就会随之出现，人类

的行为都遵循着幂律的法则。牛顿的万有引力定律之所以有极大的影响力，主要是能够对行星、火箭以及卫星的运行轨迹，起到预测的作用。

七、逼近思维

在移动互联网时代，微创新都是从用户的微小需求和微小体验出发的，但是，这种微创新的效果并不微小，甚至可能成为占领市场的另一个筹码。逼近思维方法是把所要研究解决的复杂的思维对象，分成若干层次或阶段，然后逐步加以解决。在客观世界中，自然界的运动、发展和结构具有层次性，客观事物之间具有相互联系性。这些客观事物本身所具有的属性，决定了人们的认识不可能一次完成，而是有一个逐步逼近的过程。

日本企业的成功，很大程度上得益于美国品质管理大师戴明的指导，他们追求品质的决心功不可没。他们经常把一个词挂在嘴上，就是"改善"，这个词在日文里有"没有休止"的意思。事实上改善有个原则，就是逐步慢慢地改进，哪怕这种改进是多么的微不足道，只要每天能有小小的进步，长久地积累下来便有惊人的成就。因此，运用逼近思维方法，每天进步一点点，人生会因此而大不同。

八、邮件思维

邮件思维是指在用户默许的情况下，通过电子邮件的方式，向用户传递有价值信息的一种营销手段。营销手段是利用邮件与用户、客户进行商业交流的一种直销方式。但与此同时，最让人头疼的就是那些垃圾信息。

最早的邮件营销出现在1994年，美国一对律师夫妇向客户发送绿卡邮件，取得了非常不错的效果。与传统的纸质邮件相比，邮件营销更高效、快捷。于是，邮件营销很快形成一个新的行业。除此之外，邮件营销还可以同时发给很多人，也就是现在人们常说的群发；也可以设置时间，在规定的时间点发送。作为网络营销中最早、最广泛应用的手段之一，邮件营销以低成本、高效率和富有针对性等特点得到了人们的认可。邮件营销与网络营销、数据库营销以及新媒体等的结合越来越紧密。如何提升邮件营销水平，为企业带来更大的价值，是IT行业亟待解决的课题。

九、价值思维

大数据就是资源，如同空气、水、石油、煤炭一样，其价值不言而喻。网络用户每点击一次鼠标，每一次刷卡消费，实际上都已经参与了数据的生成。可以说，每一个用户都是数字的生产者和消费者。

在金融领域方面，大数据分析师已经成为在美国华尔街基金股票分析和高频数据交易等领域最抢手的人才。在中国，阿里巴巴集团旗下的金融业务，也开始用大数据来发放"信用贷款甚至有人预言：谁拥有对大数据的超强发掘能力，谁就能占领下一个十年全球经济发展的制高点。由此，大数据的价值可见一斑。我国已经搭建起中小企业信息平台，汇集了几千万家中小企业信息数据。通过对企业数据信息的深度挖掘和分析，能够对经济运行的状况进行准确的预警，从而做出正确的应对决策。大数据时代，带来了比以往机会更大的发展空间。

十、导向思维

没有导向思维，就没有前进的动力和方向。没有大数据导向思维，就没有成功的可能性。有了导向思维后，一切才会有规律地发展和进步。当下火爆的淘宝、天猫等，如果不是因马云的导向思维，怎么会有今天的互联网地位？在马云创业之初，完全是有计划、有步骤地去实现自己的想法。最重要的是，他有梦想，把梦想转换为导向思维，就成为一个人最大的动力。1999年2月21日，马云一挥手："从现在起，我们要做一件伟大的事情。我们的B2B将为互联网服务模式带来一次革命。"于是，马云靠着导向思维，借助大数据的飞速发展，获得了巨大成功。当然，马云的成功更离不开大数据。有了它，一切才变得更有意义。如今各种媒体都快速发展着，在满足普通大众个性化需求的同时，各个企业以大数据为导向的盈利模式也开启了。

十一、调控思维

大数据时代对信息的控制，是基于最大多数人的最大利益。与社会的普遍价值相比，大数据涉及的方面更广，有着更多的调控手段。比如，构建通过物联网技术支撑的公共汽车运行信息发布系统，人们可以利用智能手机，查询公交线路的实时运行信息。从"物联网""云计算"到"大数据"，都与智慧城市有着息息相关的联系。大数据的应用包括：大数据领域的基础技术、基础决策模型，推动面向卫生、金融、电子政务、交通、互联网等领域的大数据应用。这就是数据对于调控的影响，因为数据才是根本，没有数据，便不能全面彻底地分析问题，从而也就无法拟订一个贴切的方案进行调控。只有掌控了所针对问题的数据信息，才能够深入地了解问题，进而彻底解决问题。

第三章　创新思维开发工具

第一节　头脑风暴法

头脑风暴法出自"头脑风暴"一词。所谓头脑风暴最早是精神病理学上的用语，指精神病患者的精神错乱状态，如今转而为无限制的自由联想和讨论，其目的在于产生新观念或激发创新设想。在群体决策中，由于群体成员心理相互作用影响，易屈于权威或大多数人意见，形成所谓的"群体思维"。群体思维削弱了群体的批判精神和创造力，损害了决策的质量。为了保证群体决策的创造性，提高决策质量，管理上发展了一系列改善群体决策的方法，头脑风暴法是较为典型的一个。并且头脑风暴法有利于捕捉瞬间的思路，激发创造性思维。

一、头脑风暴法的概念

头脑风暴法，又称智力激励法，最早由美国创造学家奥斯本于1939年首次提出。奥斯本用这个概念比喻思维高度活跃，打破常规的思维方式而产生的大量创造性设想的状况。头脑风暴法经各国创造学研究者的实践和发展，已经形成了一个发明技法群，如奥斯本智力激励法、默写式智力激励法、卡片式智力激励法等。一般认为，头脑风暴法是一种通过会议形式，让所有参加者在自由愉快、畅所欲言的氛围中自由交换想法或点子，对一个问题进行有意或无意的争辩的民主议事方法。为了保障头脑风暴方法的有效性，在使用头脑风暴法时，要注意坚持以下几条原则。

（一）禁止批评，鼓励表扬

奥斯本认为，对现有观点的批评不仅占用时间和脑力资源，还会使与会者人人自危，从而发言更加谨慎，影响新观点的诞生。所以，不要去暗示别人其想法不正确或者这些想法会有消极作用。相反，如果对与会者的观点不断进行表扬，那么会在很大程度激发他的创造力和想象力，有利于新观点的诞生。

（二）重在数量

在这里"越多越好"成为讨论的目标，质量是需要的，可是数量更为重要。如果单纯追求观点的质量，则容易拘泥于一个有创意的观点，不免有点吹毛求疵，导致大部分的时间用在这个观点的完善上，而忽视了其他观点的思路开发的可能。

（三）观点不可雷同，强调建立新观点

重复和模仿是很要命的障碍，思维在重复下会变得越来越懒散。要尽量将他人和自己的看法进行比较、融合，由此产生新的思维成果。

二、头脑风暴法的过程

头脑风暴法的过程包括准备阶段、热身阶段、明确问题、重新表述问题、畅谈阶段、筛选阶段六个阶段。

（一）准备阶段

策划与设计的负责人要事先对所议问题进行一定的研究，弄清问题的实质，找到问题的关键。设定解决问题所要达到的标准。同时选定参加会议的人员，一般以5～10人为宜，不宜太多。然后将会议的时间、地点、所要解决的问题、可供参考的资料和设想、需要达到的目标等事宜一并提前通知与会人员，让大家做好充分的准备。

（二）热身阶段

这个阶段的目的是创造一种自由、放松、祥和的氛围，使大家得以放松，进入一种无拘无束的状态。主持人宣布开会后，先说明会议的规则，然后随便谈论一些有趣的话题或问题，让大家的思维处于放松、活跃的状态。

（三）明确问题

不可过分展开想象力。主持人简要地介绍有待解决的问题，介绍时须简洁、明了，否则过多的信息会限制人的思维，干扰思维创新的想法。

（四）重新表述问题

经过一段讨论后，大家对问题已经有了较深程度的理解。这时，为了使大家对问题的表述具有新角度、新思维，主持人或记录员要记录大家的发言，并对发言记录进行整理。通过记录的整理和归纳，找出富有创意的见解，以及具有启发

性的表述，供下一步畅谈时参考。

（五）畅谈阶段

畅谈是头脑风暴法的创意阶段。为了使大家能够畅所欲言，需要制定的规则是：第一，不要私下交谈，以免分散注意力。第二，不妨碍及评论他人发言，每人只谈自己的想法。第三，发表见解时要简单明了，发言只谈一种见解。主持人首先要向大家宣布这些规则，随后引导大家自由发言，自由想象，自由发挥，使彼此相互启发，相互补充，真正做到知无不言，言无不尽，然后将会议发言记录进行整理。

（六）筛选阶段

会议结束后的一二天内，主持人应向与会者了解大家会后的新想法和新思路，以补充会议记录。然后将大家的想法整理成若干方案，并根据需要进行筛选。经过多次反复比较，最后确定1～3个最佳方案。这些最佳方案往往是多种创意的优势组合，是大家集体智慧的结果。

三、头脑风暴法与创新思维

头脑风暴法有利于培养人们的创新思维，主要体现在：

（一）联想反应

联想是产生新观念的基本过程。在集体讨论问题的过程中，每提出一个新的观念都能引发他人的联想，相继产生一连串的新观念，产生连锁反应，形成新观念堆，为创造性地解决问题提供了更多的可能性。

（二）热情感染

在不受任何限制的情况下，集体讨论问题能激发人的热情。人人自由发言、相互影响、相互感染，能形成热潮。突破固有观念的束缚，最大限度地发挥创造性的思维能力。

（三）竞争意识

在有竞争意识的情况下，人人争先恐后，竞相发言，不断地开动思维机器，力求有独到见解、新奇观念。心理学的原理告诉我们，人类有争强好胜心理，在有竞争意识的情况下，人的心理活动效率可增加50%甚至更多。

（四）个人欲望

在集体讨论解决问题的过程中，个人的欲望自由不受任何干扰和控制是非常重要的。头脑风暴法有一条原则，不得批评仓促的发言甚至不许有任何怀疑的表情、动作、神色。这就能使每个人畅所欲言，提出大量的新观念。

第二节　思维导图法

人类从一出生即开始累积庞大且复杂的数据库，大脑惊人的储存能力使我们累积了大量的资料，经由思维导图的放射性思考方法，除了加速资料的累积外，更多的是将数据依据彼此间的关联性分层分类管理，使资料的储存、管理及应用因更有系统化而增加大脑运作的效率。同时，思维导图善于开发左右脑的功能，通过对颜色、图像、符码的使用，不但可以增强我们记忆、激发我们的创造力，也让思维导图更轻松有趣，且呈现出个人特色及多面性。

一、思维导图的概念

以整合、发散性和有组织的方式学习与收集数据，将容易学习到更多。在现实中，人们常常强调这样的思维方式，即放射性思考，这种思维方式可以帮助人们由点及面、举一反三。但如何实现这种思维方式呢？思维导图法是一种有效的方法，它是放射性思考的外部表现。

思维导图可以应用于生活的各个方面，根据它改进后的学习能力和清晰的思维方式会改善人的行为表现。思维导图总是从一个中心点开始的，每个词汇或者图像自身都成为一个子中心或者联想，整个合起来以一种无穷无尽的分支链的形式从中心向四周发展，或者归于一个共同的中心。思维导图有四个基本的特征。一是注意的焦点清晰地集中在中央图像上；二是主题作为分支从中央图像向四周放射；三是分支由一个关键图像或者印在相关线条上的关键词构成，比较不重要的话题也以分支形式表现出来，附在较高层次的分支上；四是各分支形成一个相互连接的节点结构。

思维导图最突出的一个特点是它是一种图式笔记，与一般的线性笔记不同。思维导图可以用色彩、图画、代码和多维度来加以修饰，一方面使做笔记更加有趣，增强效果，以便使其更有趣味，更美，更有特性；另一方面也激活了处理图像的右脑，提高学习效率，增强创造力、记忆力，特别是有利于回忆信息。

二、思维导图法的过程

步骤1：写下中心主题——从图开始

从白纸的中心开始绘制，画一个独特且与所要表达的主题有关的图形。如果觉得这样的创作工作太过费神，也可以从其他地方找一个符合你想法的图形替代。花点时间来装点你的思维导图，并尽可能多地使用色彩，至少用三种颜色来画，让图形更具吸引力，重点突出，也更易记住。因为颜色和图像一样能让我们的大脑兴奋。越是独特的图形，越容易被大脑记住，这样，当我们回想时，就可以轻易地重现图的内容。中心主题不要用方框框起来，这样才能让我们自由地扩展分支。

步骤2：扩展层次——延伸分支

思维导图的分支通常是放射式层级的。越重要的内容越靠近中心，由内向外逐渐扩展。画分支时通常从时钟钟面2点钟的位置开始，顺时针画。阅读思维导图自然也是从这个位置开始。

步骤3：专注关键词——采摘智慧的果实

关键词通常是名词，占总词汇量的5%～10%。我们使用思维导图比传统的用笔记词汇量要少得多，这意味着无论是记忆还是阅读，我们将节约90%以上的时间。关键词用正楷字来书写，以便记忆时辨识，同时通过想象来帮助大脑将词汇"图形化"。

词汇写在线条的上面，每条线上使用一个单词或词语，这样可以触发更多的想象和联系。字体字形都可以根据需要多一些变化，这有助于我们按照一定的视觉节奏进行阅读，同时也有助于我们理解和记忆。

步骤4：连线——记忆与联想的桥梁

连线与所写的关键词或所画的图形等长，太短显得过于拥挤且不美观，太长则浪费空间。保证每条连线都与前一条连线的末端衔接起来，并从中心向外扩散。如果连线之间不衔接，那么在回忆的时候，思维也会跟着"断掉"，从而导致记忆的断层。

连线从中心到边缘逐渐由粗变细，就像一棵树，树干比较粗，树枝比较细。从中心延伸出来的主干最好不要超过1个（大脑的短时记忆一次能记住7±2个信息片段），因为主干过多不利于记忆，而且理解起来也很困难。

连线用较自然的波浪状分支，这样能向外引导我们的视线进行阅读。同时，使用曲线也能更有效地利用纸上的空间，可以让我们的眼睛感受线条或内容的视觉节奏，而不易造成大脑的视觉疲劳。

步骤5：增加颜色——增加视觉节奏

每个人天生就喜欢色彩，我们生活的周围同样也是一个五彩缤纷的世界。与其用白纸黑笔写一些单调的文字，不如用最好的纸张、水彩笔或彩色铅笔来创作。可以到文具店购买不同的笔——油性笔、荧光笔、香水笔等用它们来标注我们的关键词，画不同的线条。不要小瞧这些小小的改变，不同类型的笔也能触发我们的记忆。

步骤6：使用箭头和符号

思维导图是一种能帮助我们增强对事物理解的方法，使我们了解到信息是如何相互联系在一起的。普通和优秀、成功与失败的区别也就在于我们是否知道知识与事物之间的内在关联。

当同一个词汇出现在两个或更多的分支上时，说明这个词汇是一个新的主题贯穿在我们的笔记中。如果利用传统的线性笔记方式，就不容易发现。当我们发现一个单词出现在不同的分支上时，用一个箭头连接它们，这样我们的记忆也随之连接了。

步骤7：利用感官技巧触发更多的记忆和灵感

闭上眼睛，做一个深呼吸，想象我们最喜欢吃的水果，它是苹果、橘子，还是菠萝？它是什么形状？什么颜色？用手触摸它的表皮时手有什么感觉？它闻起来是什么味道……

三、思维导图法与创新思维

思维导图以放射性思考模式为基础的收放自如方式，除了提供一个正确而快速的学习方法与工具外，运用在创意的联想与收敛、项目企划、问题解决与分析、会议管理等方面，往往产生令人惊喜的效果。它是一种展现个人智力潜能极致的方法，可提升思考技巧，大幅增进记忆力、组织力与创造力。它与传统笔记法和学习法有量子跳跃式的差异，主要是因为它源自脑神经生理的学习互动模式，并且开展人人生而具有的放射性思考能力和多感官学习特性。

思维导图为人类提供一个有效思维图形工具，运用图文并重的技巧，开启人类大脑的无限潜能。它充分运用左右脑的机能，协助人们在科学与艺术、逻辑与想象之间平衡发展。近年来在中国乃至世界，思维导图完整的逻辑架构及全脑思考的方法更被广泛应用在学习及工作方面，大量减少所需耗费的时间以及物质资源，对于每个人或公司绩效的大幅提升，必然产生令人无法忽视的巨大功效。

第三节　六顶思考帽法

从过去的经验中，我们创造出各种标准，并对每一种新情况做出判断，再划入相应的标准。这样的思维方式在一个稳定不变的世界中是行之有效的，在稳定不变的世界里，过去的标准一成不变，但是在变化着的世界里，以往的俗套就行不通了。事实上，我们需要的是开辟而不是止步不前，我们需要思考"能够成为什么"，而不仅仅是"是什么"。六顶思考帽法为我们解决这一问题提供了思路。

一、六项思考帽法的概念

作为一种象征，帽子的价值在于它指示了一种规则。许多人爱戴帽子，而帽子的一大优点则是可以轻易地戴上或者摘下，同时帽子也可以让周围的人看得见。正是由于这些原因，可以选择帽子作为思考方向的象征性标记。我们有六种颜色的帽子代表六种思考的方向，它们是白色、红色、黑色、黄色、绿色和蓝色。

白色思考帽：白色是中立而客观的。戴上白色思考帽，人们思考的是关注客观的事实和数据。

红色思考帽：红色代表情绪、直觉和感情。红色思考帽代表的是感性的看法。

黑色思考帽：黑色代表冷静和严肃。黑色思考帽意味着小心和谨慎，它指出了任一观点的危险所在。

黄色思考帽：黄色代表阳光和价值。黄色思考帽是乐观、充满希望的思考。

绿色思考帽：绿色是草地和蔬菜的颜色。代表丰富、肥沃和生机，绿色思考帽指向的是创造性和新观点。

蓝色思考帽：蓝色是冷色，也是高高在上的天空的颜色，蓝色思考帽是对思考过程和其他思考帽的控制与组织。

多年以来使用六项思考帽的方法已经取得了越来越多的显著效果，主要表现在四个方面：一是效力。通过运用六项思考帽，团队中所有人的智慧、经验和知识都得到了充分的运用，每个人都朝着同一个方向努力。二是节约时间。在水平思考中，每一时刻的思考者都向同一个方向看齐，所有的观点都平行排列出来。你不需要对最后一个人的看法做出回应，你只需要最后排列出你的观点。最后讨论的问题很快得到了全面的考察，由此可以节约大量时间。三是消除自我。人们总是倾向于在思考中维护自我，冲突和对立的思考加重了自我的问题，而六项思考帽可以使思考者在每一顶帽子下面进行出色的思考，由此得出对事物的客观评价。四是一个时间做一件事情。六项思考帽的方法要求我们同一时间内只做同一件事情。不同的颜色将彼此区分开来，一个时间用一种颜色，到了最后所有颜色的效果都会达到。

二、六项思考帽法的过程

下面是六项思考帽法在会议中的典型应用步骤：

（1）陈述问题（白帽）。

（2）提出解决问题的方案（绿帽）。

（3）评估该方案的优点（黄帽）。

（4）列举该方案的缺点（黑帽）。

（5）对该方案进行直觉判断（红帽）。

（6）总结陈述，做出决策（蓝帽）。

在运用六项思考帽法时，必须时刻谨记以下几点要求，以便更好地使用六项思考帽法。

（一）纪律

讨论组的成员必须遵循某一时刻指定的某一项思考帽的思考方法。任何一个成员都不允许随便地说："这里我要戴上黑色思考帽思考。"否则就意味着又回到争论的模式。只有小组的领导、主席或者主持人才能决定使用什么思考帽，思考帽不能用来描述你想说什么，而是用来指示思考的方向。

（二）计时

时间短能促使人们集中精力解决问题，减少了无目的的耍嘴皮的时间，一般而言，每个人讲一分钟左右比较合适。如果在规定时间过后还有很好的意见被提出来，可以延长一点时间。在计时方面，红色思考帽与其他思考帽不一样。红色思考帽只需要很短的时间，因为表达人的情感并不需要很多的解释，人们对感觉的表达应该简单明了。

（三）指南

六项思考帽的序列使用并没有一定的模式，凡在合适你的情况下都可以使用。一般而言，蓝色思考帽在讨论开始和结束的时候都必须使用。用完蓝色思考帽以后需要接着用红色思考帽。这种情况下，一般是因为讨论组的成员已经对问题有了强烈的感觉，红色思考帽的使用在讨论一开始就有助于把每个人的感受表达出来。但是很多情况下红色思考帽并不适于一开始就使用。例如，如果老板首先表达了他的感觉，那么其他人就会趋于赞成老板。而如果讨论组成员事先没有对问题产生强烈的感觉，也不适宜先用红色思考帽，过早地询问人们对问题的感觉是没有必要的。在进行评估的情况下，有必要先用黄色思考帽，再用黑色思考帽。如果戴上黄色思考帽思考不能发现问题的价值所在，那么讨论就不需要再进行下去。另外，如果黄色思考帽指使你发现了问题的很多价值，那么再运用黑色思考帽来找出困难和障碍之所在，这时你就会被激励着去克服困难。

三、六项思考帽法与创新思维

六项思考帽法可以通过以下四个方面来激发人们的创新思维。

（一）培养不同的思考方式

人的思维有一些障碍和误区，很多都是由习惯性思维造成的。这种思考方式第一个好处就是能克服习惯性思维，培养不同的思考方式。例如有的人生性比较谨慎，比较保守，考虑任何问题都会从最坏的可能性着手，这样形成习惯性思维的话，他看任何问题都将是灰色的。六项思考帽法就是要培养一种积极向上的创新的思维方式，这个思考方式是培养出来的，不是天生的。

（二）引导注意力

不同的人思考的方向会不同。六项思考帽法是一个集体性的思维，它最大的好处是引导注意力，使集体的思考注意力集中到同一个方向。

（三）便于思考

众人都朝一个方向思考，想的都是一件事情，这样既便于思考，也便于交流。因为一开始就是在一个方向上努力，所以关键是怎样在这个方向上把问题看深、看透。

（四）计划性思考，而非反应性思考

这完全是一个主动的、按照计划有所安排的思考，而不是碰到一件事后的突然反应。所以说，这种思考方式更适合于为了某一个事实或事件而进行群体性、小组性或集体性的思考。

第四节　世界咖啡法

中国有句古语：三个臭皮匠，顶个诸葛亮。实际上，三个臭皮匠并不能变成诸葛亮，甚至还可能顶不上一个臭皮匠，就像另一句中国古话说的那样：一个和尚挑水喝，两个和尚抬水喝，三个和尚没水喝。三个臭皮匠和一个臭皮匠的区别在于，三个臭皮匠具有了"顶个诸葛亮"的可能性，但要真正变成诸葛亮，取决于这三个臭皮匠在一起，能不能用正确的方式讨论问题。

一、世界咖啡法的概念

世界咖啡法的主要精神就是"跨界不同专业背景、不同职务、不同部门的一群人，针对数个主题，发表各自的见解，互相意见碰撞，激发出意想不到的创新点子。世界咖啡法是由朱安妮塔·布朗和戴维·伊萨克提出的一种在轻松氛围中，透过弹性的小团体讨论，真诚对话，产生团体智慧的讨论方式。在讨论中，可以带动同步对话、反思问题、分享共同知识，甚至找到新的行动契机。

世界咖啡法以全新的角度把"对话"当作一个核心流程，团体和组织可以透过对话去改造周遭环境，催生出有助于成功的必要知识。世界咖啡法让参与者从对个人风格、学习方式和情感智商所有这些我们惯用的评判人的方式的关注中解

放出来，人们能够用新的视角来看世界。让人们进行深度的汇谈，并产生更富于远见的洞察力。世界咖啡汇谈对下面这些情况尤其适用：

（1）为了分享知识、激发创新性思维、建立社群、考究现实问题的可能性。

（2）为了深层次地考察重要的机遇和挑战。

（3）为了让第一次参加汇谈的人们能够进行真正的对话。

（4）为了加深现有小组成员的相互关系和对结果的共同负责。

（5）为了在观众和演讲者之间建立一种有意义的互动。

（6）当小组的规模超过12个人时（我们曾经举办过多达1200人的汇谈），你要让每个与会的人都有机会发表他们的观点。世界咖啡法尤其适合于兼具小型团体中的亲密对话和大型团体中的分享学习的场合。

（7）当你们的时间在一个半小时以上（最好是两个小时）时。一些世界咖啡汇谈可以持续几天或作为一些常规会议的铺垫。

世界咖啡法有以下七大原则：

（1）明确汇谈内容。汇谈内容主要包括四大要素：1.情景的职能。将环境、参考框架和周围的因素综合起来，有意识地创造灵活的界限，使群体的合作性学习得以呈现。2.厘清目的，即理解当前的汇谈环境、探索自身的设计前提、明确汇谈"大问题"、厘清可能性的结果。3.确定合适的参与者。4.创造性地运用外在因素。外在因素是在设定情境中最重要的环节，比如确定学习方式、主题设计、邮件邀请、合适场地布置、相关的工具设备准备等。

（2）创造热情友好的氛围。我们需要打破传统的会议坐听模式，要尝试去创造一个能来回走动、彼此交流、资源共享和互相帮助的实体空间，最后目的是将社交环境、信息空间与实体空间有序地结合起来，从而促进合作性的学习。

（3）探索相关问题。在世界咖啡汇谈方式中，我们要用到促动技术，采取开放式提问方式鼓励大家深入思考问题，去探索大问题背后的每个小问题，去积极参与到实际的汇谈中，促使大家在自己熟知的问题领域内发表不同的意见，从中找出更好的解决办法。

（4）鼓励每个人的投入/贡献。在世界咖啡汇谈的环境中，我们提倡的是一种和谐、平等、愉快的沟通模式，没有对错之分，我们需要鼓励每个组员分享自己的想法，并给予支持和肯定，然后汇集每个人的关键想法，做到知识的共享。

（5）吸收多元文化，接受不同观点。世界咖啡法的特点是在桌子之间来回走动，和不同的人交流，把你发现的问题的精髓与不断扩展的更广范围内的人们的想法联系起来，新的模式、不同的视角不断形成，人们的见解和创造性的结合揭示出人们以前未曾想象过的方法。有时，要人们到处走动不太实际，但是这并不是说人们不能彼此交流想法。作为世界咖啡的主持人，你可以让所有的参与者在大一点的卡片上写下一条主要见解、观点或主题。每个人都往不同方向转身和桌子边的人交换一下他们的卡片，这样就让不同桌的汇谈见解得以随机交流。人们大声地读出他们收到的"礼物"，这便提供一种思维的输入，以便进行下一个环节深层次的汇谈。

（6）共同审议不同的模式、观点和深层次的问题。我们需要注意三个关键问题：1.倾听什么，为什么要倾听；2.视觉语言和共同聆听；3.反思：一种与众不同的聆听方式。

（7）收获、分享共同成果。收获、分享共同成果主要有以下三件：1.主持全体汇谈。世界咖啡汇谈最后一轮的全体汇谈是收获并分享集体发现的关键时刻，旨在使汇谈能将知识串联呈现和分享给大家。2.可改进型的反馈。在会谈后，要肯定汇谈中人员的表现，鼓励他们汇谈后的行动，对于挑战性任务的员工给予辅导，帮助将会议的成功落实行动。3.持续的学习与传播发现。如果在会议中产生了好的想法，将这些观点用于公司的文化或者工作中，让每位员工得到知识的共享。在会议后做更系统的和整体的学习，归纳出会议的知识点。

二、世界咖啡法的过程

（1）4～5个人围坐在类似咖啡座的桌子旁，或围坐成一个谈话小组。

（2）展开每次为时20～30分钟的渐进式谈话（通常为3轮）。

（3）各小组同时开始探讨与工作、生活或社区密切相关的同样的话题。

（4）鼓励各桌的桌主及成员们将讨论中出现的重要的想法、意见记录在桌布或铺在桌子中间的纸上。

（5）完成第一轮讨论后，每桌请一个人留在原位做桌主，其余的人则做"旅行者"或者"意义大使"，将主要的想法、主题或者问题带到新的讨论中。

（6）请桌主欢迎新来的伙伴，简单介绍刚刚讨论中的主要想法、主题及问题，并鼓励新来的朋友将这桌的想法与他们刚刚各自讨论的内容联系起来。大家要注意互相倾听，在各自的贡献上做更深入的思考。

（7）几次讨论会将各种想法、主题及问题联系在一起。在第二轮讨论结束后，所有桌子讨论的内容都会和前一轮讨论的见识相互结合。

（8）第三次的讨论，所有的人可以回到原位综合整理自己的发现，也可以转移到新的桌子继续讨论，留在座位上的可以是第一次的桌主，也可以是新的桌主。有时候，第三次讨论可以是一个更为深入探讨问题的新题目。

（9）几次讨论之后，全体一起分享发现和各自的见解。在讨论中，相同的问题可以被确定下来，集体的智慧在成长，行动的可能性也涌现出来。当知道了会议的目的以及可用于会议的时间长度之后，你就能决定要讨论几次，每次讨论持续多长时间，怎样才能最有效地提出问题，以及最有趣地将想法与意见整合到一起的方式。

三、世界咖啡法与创新思维

世界咖啡法让参与者从对个人风格、学习方式和情感智商所有这些我们惯用的评判人的方式的关注中解放出来，使人们能够用新的视角来看世界，让人们进行深度的汇谈，并产生更富于远见的洞察力。

深度汇谈是所有对话者分享自己的意义，从而在群体和个体中获得新的理解与共识的交流活动过程。深度汇谈并不是去分析解剖事物，也不是去赢得争论，或者去交换意见，而是一种集体参与和分享。深度汇谈仿佛是一种流淌于人们之间的意义溪流，它使所有的对话者都能够参与和分享这一意义之溪，并因此能够在群体中萌生新的理解和共识。在深度汇谈进行之初，这些理解和共识并不存在。这是那种富于创造性的理解和共识，是某一种能被所有人参与和分享的意义，它能起到一种类似"胶水"或"水泥"的作用，从而把人和社会联结起来。

第五节　六顶思考帽

创新思维训练大师爱德华·德·波诺教授认为，思考的最大障碍在于混乱，人们总是试图同时做太多的事情，情感、信息、逻辑、希望和创造性都蜂拥而来，在思考问题的时候，既要关注事实，又要符合逻辑，同时又不能忽视感情因素，这些都会造成思想上的混乱，往往顾此失彼。当一个团队商讨解决问题的对策时，人们总是进行无意义的争辩，使问题变得更为复杂，这些都会影响做出最佳的判断或选择。

为此，波诺教授提出了一种实用的思维训练模式——六顶思考帽，其目的在于避免思维混乱。按六顶思考帽的思维方式，思考者要学会将逻辑与情感、创造与信息等区别开来，一个人在一段时间里只戴一顶帽子，只有一种思考模式，运用六顶思考帽，将会使混乱的思考变得更清晰，使团体中无意义的争论变成集思广益的创造，使每个人变得富有创造性。六顶思考帽思考方法，反映了人类思维的一些特性。当戴上白色思考帽，与人沟通时，彼此不谈情绪、感觉，而是以理服人，可以避免出现无谓的争议。当戴上红色思考帽时，可以如实地表达出自己的感觉，如果在思考过程中，不能表达情绪和感觉，就会影响人的思考。黑色思考帽是一项批判帽，提供给思考者否定、质疑的机会，这顶帽子能够深入地探究问题的根源。而和黑色思考帽相反，黄色思考帽是一种建设性的思考，包括积极的态度、更好的建议，以及改善与解决问题的想法。绿色思考帽是创造力的代表，要求思考者产生更多的想法。戴上这顶帽子，人们可以提出多种可能性，比如多样化的选择和更多的解决问题的途径。蓝色思考帽，是一项指挥帽，象征思维过程的控制与组织者，以冷静、公正与超然的态度管理整个思考过程。

六项思考帽已被美国、日本、英国、澳大利亚等50多个国家和地区广泛应用，在教育领域设为教学课程，同时也被许多著名公司，如微软、IBM、西门子、波音公司、松下、诺基亚、摩托罗拉、爱立信、杜邦以及麦当劳等采用，作为创造组织合力和创造力的通用工具。德国西门子公司有37万人学习六项思考帽课程，使其产品开发时间减少了30%；美国的施乐公司，通过使用所学的技巧和工具，仅用不到一天的时间，就完成了过去需一周才能完成的工作；麦当劳日本公司让员工参加"六项思考帽"思维训练，取得了显著成效，员工更加有激情，交流效果明显增强；朗讯科技（中国）公司认为，学习了六项思考帽之后，以往复杂棘手的问题现在变得简单多了。

一、六项思考帽的基本思维功能

任何人都有以下六种基本思维功能，可以用六项不同颜色的帽子来做比喻。

（一）白色思考帽

白色是中立而客观的，代表着事实和资讯，具有处理信息的功能。

白色思维的注意力须放在信息和数据上，要求做到客观中立。把已经掌握的信息全部列出来，越多越好。通过倾听、提问获取更多的信息，拒绝个人主观情感的参与，使得评估客观、高效。

挪威最大的石油公司 Statoil 公司，用"白色思考帽"节省了1000万美元。

（二）红色思考帽

红色是情感的色彩，代表感觉、直觉和预感，具有形成观点和感觉的功能。

北爱尔兰贝尔法斯特皇后大学客座教授阿里斯泰尔·费为了提高学员的思维能力，常常让他们写诗。学员们很快就能从自己的情感世界中获得灵感，学会了跳出理性逻辑。因为诗歌可以通过不同的意象组合，给人不同的视觉效果和想象空间。学员们明白了：遇到问题时，可供选择的解决方法有很多，不能仅局限在一种方案，这严重束缚了创造力的发挥。

戴红色思考帽的人，可毫无顾忌地表达情感甚至直觉。情感宣泄时，直觉或预感便有可能发挥出来，但不要只凭预感做决定。

（三）黄色思考帽

黄色是乐观的象征，代表正面观点，具有识别事物积极因素的功能。

戴黄色思考帽的人，表现出阳光和乐观，用积极的态度进行"正面思考"，寻找事物的闪光点。尤其善于从不经意的建议，甚至是糟糕的建议中寻到它的价值。

悉尼歌剧院的设计方案，是从废纸篓里捡回来的。当约恩·乌特松（Jorn Ut-zon）的方案已被大多数评委否决时，著名建筑设计师依洛·沙尔蓝抱着所有入围方案都有其价值的想法，从废纸篓里找到了约恩·乌特松的设计图，顿时眼前一亮，于是力排众议，从而出现了 20 世纪世界建筑史上的一个奇迹。

（四）黑色思考帽

黑色是阴沉的颜色，意味着警示与批判，具有发现事物的消极因素的功能。

戴黑色思考帽的人，考虑问题的负面因素，用怀疑、否定的态度做判断和评估，提醒任一观点隐藏的风险，重在对事实和数据提出质疑，对已有的经验进行检验。

麦当劳日本公司激活培训员工的创造热情，通过坦诚交流，减少了"黑色思考帽"消极方面的作用。

（五）绿色思考帽

绿色是草地的颜色，代表创造性的想法，具有创造性地解决问题的功能。

考虑到中国文化忌讳戴"绿帽子"，可改成"青色思考帽"。青春代表着生命力和创造力。绿色思维鼓励提出各种可能性，允许发挥想象力，激励人们产生创造欲。

1970 年，"阿波罗 13 号"飞船在飞往月球的途中，服务舱内的二号氧气箱发生爆炸，舱内 3 名宇航员的生命受到严重威胁。在这危急关头，美国国家航空航天局的科技人员充分发挥想象力，及时想出了一个新的过滤系统，使得宇航员顺利返回地球。

（六）蓝色思考帽

蓝色是天空的颜色，笼罩四野，控制着事物的整个过程。蓝色思考帽管理着其他思考帽的使用，具有控制整个思维过程的功能。

戴蓝色思考帽的人，如同乐队指挥，有效地组织和协调整个思考过程，最主要的是关注集中思维，寻找出可行的方案。

二、六顶思考帽导图

传统的思考模式是从自我的角度进行思考，思考者的自身情绪会影响思维的效率。针对传统思考模式存在的局限性，波诺提出了水平思考法，为六顶思考帽法奠定了理论基础。因此，六顶思考帽法也具有水平思考法的优势，即角度全面、思路清晰等。如果把六顶思考帽法与思维导图进行结合，就可以更加充分地调动全脑进行思维。

三、运用六顶思考帽的注意事项

运用六顶思考帽思维工具应注意以下六个方面。

（1）理解和遵守每种颜色思考帽的含义和要求，每次只能戴一顶，扮演一种角色，只从一个方向思考问题。

（2）既可以单独使用、多次使用，也可以团队同时使用一种颜色的思考帽，依次进行。

（3）建议使用顺序：蓝—白—绿，先使用蓝色思考帽理清问题，再使用白色思考帽摆出事实和数据，最后使用绿色思考帽提出尽可能多的解决方案；红—黑—黄可交替使用，如遇特殊场合，也可灵活使用；黄色思考帽可先于黑色思考帽使用，效果会更好。

（4）每个人都应学会使用所有的思考帽，其中使用蓝色思考帽的要求相对较高。

（5）不要过多地使用黑色思考帽，否则会抑制创新热情。

（6）使用思考帽应有时间限定，以保证更多新设想的涌现。

第六节　六双行动鞋

相对应于波诺的六顶思考帽，还需要六双行动鞋来实现发明创造。

一、白色运动鞋

白色运动鞋是指各项体育比赛都必须按规则行事，因此运动员平时的训练都严格按章程要求。这里的规则、章程不是用来思维的（创意已有思考帽提供），而是用来督促行动的，按照发明创造的规律，从事创新实践。

二、红色时尚鞋

红色时尚鞋是指行动快捷直奔主题，容易吸引眼球，有更多机会获得成功，但也容易遭受挫折，既要有热血的彰显，还要有冷静后的刚毅。

三、黄色长筒靴

黄色长筒靴象征着权威，用一往无前的勇气战胜一切困难，实现与生俱来的创期使命。

四、黑色皮鞋

黑色皮鞋代表着坚韧不拔，敢于走前人没有走过的路，并做好了承担风险的准备。

五、绿色布鞋

绿色布鞋代表脚踏实地，一步一个脚印，不断探索各种走向成功的路径，哪怕湿了鞋，也要向前走。

六、蓝色滑冰鞋（板）

蓝色滑冰鞋（板）象征着快速反应，躲闪过一个个障碍，灵巧地控制协调能力，百折不挠地抵达目标。

第七节　八顶创新帽

八顶创新帽是澳大利亚管理协会在六项思考帽的基础上，将创新分为八种颜色的瞳子。创新更多地是指新观念的获取、发展和实施，通常是由思想和态度推动的，而不仅是由技术推动的新产品或新工艺的发明。创新是组织或个体针对特定的目的进行的有意识的思维和行动，有时，某个创新是由多个层面的原因引发的。因此，八顶创新帽将创新分为八个层面，并对每一层面进行详细阐述，使人们能够辨别创新的类型，更重要的是，以更加轻松地进行创新。

一、赤色——企业丛林创新帽

企业生存需要多少创新？答案是：超过你的竞争对手。但是，大多数公司总是亦步亦趋地紧跟在竞争对手身后，这种做法可能是致命的。因此，可以说，创新就是企业发展的动力。成功的企业创新方法有战略层面的，也有操作层面的。它们衡量这些不同层面的创新，并将其与竞争对手相比较，为自己建立合适的结构，完善可支持的管理系统，方对员工进行培训，以此来提高企业的创新能力。同时，确保所有的创新与客户的需要直接相关，并能适应市场需求的变化速度，产生新产品、新服务或新方法。成功的企业会谨慎地建立一种创新文化以及人力资源战略，必须能够涵盖激励员工的创新，并建立起完善高效的创新结构和管理体制。

二、橙色——想象力创新帽

富有想象力的员工具有高度的自我激励、专业知识、风险承担、社交技巧（良好的团队生活技巧）的能力。具备想象力的组织文化的特征，包括自由、鼓励、认可（经济手段、建设性的反馈意见以及发展和共享观点的机会）、对成功的渴望（让员工有机会真正对决策产生影响）等。通过认清组织最突出的特征、组织的竞争优势，再结合对环境变化的理解，以及对市场趋势的预测，企业就有可能运用创造力与想象力的工具，获得巨大的成功。

三、黄色——企业家创新帽

黄色代表开展业务的新方法。21世纪的创新和变革，要求对新产品或服务、新的生产工序，或是新的营销策略或渠道进行整合。一种更贴近客户、运作成本更低、产品更优良，或具有一些其他成本和竞争优势的新型业务方式，将给企业带来超越对手的竞争优势。

四、绿色——自身市场创新帽

街头营销是处于某一细分市场上的成员，为了满足自身及该细分市场其他成员的需求，推出某种产品或服务，在该细分市场开展的营销活动。传统营销理论关注自上而下，即依靠市场观察，为营销提供协助和指导，窥一斑而得营销环境的全貌，并以此作为制定长期营销战略的基础，但对目标市场真实需要的了解程度，不可避免地会受到观察工具的精密性和测量的有效性两个因素的限制。而街头营销主要关注目标市场的内部营销，营销焦点是自下而上的，推动营销的动力是目标市场成员，而不是对目标市场的观察结果。企业家或创新者的目标是满足他们所属群体的特定需要。

五、青色——中型企业创新帽

对于创新型企业来说，规模既是一种约束，又是一种优势。企业必须具有较高的管理水平，具有释放、关注员工创造力和商业活动的能力。事实上，商业是一个需要管理创新的实践过程，"为财富创造新的价值"。科技发明并不是中小型企业创新的主要来源，生产一线的员工具有巨大的创造力，应调动员工为企业做贡献的积极性并提供管理。成功的要素有：确保足够的管理能力，综合系统地创新，把企业的生产一线视作驱动力，创建有效的组织基础，提高能力，健全责任体制，确保企业可持续发展。

六、蓝色——公共部门创新帽

蓝色创新帽是指听取来自客户不同角度的意见和建议，汇总成为值得注意的反馈趋势或模式。思考中心（centre think）在线系统，使员工通过"不妨说说看"（let's talk）栏目来分享彼此的想法，并通过"想法银行"（ideas bank）记录下这些想法，然后统一编号，通过电子邮件传递给相关的业务部门；复查机制监督这一过程，最后由行动组（actioning team）将其付诸实践。

七、紫色——网络时代创新帽

网络社会交互式多媒体的沟通方式，使我们能体验不同程度的即时个人互动、无限应用和多媒体移动设备。组织生态环境（ecological environment）是影响人们动机、激情、情感、远景和精神、身体、智力和心理的环境的综合。

八、白色——未来创新帽

白色创新帽强调了领导者和管理者的区别：管理者以问题为中心，目的是使一些不好的东西在未来消除或减少；领导者以任务为中心，目的是创造利益和一个积极的未来。如果将大部分的注意力集中在消除未来的不愉快和解决问题上，那么顶多也只能创造一个一般的未来。而为了创建一个灿烂的未来，必须以领导者的方式，设定一个远景，然后构筑任务来实现。在21世纪全球化的市场中，充满想象力的领导者将取得成功。

第八节　十四款视角镜

世界大文豪雨果曾经说："美丽的女人是盲人，没看见自己逐渐增长的皱纹；挥霍的人是盲人，只看见开端而未见结局；聪明的人是盲人，没见到自己的无知；正直的人是盲人，没有看到骗子；我也是个盲人，因为我看不到聋哑人。"真正的盲人，固然看不到事物的真面目。然而，健全的人就能够肯定自己的目光所及就是事物的全貌吗？从单一视角观察事物，是形成思维定势的要素，如同盲人摸象，显然同大象的本来面目相去甚远。

有思维就会有思维定势，思维定势是不可避免的。思维定势有利有弊，就像一副有色眼镜，戴上它，看到的是变了色的世界；可取下它，眼睛又无法看清外界事物。在创新活动中，思维定势则是一种消极性的东西，它会禁锢人们的头脑，使思维失去活力。激活创新思维，要学会尽可能多角度地观察、思考问题，因为视角的转变，往往意味着思维定势的突破，常常也会伴随着创新。而一个人创新能力的强弱，关键在于能否突破思维定式，去想别人所未想、求别人所未求、做别人所未做的事情。

晶体管的发明就是转换视角的成功例子。当时，世界各国的科学家都将注意力集中在晶体管的原料——锗的提纯上，但由于难以将杂质排除干净，因此实验效果很不理想。这时，日本新力公司的江畸于奈博士和助手黑田百合子大胆转换视角，变"排除杂质"为"加入杂质"，有意向原料中添加杂质，结果发现了奇妙的"隧道效应"，研制出了引起世界轰动的"隧道二极管"，他们两人也因此分别获得了"诺贝尔奖"和"民间诺贝尔奖"。又如，海王星的发现也是科学家们转换视角的结果。很早以前，天文学家们根据种种迹象判断，在天王星之外还有一颗行星。但全世界的天文台和天文爱好者花费了大量时间和精力，进行了长期观察和探索，仍然找不到这颗"藏在闺中无人识"的行星，甚至有人开始怀疑是否存在海王星。后来，有些科学家开始转换视角，计算这颗未知行星的轨道，在求得了它的轨道参数后，根据这些参数的指示位置，很快就在该空域发现了海王星。

思维模式的更新，要求我们掌握全新的思维工具。在纵向思维中，主要的思维工具是逻辑思维方法；在横向思维中，是以发散思维方法为主；在立体思维中，则要求思维者掌握多种多样的思维视角和思维方法。立体思维是一种思维的模式框架，它的运行离不开各种思维视角和思维方法的支撑。思维视角是认识事物的工具；思维方法是解决问题的工具。

任何思维过程，都是从一个思维视角开始的，比如人用眼睛观察物体时，一定是处于某种角度，一旦换一个角度观察，得出的结论也不尽相同。

一、肯定视角镜

戴上肯定视角镜，可以在观察事物和分析问题时，对其性质和价值持肯定态度，从中寻找积极、有利的因素。在观察事物和分析问题时，一般先从自己熟悉的思维视角出发，对事物做出一个定性的认知，是正面的还是负面的，从而确定是肯定的还是否定的。它是人们最常使用的思维视角之一，对那些正面价值显而易见的事物应采取肯定视角。

戴上肯定视角镜，更要看到显现出负面效应的事物中隐含的肯定元素。美国著名教育家戴尔·卡耐基说："生活就像一只半空半满的水杯，人们往往只看到它缺陷的一面，所以常常缺少幸福感，而忽略了它丰富的一面，这是人性的弱点。"人们习惯于用否定的视角来看待错误和失败，但肯定视角能够提示我们：失败是成功之母，成功往往是从失败当中孕育出来的果实。

爱迪生研制电灯泡，先后试验了3000多种材料做灯丝，最后才获得成功，每次失败都向成功又迈进了一步。但在创业实践中，多数人还是出于对失败的恐惧，于是在创业之路的起点上望而却步。当然，很多挫折和失败的确是人们极不情愿接受的，但抱怨没有任何意义，反而挫伤了自信心。要相信成功之路上，上帝在这里关上了门，却在那里打开了一扇窗，欢迎勇敢者去探索目标。比如，美国辉瑞制药公司的研究人员在研制一种治疗动脉硬化的药品时遭到了失败，但却意外发现，该药品对于治疗男性性功能障碍有异乎寻常的效果。于是，调整了药品的主治功能后推向市场，结果大获成功，这就是有名的辉瑞"万艾"。

许多人把失业当作不幸，但戴上肯定视角镜看问题，这何尝不是命运的转折点，虽然失去了从前稳定的收入，但同时也获得了重新选择的机会和自由。应振作精神，积极投入全新的生活境遇，积极创造比以前优越得多的物质条件，同时在精神上也可获得前所未有的满足感。大凡真正具有智慧的人，都不会在所谓的阴影或困境中怨声载道，而是充满信心地寻找新的机会。

二、否定视角镜

戴上否定视角镜，是指我们在观察事物和分析问题时，报以否定的态度，从中寻找负面的、不利的因素。否定视角的意义与肯定视角异曲同工，即对那些负面效应一目了然，大家都在批评、排斥的事物和现象，采取否定视角没有创新价值，而当别人都在欢呼成功，一致肯定的时候，如果能做出冷静的思考和判断，发现其中潜藏的危机和不利因素，思维水平才更胜人一筹。

任何事物都具有正反的双重属性。IBM 的管理模式认为，究竟优还是劣取决于从什么样的视角去看，戴上肯定视角镜，即认为有三大法宝：精密的工作流程，完善的员工培训，稳定的终身雇用；而换上否定视角镜，同样的事情却成了另一种观点：精密的工作流程变成"官僚主义心态"，完善的员工培训变成"对员工的洗脑"，稳定的终身雇用变成"人力资源变动能力差"。

许多伟大的成功都是在困境中孕育的，许多失败的苦果却是在一帆风顺时埋下的种子。古人云：生于忧患，死于安乐。在商场如战场的市场，有很多辉煌一时的企业，它们在困境当中披荆斩棘，却在坦途上一败涂地。对此，海尔集团总裁张瑞敏将海尔的经营理念归纳为：永远战战兢兢，永远如履薄冰。越是成功的企业，越要对危机有清醒的意识，因为大船不容易掉头，即使微小的失误都可能造成不堪设想的后果。

客观世界没有什么是尽善尽美的，无论是生活方式、社会体制、科学技术还是经济形态都是在不断地进步，也就是不断否定前人、超越前人的结果。那些进步最快、自我完善最成功的人，也都是勇于自我批评、自我否定的人。孔子云："吾日三省吾身。"当个人的成长发生质的提升时，必然体现为对从前境界的否定和超越。

当人们面对一个强大的对手时，可能会在对方强大外表的震慑下失去信心，其实任何强大的事物，也都有它的薄弱环节，就像练就了"金刚不坏之身"的武林高手，一定有他的罩门，我们应该充满信心，不论面对怎样强大的对手，也都有战胜他的机会。各类竞争中普遍推崇的"以己之长，攻敌之短"的策略，实际上，就是在用肯定视角分析己方长处的同时，也用否定视角分析对方的短处，在面对比自己弱的对手时，反之亦然。

三、内部视角镜

内部视角镜是指从一个理论或范式出发，对该理论或范式的辖域提问，从内部视角出发，不可能对一个理论系统的基础或最原始的东西进行提问，否则就会产生自我指涉。比如，在康德的体系中根本不允许"先天的直观形式与范畴从何而来"这个问题的提出，因为该问题的提出要以范畴的存在为前提。康德本人也承认："我们的感性本身，或者我们的知性以及构成知性和全部思维之基础的必要的统觉，是何以可能的，这个问题，不能进一步解决和答复了，因为我们对于对象的任何解答和思考，始终都离不开它们。"内部视角的这一局限和其他局限，需要从外部视角来补充。

四、外部视角镜

外部视角镜则是从别的理论或范式来透视问题。从外部视角出发，不仅可以对特定领域的基础提问，也可以从不同的角度提出从内部视角提不出来的问题。比如，对经济学领域可以从社会学角度提出问题，也可以从心理学、文化学、法学和政治学等诸角度提出问题。从信息论和知识论出发透视经济学，就产生了不少富有启发性的经济学问题。从前，科学哲学只从理论内部思考问题，只关注理论的逻辑结构，并不考虑理论发现过程的心理学和美学问题。然而，这种画地为牢的做法是有害无益的。外部视角即使是不合适、不正确的，也是有启发性的，至少它可以从反面证明已有视角的合理性。比如，把审美心理学的思想和方法，引入理论评价和科学发现过程就颇有成效。从内部视角和外部视角所提出的问题可能会有明显不同，比如，从生态学角度提出的经济发展问题，与从经济学本身提出的经济发展问题是显著不同的，等等。

五、自我视角镜

从自我视角出发，观察事物和思考问题是人类思维的本能特征，当人们对外界事物进行思考和判断的时候，总是习惯以自我为中心，以自我的思想观念、价值模式、是非标准、情感倾向、审美情趣等作为"参照系"。任何人都无法摆脱自我视角，人们对客观世界最直接的认识、最深刻的体验也是源于自我本身，自我视角会受到每个人特定生活阅历、价值取向以及知识结构的制约。所以思考者应该明白，通过自我视角反观自照，再由此推己及人，不仅要意识到人类乃至整个世界的许多共性，这是个人与外部世界相互沟通和产生共鸣的前提，更要意识到每个人存在的天然差异。这就决定了每个人的自我视角也是不尽相同的，从而导致对同一事物的认知和判断也会不尽相同，于是，"公说公有理，婆说婆有理"，抑或是"仁者见仁，智者见智"。

当人们仅仅从自我视角出发看问题，而忽视了"自我"以外的立场和感受时，就难以做到进一步的沟通和深层次的相互理解。仅从自我视角出发，观察事物和思考问题，难免会"一叶障目""以己度人"，如苏东坡所说："不识庐山真面目，只缘身在此山中。"因此，要想打破自我视角的局限性，就需要在采用自我视角的同时，还得备一副"换位视角镜"。

六、换位视角镜

换位视角镜相对于自我视角镜，不拘泥于自我的思想观念、价值模式、是非标准、情感倾向、审美情趣等，而把自己置于对方或第三方的立场，对外界事物进行思考和判断。

戴上换位视角镜，设身处地为别人想一想。人与人之间，由于主观意识和客观环境的诸多差异，对事物的观点和态度也会有很大差异。如果只认可自己的观点，而无视对方视角的合理性，问题也就无法解决。因而，有效沟通的关键在于顾及对方的需求、处境以及对方选择的可能性，这样才能化解矛盾，恰到好处地解决问题。

戴上换位视角镜，在商业等各类竞争性活动中，有其不可替代的作用。高明的竞争者都善于假设"我"若处于对方的境遇，将会采取怎样的行动，然后，再据此制订"我"方的行动计划，"心中无敌，就无敌于天下当运用换位视角镜，将心比心看对方，对方也会诚心相待。还要学会转换到旁观者的视角，对全局冷静、综合地分析判断，如古人所说：当局者迷，旁观者清。而且从旁观者的思路看问题，有更多的选择机会。现代企业经营中都十分注重市场反馈的信息。比如在产品开发上，通过与消费者的主动交流（即市场调研）来获取信息，在企业管理上寻求"外脑"，即咨询顾问的帮助等。

20世纪中后期，国际市场营销理论发生了一次重大飞跃，美国杰出的市场营销专家苏尔茨提出了整合营销传播理论，以4C（需求、消费者可支付成本、购买的便利性、沟通）营销观念取代了传统营销理论中的4P（产品、价格、销售渠道、促销）营销观念。传统的4P理论，即企业向市场提供的是自己的产品，而产品的价格是以产品本身的生产成本为基准，销售渠道主要局限在自身所掌握的、所能抵达的通路，并以销售促进为主要方式，把产品送到消费者手中。而苏尔茨则提出，"首先把你的产品放在一边，先去问问消费者的需求是什么；不要急于制定产品的价格，而要了解你的顾客所愿意支付的成本；先不要考虑自己的销售渠道，而要知道你的顾客在哪里方便获得你的商品；最后请忘掉促销，正确的概念是沟通"。4C和4P二者之间的差异在于看待营销四要素的角度不同，4P是基于企业自身的立场来看的，而4C是基于消费者的立场来看的。

七、特殊视角镜

根据视野的广度，可以把视角分为特殊视角和普遍视角。这两种视角所提出的问题有性质上的区别。特殊视角是从局部出发，以特定的领域或特定的学科视角发现和提出问题，通常是特殊性问题、局域性问题、单域性问题，是一种有限的视角。它可能会对视野内的问题看得很细、很清楚、很具体，并且做出准确的、规范的、专业的表达，但也可能看不清问题的来龙去脉，以及问题之间的深层联系。

八、普遍视角镜

普遍视角则是从整体、大系统，乃至全局或全域出发去发现和提出问题，它有助于发现一般性问题、全局性问题、综合性问题和跨越性问题。每一个普遍视角都能发挥提出问题、发现问题的作用。如果把哲学和具体科学进行比较，那么哲学提供的是一种普遍视角，而各门类具体科学所提供的是一种特殊视角。认识论不同于心理学，它不涉及人们为什么持有他们所获得的信念，以及他们获得信念的方式等问题。认识论者并不关心我们是否或怎样认识某个特定的真理，而是关心我们是否有理由能要求认识整个某一类的真理。因此，在某种意义上，认识论者提出的是具有一般性的问题，它不同于就知识的某一分支所提出的问题。

九、求同视角镜

著名哲学家、数学家和物理学家莱布尼茨曾说："世界上没有两片完全相同的树叶。"两片树叶粗略看来，似乎并没有什么差别，但通过认真观察，就会发现任何两片树叶，不可能完全相同，包括树叶的形状、宽窄、薄厚、颜色的深浅浓淡、叶脉的长短粗细、边缘锯齿的形状等。虽然如此；世界上也没有两片完全不同的树叶，正如大多数树叶都是绿色的、都含有水分、都需要光照和氧气、都有叶脉、都很薄等。

戴上求同视角镜，就是在不同事物之间找出它们的共性，世界上的万事万物都有共性，有些共性显而易见，有些则需要通过认真观察、仔细研究才能发现。找到事物之间的共性，关键是从事物的多种属性中找到相同或相关的特征。利用事物之间的共性，可以帮助我们探寻未知世界，当解决问题的条件还不够充分时，可以运用求同视角，寻找与所需条件具有某种共性的替代元素。例如，一支日本探险队来到南极，当他们准备把船上的汽油输送到基地时，发现输油管的长度不够，正在大家一筹莫展之际，队长提出了一个绝妙的想法："我们用冰来做管子吧！"随即让大家从船上找来一根很长的铁管子，把医疗用的绷带缠在上面，再淋上水使它结成冰，然后拔出铁管，这样就做成了一根冰管子，把这种冰管子一截一截地接起来，要多长就有多长。

又如，美国宝洁公司在进入中国市场之前，深入研究了中国的市场特征，以及消费者心理与文化，并在产品的命名、广告诉求等诸多方面，都极力迎合我国消费者的各种需求，寻找尽可能多的共同点，推出了飘柔、海飞丝、护舒宝、帮宝适等产品，使中国的消费者觉得亲切而乐于接受，这是宝洁产品在中国畅销不衰的关键因素。

十、求异视角镜

戴上求异视角镜，就是用"挑剔"的眼光去寻找事物之间的差异性。事物与事物之间一定是有差异的，事物的属性无穷无尽，面对两个各自独立的事物，运用求同视角，可以从中找出相同的属性，运用求异视角，也一定可以从中找出不同的属性。求异就是求新，在这个世界上，新颖独特的事物往往具有特殊的价值和生命力。许多成功者独辟蹊径，去探索别人不曾走过的路。

在市场中，产品一方面要符合消费者的需求；另一方面还必须具备自身的特点才会更有竞争力。市场竞争是不可避免的，商品具有不同程度的共性（求同视角），决定了商品之间具有不同程度的可替代性，但从求异视角来看，商品之间必然具有差异，因而任何商品也都具有不可替代性。高明的商家能把商品之间的差异，宣传得恰到好处，确立其独特的市场形象。求同与求异表面看是两个截然相反的视角，而在思维实践中，二者常常是结合起来加以运用的，没有"同"，思维过程就缺乏明确的指向，没有"异"，思维结果就缺少独特的价值。

十一、无序视角镜

在思考问题的过程中，我们都强调有秩序，遵循一定的规则，而容不得"模糊"和"混乱"。但是，这种"秩序偏执"应适可而止，不能太过分。如果凡事都一味追求整齐划一的秩序，而丝毫容不得半点混乱，那将会扼杀许多有用的创意。戴上无序视角镜，尽可能地打破头脑中的所有条条框框，进行一番"混沌型"的无序思考，充分激发想象力，以达到更好的创意效果。心理学家做过这样一个试验：把一群艺术家分为两组，第一组观看两幅并排映在屏幕上的幻灯片，一幅幻灯片上有五个修女在教堂台阶上走，另一幅幻灯片上有五名帅气的骑士朝着修女的方向奔跑；第二组艺术家也观看这两张幻灯片，只是这两张幻灯片是重叠映在屏幕上的，画面混乱而且模糊。当两组艺术家看完幻灯片之后，便要求他们创作一幅画。结果证明，第二组艺术家创作的画，比第一组具有更高的创造性。

从无序视角镜看，头脑打破了各种各样的规则，因而整个思维过程和思维结果都处于一片混沌状态，其中有一些创意的萌芽，而这些萌芽往往显得很可笑，甚至很愚蠢。其实，最愚蠢的想法当中，往往包含着最聪明的内核。因循守旧的人，有时是不敢想、不敢创新，有时则是不愿想，或者根本就想不到，是"作茧自缚"。也许很多人觉得自己头脑中并没有什么框框，也没受到什么束缚，自己一直是想象力极为丰富的。然而实际情况往往是，只有经过无序化的思考之后，人们才能意识到那些框框的存在。

十二、有序视角镜

戴上无序视角镜，使得头脑打破了许多规则和框框，经过一段"混乱的"思维，得到不少"奇妙的"或者"愚蠢的"观念和方案。要想能够在实践中实施，还必须换上有序视角镜再审视一遍，使之具有可行性。戴上有序视角镜，使得头脑在思考某种事物或者观念的时候，按照严格的逻辑来进行，实事求是地对观念和方案进行可行性论证，透过现象看到本质，排除偶然性，认识必然性，从而保证头脑中的创意，能够在实践中获得成功。

比如，在寒冷地区，冬季很容易积雪、结冰，这给输电线造成了安全隐患。怎样解决这个问题呢？在寻求简便有效的方法时，有人开玩笑地说："干脆给飞机绑个扫帚，沿着输电线扫雪，又快又方便。"这是一种创意思维，还处于无序的阶段，不可能施行。但是人们由此得到启发，并进行了一系列"有序化"的修改，结果找到了解决问题的方法：让直升机飞近输电线，利用转翼的巨大风力把积雪吹落。

当人们进行创意思考的时候，总能得到各式各样的"点子"。有些点子尽管很巧妙，却无法实施，不具有可行性；还有些点子，尽管本身不具有可行性，却具有启发思路的作用，使人们很容易从这个不可施行的点子中，发现另外一个具有可行性的点子。

十三、传统视角镜

戴上传统视角镜，可以考察事物的起源和演变历程，然后对事物的现状和前景做出判断和认知。一般来说，人们在观察事物和思考问题时，注重的是现在和未来。其实，用传统视角观察，主要目的是更好地去把握事物运行和发展的轨迹。

要想知道"人类为什么会是现在这个样子"，可以阅读达尔文的《物种起源》；想解读宇宙演变的奥秘，可以参考霍金的《时间简史》；想了解一个国家、民族或城市的文化特征，就得去考察它的历史变迁；想知道某一事件的真相，就必须弄清楚它的来龙去脉……不但对于事物，对于人也一样。想要了解一个人，最直接的途径就是了解他有过怎样的经历，尽管"人是会变的"，过去并不等于现在，但过去的参考价值，显然是不容忽视的。用传统视角观察事物和分析问题，还可以让人们理解同一事物在不同阶段的巨大差异，昨天的合理性不一定能说明今天的合理性。传统视角还有助于人们建立科学的历史观，在不同的历史条件下，事物都有其相应的适应性和一定的合理性，所谓"此一时也，彼一时也"。

十四、创新视角镜

戴上创新视角镜，可以根据事物的现状和发展规律，推断出在未来的日子里可能会呈现的新状态，即对未来的预见力或前瞻性的眼光。事物总是在不断发展变化的，谁对未来可能发生的变化做出准确的判断，谁就能在市场竞争中占据先机。

创新视角使人们的思维观念保持相应的开放性，对于暂时不能理解的事物保持宽容的态度，不要过早地做出结论。自然和宇宙的奥秘是无穷无尽的，在人类现有的认识水平下总有许多难以解释的问题，人类常犯的错误就是，以现有的知识和观念，对还没有真正理解的事物做出定论。比如，原始人类由于不能科学地理解风、雨、雷、电等自然变化，便以为天地间存在某些神灵；当哥白尼以他创立的"太阳中心说"推翻了"地球中心说"时，并不知道太阳居然也不是宇宙的中心；古时候没人相信人也能飞上天，而莱特兄弟却做到了……

第九节　思维导图——终极思维工具

思维导图是由世界大脑基金会总裁、世界大脑先生、英国记忆力之父、世界记忆力锦标赛以及世界快速阅读锦标赛的创始人、世界著名学者博赞（Buzan）发明的。思维导图是把人们大脑中的想法，用彩色的笔画在纸上，将语言智能、数学智能和创新智能有机地结合成一体，表现发散思维直观有效的图像工具。其核心思想是把形象思维与抽象思维有机地结合起来，让左右脑同时工作，并将思维痕迹用图画和线条呈发散状显现出来，极大地激发了创新思维的活力。

最初，博赞的思维导图只是作为一种非线性笔记工具展现在世人面前。思维导图是放射性思维的表达，因此也是人类思维的自然功能。思维导图有五个基本特征：1.焦点集中，即注意的焦点清晰地集中在中央图像上；2.主干发散，即主题的主干作为分支从中央图像向四周发射；3.层次分明，即分支由一个关键图像或者写在相关线条上的关键词构成，比较不重要的话题也以分支形式表现出来，附在较高层次的分支上；4.节点相连，即各分支形成相互连接的节点结构；5.使用颜色、形状、代码等。

思维导图是整理思维的极佳工具，类似于计算机的磁盘碎片整理程序，经过整理，计算机的运转速度会有较大程度的提高。坚持用思维导图整理思维，假以时日，大脑里的信息存储会变得越来越有序，提取利用也会越迅速，如同对大脑更新了硬件。思维导图是针对线性笔记的不足而发明的一种新型非线性笔记工具。其主要目的是激发和整理思维，可视化又可以帮助人们传播思维的结果，思维导图的绘制过程需要借助图形、图像、颜色、线条和布局的手段，帮助人们更好地达到目的。

一、绘制思维导图的步骤及技巧

（一）绘制思维导图的步骤

绘制思维导图有以下七个步骤。

1.从一张白纸的中心开始画图，周围留出足够的空白，使自己的思维向各个方向发散，自由地把自己的思考形象地展现出来。

2.用一幅图像或图画表达自己的中心思想。图像可抵得上成千上万个词汇，不仅能刺激创新思维，激活形象思维和想象力，还能强化记忆。

3.尽可能多地使用各种颜色。颜色能够让大脑兴奋起来。

4.将中心图像和各分支连接起来，同时创建了思维的基本结构。

5.让思维导图的分支自然弯曲，不要画成一条直线。曲线永远是美的。

6.在每条线上使用一个关键字或词来表达核心意思，有助于记忆。

7.自始至终使用图形，可以胜过千言万语。

思维导图可以使思维可视化，是将思维过程整理再现的过程。思维激发是基于联想和想象的发散过程，思维整理是理清层级和顺序关系的过程，而线条、长度、图像、颜色、图标等都是为更好地体现思维导图的特征而服务的。

（二）绘制思维导图的技巧

掌握了绘制思维导图的方法，需要进一步掌握绘制技巧，关注思维导图的细节，使思维导图的脉络清晰、流畅。

1.绘制思维导图最好用曲线连接

曲线就像大树的枝杈一样自然流畅，以吸引人们的目光。

2.在思维导图的每条线上注明一个关键词

关键词会使思维导图更加醒目，每一个词汇和图形都像是一个母体，繁殖出与自己相关的、互相联系的一系列"子代"。就组合关系来讲，单个词汇具有无限的特性，每一个词都是自由的，这有利于新创意的产生，而短语和句子却容易扼杀创意的灵感，因为短语和句子已经成为一种固定的组合。思维导图上的关键词，就像手指上的关节，使手指变得灵活。

3.使用图形绘制思维导图

图形不仅可以容纳庞大的信息，还具有形象化的功能，易于理解，便于记忆。

4.善用分形理论

自然界龟裂的土地、雨夜的闪电、动物神经的树突等，形态万千、复杂多样，很难用规则的几何图形表现这些事物或现象。经过观察和研究，人们发现这些自然形态有一个共性——再分性，即新的部分在保持原有属性的基础上一分再分，就像大树枝杈的生长方式，老枝上分出一定数量的新枝，新枝上再分出一定数量的新枝，这就是分形。符合分形结构的树枝，在长出新叶时都是错落有致的，空间利用得恰到好处，有利于每个叶片进行光合作用。同理，绘制符合分形结构的思维导图可以充分运用空间，使关键词错落有致。

5.图形要有立体感和层次感

一幅完美的思维导图，看上去应当像一棵大树，中间是树干，第二层是树枝，第三层是树杈，最外层是树叶。绘制一幅层次感强的思维导图，需要注意以下两点。

（1）思维导图各节点的走向应清晰、层次要分明，如第二层要有别于第三层，这种区别可以通过圈的大小、字体的选择、颜色的搭配等方式来体现。

（2）绘制思维导图要有完整的思路，突出重点，去除无用的枝杈，重组不合理的分层，为添加新的内容留出空间。

6.几款世界主流的思维导图软件

（1）iMindMap是由思维导图创始人博赞的公司开发的一套富有创造性的、易于使用的软件工具。它强调使用颜色、图形、自由的线条和空间维度绘制思维导图，可以帮助人们进行计划、创作、改革、学习、表达、组织、讨论和解决问题。该软件2006年正式发行，目前全世界有数百万人在使用。

（2）FreeMind是一款跨平台开发的绘制思维导图的软件，其文件格式后缀为".mm"。FreeMind可用来记笔记，绘制图形、符号，并添加连线。缺点是无法绘制具有多个中心关键词的思维导图，线条没有粗细之分，画面不是很美观。

（3）MindManager由美国Mindjet公司开发，是一款高效的项目管理软件。它拥有良好的用户体验和丰富的功能，可以让使用者有序地组织思维、资源和项目，提高工作效率。与同类思维导图软件相比，最大的优势是可以和微软软件无缝链接，快速地将数据导入或导出到 Word，PowerPoint，Excel，Outlook，Project 和 Visio 中。良好的兼容性使得 MindManager 在职场中广受欢迎。

（4）XMind 是一款优秀的思维导图软件，用该软件绘制的思维导图非常漂亮。XMind 的功能丰富，兼容 FreeMind 和 MindManager 的数据格式，不仅可以绘制思维导图，还可以绘制鱼骨图、二维图、树形图、逻辑图和组织结构图。

（5）PersonalBrain 是一款由 TheBrain 科技公司开发的思维导图软件。它使用的是动态的图形界面，可以链接网页和文件，还可以使用内置的日历来管理项目和相关事项。

思维导图是用线条、颜色、图形、标识、物象等形象链接各思考的节点，拓展思维的广度，挖掘思维的深度，以促进思维整理、激发创新火花为目的的非线性、立体思维的工具和方法。

二、思维导图的作用

思维导图可以让人们看到事物的"全景"，高效、快捷地获取知识，对思考作清晰的梳理，帮助人们收获更多的创意成果。大量研究证实，思维导图对于记忆、理解、信息管理、思维激发、思维整理都有不同程度的作用，让思维导图开始呈现出越来越多的运用方式。今天，在人们的学习、生活和工作的各个环节，思维导图都展现着它无穷无尽的生命力。思维可视化、思维激发、思维整理和非线性思维是思维导图的本质属性，而思维激发和思维整理是思维导图要达成的目标，思维可视化是实现思维激发和思维整理的手段，非线性思考则是思维导图所承载思维的本质特征。可视化是"让本来看不见或看不清的东西看得更清晰"，思维导图兼具知识可视化和思维可视化的特征。一方面，思维导图可以作为知识可视化的工具，整理和呈现客观的知识结构；另一方面，思维导图可以用来支持一个人的思考过程和思考结果，此时，就更多被用作思维可视化工具了。

联想和想象是思维激发的重要手段。联想和想象有着密切的关系，但又有明显的不同。联想是指因一事物而想起与之有关事物的思想活动，如由于某人或某种事物而想起与之相关的人或事物，由某一概念而想起其他相关的概念。联想是暂时神经联系的复活，是事物之间联系和关系的反应。客观事物是相互联系的，客观事物或现象之间的各种关系和联系，反映在人脑中而形成各种联想，有反映事物外部联系的简单的、低级的联想，也有反映事物内部联系的复杂的、高级的联想。想象是人在头脑里对已储存的表象进行加工改造形成新形象的心理过程，是一种特殊的思维形式。想象与思维有着密切的联系，都属于高级的认知过程，它们都产生于问题的情景，由个体的需要所推动，并能预见未来。

思维整理是让信息从无序到有序的过程。通过对信息进行组块化，达到降低认知负荷，促进从短时记忆向长时记忆转化的目的。人类的大脑每天都要接收大量信息，如果这些信息未经整理存入大脑，即使功能再强大的大脑也会显得不堪重负，此时，思维导图也就是思维整理的极佳工具。坚持用思维导图整理思维，大脑里的信息存储会变得越来越有序，提取利用也会越迅速。

思维导图按照大脑自身的规律进行思考，可全面调动左脑的逻辑、顺序、条理、文字、数字思维，以及右脑的图像、想象、颜色、空间、整体思维，使大脑潜能得到充分开发，从而极大地发掘人的记忆、创造等方面的潜能，是帮助人们了解并掌握大脑工作原理的说明书，同时，也是将放射性思考具体化、可视化。每一种进入大脑的信息，包括文字、数字、符号、线条、颜色、意象、节奏、音符等都可以成为一个思考中心，并由此向外发散出成千上万的联想要素。每一个联想要素都代表与主题的一个联结，而每一个联结又可以成为另一个主题，再向外发散出成千上万的联想要素，这些要素的广泛联结可以视为个体记忆，也就是个人数据库。人从一出生便开始向这个庞大且复杂的数据库输送数据，大脑惊人的储存能力，使人们累积了大量的信息，思维导图的发散性思考，除了能够增加信息的累积量之外，还能将数据依据彼此间的关联性进行分层、分类管理，使信息的储存、管理、编码及调用更高效。

思维导图的主要作用有以下三个方面。

（1）成倍提高思考速度和效率，更快地学习新知识与复习、整合旧知识。

（2）激发联想与创造的灵感，将各种零散的信息、资源融会贯通成为一个系统。

（3）有助于形成系统的学习和思维习惯，能够快速记笔记，轻松地进行表达、沟通、演讲、写作、管理等各项工作。

三、思维导图的应用

思维导图的应用体现在以下八个方面。

（一）用思维导图实现自我对话

白朗宁有句名言："有勇气改变你能够改变的，愿意接受你无法改变的，并且明智地判断你是否有能力改变。"一个人最大的敌人是自己的内心，最大的痛苦来源于对自身认识的不足，我们常常陷入各种迷茫、纠结与矛盾之中，因此，认清自我是最大的人生难题。思维导图为人们提供了一种与内心对话的有效方式，通过思维导图分析自我，可以让人们更清晰地认清自己的优势与不足，从而降低焦虑、增强自信、辅助决策，让眼光更长远，做事也更加有的放矢。

（二）用思维导图缓解焦虑

在激烈竞争的社会，人们常常陷入各种焦虑不安之中，但90%以上担心的事情，实际都是不会发生的。焦虑比糟糕的结果本身对人的伤害更大。如果始终处在怕失败的焦虑中，那么一辈子将一事无成。

被誉为20世纪最伟大的心灵导师和成功学大师卡耐基发明了一套克服焦虑的方程式：

第一步，问自己"可能发生的最糟糕的状况是什么"；

第二步，准备去接受最坏的状况；

第三步，设法去改善最坏的状况。

试着用卡耐基的方程式分析一下自己的焦虑，再用思维导图呈现出来，是不是感觉压力一下子小了很多？

（三）应用思维导图应对竞争

《孙子·谋攻篇》有言："知彼知己，百战不殆；不知彼而知己，一胜一负；不知彼，不知己，每战必殆。"可见，要想立于不败之地，重要的是知己知彼。

SWOT分析法，又称为态势分析法或优劣势分析法，是由旧金山大学的管理学教授于20世纪80年代初提出来的，现今广泛且深入地应用于企业的战略分析中，帮助人们调整对自我的认识，从而实现个人目标。SWOT四个英文字母分别代表：优势（Strength），劣势（Weakness），机会（Opportunity），威胁（Threat）。从整体上看，SWOT可以分为两部分：第一部分为SW，主要用来分析内部条件；第二部分为OT，主要用来分析外部条件。利用这种方法可以从中找出对自己有利的、值得发扬的因素，以及对自己不利的、要避开的因素。发现存在的问题，找出解决办法，并明确以后的发展方向。

结合各种自我分析的方法，利用思维导图，进行自我反省和分析，并逐渐养成一种习惯，人们的思维方式也会慢慢地发生转变，这是一个通过外化促进内化的过程。

（四）用思维导图记笔记

记笔记对学习有着积极的促进作用。听课的8个细节和11种复习方法，如图3-4和图3-5所示。需要注意的是，运用思维导图记笔记，不是为了简单地记录知识点，而是要建立起各种各样的联系，这些联系包括以下三个部分。

1.老师讲课的线索。在听课过程中，学生可以用思维导图记录老师的讲课思路，把零碎的"珍珠"串成"项链"，这样可以帮助学生从老师的思考视角对知识进行加工。把零碎的知识串连成有机整体，扩大组块的容量，减少组块的数量，降低学习者的认知负荷。

2.新知识自身的内在联系。老师讲课的线索依然是线性化的，学生在听课时需要不断发现知识内部的联系，还原知识本身的内在结构。

3.新旧知识之间的联系。在听课过程中，及时把自己的理解添加到思维导图中，这样新旧知识就有效建立起了联系。

（五）用思维导图辅助演讲（发言）

广义的演讲，是指在公众面前发表自己的观点，不仅包括正式的公众演讲，也包括在课堂上的发言。演讲通常分为有稿演讲和即兴演讲。学生在课堂上的发言通常以即兴演讲为主。

对于即兴演讲，主要困难莫过于不知道讲什么（没内容）、不知道怎么讲（没思路）和心理上的慌乱。而没内容和没思路是导致慌乱的主要原因。如果在即兴演讲前，用几分钟时间在纸上简单画个思维导图，一边激发思维一边整理思维，这样就会做到心中有数。思维导图可用于演讲前的准备，以及演讲中的思路指引。思维导图可以帮助演讲者聚焦在中心主题上，快速发散思维，确定与主题相关的各种想法和资料，然后再对这些内容进行精简和归类整理，确定演讲的逻辑结构，进行时间分配，确保在规定的时间内详略得当地完成演讲。

（六）用思维导图考试

用思维导图进行考试有以下五个步骤。

1.仔细阅读考试内容，思考问题时用微型思维导图，把跳入脑海的想法记下来。

2.按照先易后难的顺序回答问题，估算回答每个问题所需要的时间。

3.对全部答题做一次快速的思维导图速射，探索所有问题的各个细节，而不必计较某个时候，回答某个具体问题。

4.用思维导图快速搭建答题框架。

5.当搭建起答题框架时，使自己自由穿梭于已有的知识结构中，做到前后参照，特别是体现解题富于创造力，这样得高分便是顺理成章的了。

（七）用思维导图做团队工作计划

"凡事预则立，不预则废"。由于工作计划需要落实到个人身上，所以需要分解为针对每个人的个人计划。可见团队工作计划和个人计划有着密切的相关性。团队工作计划与个人计划又有着很大的不同：一是目标不同，个人计划的目标是让个人更好地支配时间，在获得最大产出的同时，拥有更多的自由度，而团队工作计划的目标，则是为了更好更快地完成工作；二是约束条件不同，个人时间管理是围绕个人目标选择任务，受约束的主要是个人的时间，而团队工作计划则是围绕工作目标调集多方资源，包括人力、财力和物力等，受约束的是各方资源。可见，团队工作计划比个人计划的复杂度更高，更需要思维导图的支持。

用思维导图做团队工作计划的同时，不仅要清晰地给出目标、任务和时间，还需要明确的任务分工和完成标准。

（八）用思维导图进行项目管理

在项目管理中应用思维导图，可以提高管理效率，其作用体现在以下六个环节。

1.制定整体项目方案，先制定项目的人员安排、时间规划、资金流动、实施步骤、经费预算、预期成果等方面的详细方案。

2.制订子项目行动计划，并且在项目结束后，完成子项目总结报告。

3.促进项目组成员间的交流和沟通，项目实施过程中，使用思维导图组织会议，并结合运用头脑风暴等方法。

4.监控项目进展，对照项目计划核实项目进度，适时调整。

5.辅助项目文档写作。

6.辅助项目总结。

利用思维导图开展项目管理的作用在于：项目进行的全过程都是清晰地、有条理地被可视化出来的，这对项目组成员间的协作交流、项目进程的掌控，都有巨大的促进作用。

第四章　创新思维的方法

第一节　发散思维

创造性思维就是不断用猜想和反驳去寻找与接近可能的真理。然而，这种猜想在多样化选择的大自然面前却是低概率的。于是，发散性思维便成了一切创造的最初条件。正如两次诺贝尔奖获得者莱纳斯·鲍林说的："要想产生一个好的设想，最好的办法是先激发大量的设想。"这句话一针见血地指出了创造性思维的本质。所以，美国心理学家吉尔福特才坚持说："发散思维是创新思维的核心。正是在发散思维中，我们才看到了创新思维最明显的标志。"发散性思维的概念早在1918年已经由伍德沃斯提出，经由奥斯本具体分类，直至科学史专家库思在其重要著作《必要的张力》中进一步阐述，经过无数创新学者的研究，已经成为一门显学。根据发散思维的形式，可以将发散思维分为结构发散、因果发散、属性发散、关系发散、功能发散五种类型。

一、结构发散

结构发散是指以某事物的结构为发散点，设想出利用该结构的各种可能性。

二、因果发散

因果发散是指用发散思维的方法寻找事物间逻辑上的因果关系。因果发散创新思维是指以事情既成的"果"为辐射源，以"因"为半径，全面进行思维发散，以果溯因推出产生某一结果的可能原因，找出解决问题的突破口。

三、属性发散

属性发散是以某种事物的属性（如形状、颜色、音响、味道、气味、明暗等）为发散点，设想出利用某种属性的各种可能性。

四、关系发散

关系发散就是尝试思考某一特定事件所处的复杂关系，从中寻找出相应的思路。在发散思维面前，事物不存在唯一的解释，所有我们认为天经地义的事件和关系，都有可能存在另一种解，即使是附庸，也不失一种调侃之趣。

五、功能发散

发散性思维不仅要求将事物的关系、属性、结构等看成是一个多元开放的系统，更希望在系统的功用上进行发散性思考。

第二节　联想思维

世界是普遍联系的，我们要探索、发展、创新，就需要以一种能够由此及彼、由无到有、由一到无限的思维方式来对这个世界进行思考，联想思维正是我们解开这盘根错节的"坚利"工具。生理学家巴甫洛夫认为，联想是由两个或两个以上刺激物同时地或连续地发生作用而产生的暂时神经联系，是在头脑中由一事物想到另一事物的心理活动。通过联想，每个人都能把输入大脑的信息串联起来，构建出独特的思考网络。也就是说，联想可以克服两个概念在意义上的差距，把它们联结起来，其生理和心理机制是暂时的神经联系，也就是神经元模型之间的暂时联系。

联想思维作为探索未知的一种创造性思维活动，它是关于事物之间存在普遍联系观点的具体体现和实际运用。没有存在于事物之间的客观联系，联想就很难发生，离开事物之间客观联系的联想只是幻想。联想与想象的最大差别在于联想是有迹可循的，而想象则比较随机，没有明显的思维轨迹。一般而言，存在相似联想、接近联想、对比联想与自由联想四种联想方式。

一、相似联想

在生活中，不同事物之间可能存在相似点或相同点。相似联想可以把不同的事物联系起来，联系的纽带是不同事物的相同点或共同点。简单来说，相似联想是一种类推性联想，是指由一事物想起性质、特点、功能等相似的另一事物。事实上，相似联想是暂时联系的泛化或概括化的表现。泛化是对相似事物还未完全分辨清楚时所作的反应。客观世界发展过程中的相似现象，经常会反映到人们的头脑中来。所以，人们总是在自觉或不自觉地按照相似的规律，不断地去认识世界和改造世界。总结人们在认识世界和改造世界过程中的有效活动，探索客体和主体在发展过程中的相似现象之间的内在联系和基本规律，无疑能够增强我们对事物发展方向的预见性，使我们在认识过程中少走弯路。相似联想不仅在我们探索世界的活动中扮演领航员的角色，它在创意的形成过程中也发挥着独特的魅力。

二、接近联想

世界上没有任何真正孤立的存在，也没有事物能脱离自身生存系统独立于世界。无论什么都摆脱不了时间的羁绊，我们总是在时间或空间上保持一定的联系。时空上接近的事物在我们的经验或潜意识中总是很容易形成连接，比如，提到肯德基，就会想起麦当劳；提到美国，就会想起夏威夷和拉斯维加斯；提到《西游记》，就会想起孙悟空的神通；提到金庸，不可能不想起他的武侠小说；说到武侠，自然想起快意江湖；提到江湖，就不得不谈谈英雄与红颜……这一切就像一条蛇形链，环环相扣，接踵而至。

三、对比联想

对比联想亦称相反联想，是指从一事物联想到性质、特点相反的另一事物，是由对某一事物的感知或回忆引起和它具有相反特征的事物的回忆而形成的联想规律。

四、自由联想

自由联想虽然会占去人相当多的时间，但也绝不是在浪费时间，虽然是无意识控制时的单纯思维，但它却是有目的思维的基础。自由联想是没有规律和逻辑的。但"乱想"也不是没有任何联系的事物的堆砌，它与平时工作、学习时的思维相比，仅在于它没有很强的目的性和功利性，其内容经常表达我们内心的深层愿望，而这些愿望平时不被我们所意识。如果将有意志控制的、有目的的思维比作冲刺的话，那么自由联想则是散步。大脑在自由联想时可以变得异常活跃，可以从眼前的具体事物中摆脱出来充分展现出内心的愿望，让自己看到平时所忽略的内心真实面貌。因此，经常进行自由联想会使我们的大脑更具有创造力，它大都能产生许多出奇的设想，往往会使我们收到意想不到的创造效果。

第三节 形象思维

　　最抽象的东西往往也是最形象的东西，最抽象的宇宙图景常常需要借助于最形象的物象来思维，在具象性的思考中一步步建构起无限抽象的帝国。"形象"这个概念是19世纪以俄国的别林斯基为代表的文艺理论家在研究文学创作问题时提出的，"形象思维"这一术语最早的应用者为苏联家法捷耶夫。形象思维又称"直感思维"，是指以具体的形象或图像为思维内容的思维形态，是人的一种本能思维，人一出生就会无师自通地以形象思维方式考虑问题。

　　形象思维顾名思义就是以"形象"为载体，"形象"的表现需要借助各种各样的方式以及手法，在这里我们把这些方式、手法等称为形象思维媒介。眼睛是五官中对事物反应最直接快捷的，因此我们对于视觉形象总是最容易接受理解，具有强烈震撼力和冲击力的图像总是能够在我们的心中引起波澜。人类早在有文字之前就已经开始用简单的绘画以及象形文字来表达和交流。图像再现了我们内心的情感以及我们的眼睛看到的世界是怎样的，甚至是我们的精神世界。人类的视觉、听觉、嗅觉、触觉、味觉是可以通过形象思维的作用而互相兑换的，然后以不同的形式表现出来。因此，触感变得可以尝出味道，声音变得摸得到、看得到，颜色和光亮变得听得见。正是有了形象思维，我们可以让很多无形的、抽象的东西变得鲜活可感。我们就能够利用这些"形象"来进行创新。

　　形象思维具有形象性、非逻辑性、粗略性、想象性四个特征。

（一）形象性

　　形象性是形象思维最基本的特点。形象思维所反映的对象是事物的形象，思维形式是意象、直感、想象等形象性的观念，其表达的工具和手段是能为感官所感知的图形、图像、图式和形象性的符号。形象思维的形象性使它具有生动性、直观性和整体性的优点。

（二）非逻辑性

　　形象思维不像抽象（逻辑）思维那样，对信息的加工是一步一步首尾相接地、线性地进行，而是可以调用许多形象性材料，一下子合在一起形成新的形象，或由一个形象跳跃到另一个形象。它对信息的加工过程不是系列加工，而是平行加工，是平面性的或立体性的。它可以使思维主体迅速从整体上把握住问题。形象思维是或然性或似真性的思维，思维的结果有待于逻辑的证明或实践的检验。

（三）粗略性

　　形象思维对问题的反映是粗线条的反映，对问题的把握是大体上的把握，对问题的分析是定性的或半定量的。形象思维通常用于问题的定性分析，而抽象思维则可以给出精确的数量关系。因此，在实际的思维活动中，往往需要将抽象思维与形象思维巧妙结合，协同使用。

（四）想象性

想象是思维主体运用已有的形象形成新形象的过程。形象思维并不满足于对已有形象的再现，它更致力于追求对已有形象的加工，而获得新形象产品的输出。所以，想象性使形象思维具有创造性的优点。这也说明了一个道理：富有创造力的人通常都具有极强的想象力。

第四节　系统思维

人的生命是完整的，客观的世界是系统的，我们面对的世界也是变化的、整体的，因此，必须从整体上把握世界，而要从总体上认识原事物相互间的关系，就需要综合，需要系统思维。所谓系统，是指由若干相互区别、相互作用、相互联系的要素按一定方式组成的有机统一整体。简单来说，系统是由两个以上要素组成的整体，系统各要素之间，要素与整体之间，以及整体与环境之间都存在一定的有机联系。系统具有集合性、相关性、整体性、结构性、开放性等特点。系统思维的基本着眼点是整体性、综合性。系统思维是一种开放、动态、互动的思维方式，它将各种现象事物都看成是互相牵连、彼此相关的。在整个系统中，往往一个不易察觉的小小的行动或要素，就可以牵一发而动全身，产生巨大的影响。系统思维是常用的创新思维方式，具有整体性、结构性、立体性、动态性、综合性的特点。

系统思维的整体性是由客观事物的整体性所决定的，整体性是系统思维方式的基本特征，它存在于系统思维运动的始终，也体现在系统思维的成果之中。坚持系统思维方式的整体性，首先必须把研究对象作为系统来认识，即始终把研究对象放在系统之中加以考察和把握。其次还必须把整体作为认识的出发点和归宿。也就是说，思维的逻辑进程是这样的：在对整体情况充分理解和把握的基础上提出整体目标，然后提出满足和实现整体目标的条件，再提出能够创造这些条件的各种可供选择的方案，最后选择最优方案实现之。

系统思维方式的结构性，就是把系统科学的结构理论作为思维方式的指导，强调从系统的结构去认识系统的整体功能，并从中寻找系统最优结构，进而获得最佳系统功能。

系统思维方式是一种开放型的立体思维。它以纵横交错的现代科学知识为思维参照系，使思维对象处于纵横交错的交叉点上。在思维的具体过程中，系统思维方式把思维客体作为系统整体来思考，既注意进行纵向比较，又注意进行横向比较；既注意了解思维对象与其他客体的横向联系，又能认识思维对象的纵向发展，从而全面准确地把握思维对象的规定性。

系统的稳定是相对的。任何系统都有自己的生成、发展和灭亡的过程。因此，系统内部诸要素之间的联系及系统与外部环境之间的联系都不是静态的，都与时间密切相关，并会随时间不断地变化。这种变化主要表现在两个方面：一是系统内部诸要素的结构及其分部位置不是固定不变的，而是随时间不断变化的；二是系统都具有开放的性质，总是与周围环境进行物质、能量、信息的交换活动。因此，系统处于稳定状态，并不是说系统没有什么变化，而是始终处于动态之中，处在不断演化之中。

综合，本身是人的思维的一个方面，任何思维过程都包含着综合和综合的因素。然而，系统思维方式的综合性，并不等同于思维过程中的综合方面，它是比"机械的综合""线性的综合"更为高级的综合。它有两方面的含义：一是任何系统整体都是这些或那些要素为特定目的而构成的综合体；二是任何系统整体的研究，都必须对它的成分、层次、结构、功能、内外联系方式的立体网络做全面的、综合的考察，才能从多侧面、多因果、多功能、多效益上把握系统整体。

第五节　逆向思维

逆向思维，是指对现有事物或理论相反方向的一种创新思维方式，它是创新思维中最主要、最基本的方式。运用逆向思维可以从以下三点把握。

（1）面对新的问题，我们可以将通常思考问题的思路反过来，用常识看来是对立的、似乎根本不可能的办法去思考问题。

（2）面对长期解决不了的问题或长久困扰着我们的难题，我们不要沿着前辈或自己长久形成的固有思路去思考问题，而应该"迷途知返"，即转换现有的思维，从与其相反的方向来寻找解决问题的办法。

（3）面对那些久久解决不了的特殊问题，我们可以采取"以毒攻毒"的办法，即不是从其他问题中来寻找解决特殊问题的办法，而是就从特殊问题本身来寻找解决办法。

逆向思维是一种科学复杂的思考方法。因此，在运用它时，一定要对所思考的对象有全面、深入、细致的了解，依据具体情况具体分析的原则。绝不能犯简单化的毛病，简单化只能产生谬误，它同需要严密科学的创新思维是没有缘分的。

逆向思维就是反向思维，它是人类思维的一种特殊形式，具有普适性、新奇性、叛逆性的特点。

（一）普适性

逆向思维几乎在所有领域都具有适用性，从本质上讲，它是世界的对立统一性和矛盾的互相转化规律在人类思维中的表现。当常态思维"山穷水尽疑无路"时，将思路反转，有时会意外地"柳暗花明又一村"。逆向思维是一种辩证思维，它不同于一般的形式逻辑思维，思路发生剧烈变化要求人们跳出单向的线性推导路径，在逻辑推理的尽头突然折返。

（二）新奇性

逆向思维作为一种特有的生存智慧，处处能产生出奇制胜的效果。逆向思维的最大特点就在于改变常态的思维轨迹，用新的观点、新的角度、新的方式研究和处理问题，以求产生新的思想。

（三）叛逆性

所谓逆向思维的叛逆性，是指在思想的深处运用一种"对立的方法"透彻地思考某一特定难题，以便获得一种与众不同的解决难题的新途径。逆向思维就是能从相互矛盾的事物中，从矛盾着的事物的多重属性中分辨出利弊，将其转化。

第五章 制定创新战略

第一节 创新战略的选择

要清楚地知道你的企业如何创新。在这方面没有一个可供选择、通用的战略菜单。每个企业的管理团队都应根据实际情况，制定自己的创新战略，并选择合适的时间来实施。创新战略应有利于经营战略的实施，并应根据经营战略和竞争环境来安排创新工作的数量和创新方式（渐进式、半突破性或突破性创新）。创新的时机很关键。让全体员工了解创新战略也是至关重要的，因为如果不清楚创新战略的内容，主要的战略执行者就会步调不一致，这样就无法实现成果创新。

一项调查显示，一些企业之所以能比其他企业获得更为显著的创新成果，是因为它们更热衷于创新。但是，仅有热情是不够的，还应制定切实可行的创新战略。根据资源投放的集中度和分散度，我们将创新战略分为两类：必胜战略和不输战略。

一、必胜战略

必胜战略的目标在于获得无法被竞争对手轻易、迅速模仿的极为重要的竞争优势。采用必胜战略的企业首先应该明确：我们对创新进行投资的目的不是获得短期竞争优势，而是使企业成为市场领导者，获得长久战略优势。必胜战略侧重于半突破性创新的战略，该战略可以改变整个企业，并且生产可以改变市场的创意和产品。采用必胜战略的企业工作重点是将新的技术或商业模式推向市场。坦白地说，它们的全部家当就是一项新技术或新的商业模式，它们将全部希望都寄托在这上面。采用这一战略的小企业的失败率极高，这说明采用这一战略的风险极大。这些风险取决于能否开发出可以产生价值的技术，是否可以开发出适用于这些技术的市场，管理者能否实施好这一战略。另一个导致其失败的原因是，它们只对一两项创新进行投资，而没有对创新组合进行投资，这使它们的必胜战略极具风险性。

最初采用必胜战略的网络公司为我们提供了很多成功和失败的案例。网上货车公司（Webvan）就是一个失败的案例。该公司筹集了 7 亿多美元的资金，但是，为了采用一项新技术创建一个新的商业模式，该公司在不到 4 年的时间里将这笔资金全部耗尽，该公司的想法是用网络取代超市，让消费者可以像在超市里那样在网上挑选商品，它再将产品送到消费者的家中。该公司采用的技术是一种网络软件，当时该技术尚不成熟，它还不能算是最新的技术。在创建商业模式时，它认为新的商业模式可以改变人们的购物习惯，消除商品占用货架的费用，使集中仓储的费用变得更低。该公司面临极大的风险，因为它所采用的技术，特别是商业模式都是新的，但是回报也是很高的，最高的市值曾达到 88.1 亿美元。尽管公司有着明确的必胜战略，还是在 2001 年 7 月结束了自己的业务。

与此相反，同样采用必胜战略的亚马逊公司就获得了成功。亚马逊公司也采用了新技术与改变了消费者的购书习惯和图书供应链的新的商业模式，所以它也面临与网上货车相似的风险。亚马逊采用了一种销售图书的"最佳方法"，而在 20 世纪 90 年代初，各个种类的图书都是被一起出售的（因为不可能做到只配送一种图书）。该公司至今仍得益于这一流程方面的创新。它也是通过必胜创新战略来占有市场的，但它能够借助这一战略创造出一个通过网络销售图书和其他商品的成功的商业模式。

多数的老企业不需要像新企业那样孤注一掷。庞大的资源优势使得它们可以投资于创新矩阵中的各个方面，从而有效地降低风险。很多大企业（如通用电气、苹果电脑和索尼等公司）都会根据企业的整体战略来制定明确的必胜战略。为了通过不断创新来推动企业各项业务的发展，它们会投资于创新组合。丰田汽车创新的精益制造和所推出的普锐斯牌汽车就是必胜战略的产物。

对于多数企业来说，在某些时刻采用必胜战略是一种很不明智的做法。当时的内外部环境可能会使采用这一战略的风险变得很大。有时候，采用不输战略会更有利，因为企业可以通过大量的渐进式创新在适当的时机超过竞争对手。

二、不输战略

有时候，不尽如人意的内外部环境，例如，外部竞争激烈或具有极高的不确定性（如有很多强大的竞争对手、政策法规，以及由于法规的变化和经济的不明朗而导致的极高的不确定性），使得企业无法采用必胜战略。这时，应采用不输战略。同样地如果企业内部具有明确的局限性（如缺乏足够的资源和创新文化），采用必胜战略也不是明智之举。在这种情况下，采用必胜战略的成本和风险可能高于其所带来的收益。

采用不输战略的企业通常会进行比采用必胜战略的企业多得多的渐进式创新，目的是可以快速但不至于太冒险地与竞争对手并驾齐驱，甚至超过它们。强生公司就很擅长采用不输战略，具体的方式为拓展产品线，降低成本，以及收购。在没有很多优势产品时，它会以不输战略来控制竞争态势，直到有利于它的时机出现。现代集团最初采用的也是不输战略。

有时候只借助不输战略而不采用必胜战略，企业也能成为行业领导者。采用不输战略的企业所处行业的分散程度通常很高，鲜有技术创新和商业模式创新。在这种环境下，成功的企业往往是以不断地进行技术和商业模式的渐进式创新来击败竞争对手的。采用不输战略成了这种行业的一种定式，所以处于这种行业的企业就像是在跑马拉松，胜利者是那些能够坚持、不断创新的企业，而不是那些有爆发力的企业，或许这样的企业也会投资于半突破性创新，但其投资的目的不是采用必胜战略，并依靠突破性创新来改变整个行业。

但是，采用不输战略的企业也会面临很大的风险。如果他们想从采用不输战略转为采用必胜战略，并将精力放在半突破性创新和突破性创新上，将会对竞争对手有利。一旦他们决定这样做，将会缺乏进行半突破性创新和突破性创新的能力，以及缺乏在新的环境中竞争的能力。还有一种危险是，认为自己所采用的不输战略是行之有效的。美泰公司（Mattel）就有过这方面的教训，2001年推出的"闪电小天后"（Bratz）洋娃娃品牌（由MGA娱乐公司生产）使美泰生产的芭比娃娃的销量大幅下滑。

环顾某个行业，你会发现那些采用不输战略的企业似乎都是为了规避风险，所以不愿意第一个将风险极大的半突破性或突破性创新成果商业化。其实，这并不是这些企业的管理者的初衷。有时，企业之所以会采用不输战略，是因为管理者没有明确的必胜战略。于是，采用不输战略就成了在企业中无法就如何才能获得成功达成共识时的一种妥协。这种妥协似的做法是极其危险的，因为这会降低战略实施的有效性。如果员工们不清楚战略意图，就无法高效、快速地去执行。所以管理者的任务就是制定明确的战略，并在企业内部广泛宣传。

有时人们会认为不输战略就是"紧跟者"战略，这种观点是错误的。不输战略不仅限于紧紧跟随竞争对手。要想通过采用不输战略获得成功，就要采取主动出击和迅速回击的组合方式，只有这样，才不至于损耗自己的优势，让竞争对手得到更多的好处。所以，在采用不输战略时，不应采取以下做法：将全部精力都放在"跟随"上，以致最终不再想参与竞争，创新能力也所剩无几。此外，因为只想着紧跟，无意中放弃了很多创新机会。而那些善于紧跟的企业通常会比创新企业更成功，因为他们会利用自己能够快速模仿的能力，迅速地紧跟创新企业，并利用这些创新企业在诸如营销、分销、产品研发或流程技术等方面的优势，击败创新企业。

近年来，美国电力行业的竞争和法规环境使得电力企业不得不采用不输战略。20世纪90年代，很多电力企业都试图进行创新，但是急剧变化的法规环境以及创新企业的失败使主要的电力企业不得不采用不输战略。在过去的五年甚至更长的时间里，主要的电力企业所采用的都是不输战略。

后来，电力行业发生了重大变化，一些企业开始考虑转为采用必胜战略。例如，安特吉公司（Entergy）的前任CEO约翰·怀尔德（John Wilder）于2004年初成为得克萨斯公用事业公司（TXU）的总裁兼CEO。在对投资人所讲的一番话里，他强调说得克萨斯公用事业公司采用不输战略的日子已经结束，他的目标是要让该公司成为行业领导者。紧接着，像联合能源集团（Constellation Energy Group）、领土资源公司（Dominion Resources）、桑普拉能源公司（Sempra Energy）和英国煤气（Centrica）这样的企业的CEO们也纷纷树立了新的目标，并转为采用必胜战略。

对于该行业的其他企业来说，如何应对这些主要电力企业转为采用必胜战略的局面，成了它们必须面对的主要问题之一。如果这些企业不能迅速地转为采用不输战略，或者缺乏安全地转为采用不输战略的能力，就会陷入不输战略的陷阱，此时选择采用不输战略固然是一个明智的选择，但如果被迫采用不输战略，那将意味着管理上的失败。

在另一个能源行业中，主要的石油企业在2003—2004年开始减少它们在开发新油田方面的投入。世界最大的能源集团埃克森美孚（Exxon Mobil）的CEO李·雷蒙德（Lee Raymond）说，他相信世界最大油田的绝大部分都已被开发了，剩下的投资机会要等到俄罗斯、伊拉克和利比亚的政治问题得到解决后才会出现。石油开采正在减少的现实使像哈里伯顿（Halliburton）和斯伦贝谢（Schlum-berger）这样的以石油服务行业为主的企业不得不对其创新战略重新考虑：此时是采用必胜战略的恰当时间吗？

当这两家大企业和规模次之的企业都在考虑这一问题时，该行业中诸如威德福（Weatherford）和BJ Services这样的小企业也在为此抉择：对于小企业来说，此时是否应当采取必胜战略，从而使企业得以发展成为行业领导者？在2005年做出的这些战略决策将会影响到未来几年石油服务行业的发展。

除了电力和石油服务行业之外，很多其他行业的企业也面临该在何时转为采用必胜战略的抉择。例如，生产个人护理产品的企业一直都在为企业的生存而努力，整个行业都因采用了不输战略而陷于困境。很多企业关注的是降低成本并通过渐进式创新增加销售额和利润。像萨特健康中心（Sutter Health）这样的一些企业的财务状况得到了明显改善。于是，一些盈利企业决定采用必胜战略，因为它们认为，这是个获得竞争优势的好机会。由于该行业的几个重要企业决定转为采用必胜战略，因此该行业的竞争态势可能会发生重大改变。

第二节　影响创新战略选择的因素

面对快速发展的经济，任何商业模式和战略总是显得有些过时，因此企业应该随时调整其创新战略，以更快的速度制定战略。影响企业进行创新战略选择的因素有很多，包括内部因素与外部因素两类（见表 5-1），这些因素共同决定着企业的创新战略选择。为更好地阐述内外部因素对企业创新战略选择的重要意义，本节中企业创新战略采用新的分类方法，即根据对资源的利用方式分为资源利用战略和资源获取战略。资源利用战略一般针对企业在市场上推出新产品或新服务。上一节中的必胜战略即一般意义上的资源利用战略。而资源获取战略的目标在于企业获取其本身所不具备的技术和能力，其中，不同企业间甚至跨国的技术采购以及企业技术合作都属于资源获取战略。资源获取战略可视为不输战略的重要组成部分。

表 5-1　选择创新战略时应考虑的因素

内部因素	外部因素
技术能力	外部网络的能力
组织能力	产业结构
现有商业模式是否成功	竞争态势
资金	技术更新的速度
高层管理者的愿景	

一、内部因素

内部因素包括如下几个方面：

（一）技术能力

技术创新的多少取决于企业现有的或可以通过其网络获得的技术能力，如果一个企业只拥有营销能力，且一直都在进行渐进式创新，那么它在转为进行半突破性创新时将会面临很多问题。企业的技术资源水平越高，越有可能同时采取资产利用战略和资源获取战略，即混合型战略。一般情况下，高新技术企业在竞争激烈的市场环境中生存主要取决于自身的创新能力，因此进行大量研发投资的企业更有可能在创新和技术突破方面参与竞争并获得竞争优势。研发投资会增加企业选择资源利用战略的可能性。另外，对知识创造和开发新产品非常积极的企业更有可能成为其他企业的合作伙伴，从而实现双向知识转移，企业从合作伙伴处获得的任何知识都有可能增加自身知识的多样性和加快知识的更新速度，从而提高企业的知识创造和创新能力。

（二）组织能力

能否进行创新还取决于企业是否具备进行创新的组织能力，如果不具备组织和管理能力，就不可能进行突破性创新。企业的组织能力越强，越有可能采用资源利用战略。企业内部利用一系列复杂的组织技术，如质量管理系统、准时生产、持续改进、质量圈或质量小组、内部生产手册等，有助于企业的价值链管理，而价值链管理可以帮助企业建立成本优势，包括组织生产体系在内的组织层面一系列"好的实践"不仅能够指导管理者实现高效率的生产，还有助于企业创新。复杂的组织技术或组织能力，有助于企业在运营过程中有效协调和管理相应的知识，帮助企业实现成本及产品或服务创新方面的竞争优势。

（三）现有商业模式是否成功

有很多关于成功企业在进行创新时遇到困难的记录，其中经常会提到核心能力往往会变为核心阻力，现有的商业模式越成功，进行创新的阻力就越大。

（四）资金

进行创新需要足够的财力，但是具备过多的财力与具备过少的财力同样危险。如果资金不够充裕，企业就会仔细规划并在进行大规模投入之前认真测试商业模式。因此可能因为较差的风险承受能力而选择放弃更大程度上破旧立新的项目。而具备过多的财力可能带来盲目投资无用创新项目的风险。总体而言，充裕的财力会使企业同时采取资源利用战略及资源获取战略，即混合型战略。

（五）高层管理者的愿景

高层管理者们应该担当起制定并改进企业创新战略的职责。激进的管理者倾向于采取资源利用战略，以求获得新产品市场。反之，保守型管理者倾向于采取资源获取战略，以达到稳中求进、降低风险的战略目标。

二、外部因素

除了内部因素以外，外部因素也是在选择创新战略时应当考虑的因素。

（一）外部网络的能力

可以接触到相关能力这一点很重要，开发新技术和新的商业模式通常需要与具备互补性资源的其他企业共同合作。因此，需要构建一个可以触及企业内外部的网络。创新战略的实施越来越取决于企业是否具备可以与合作伙伴持久联盟的能力。组建或参与一个组织完善的外部网络，横向或纵向产业链上的不同企业相互交流，更有利于个体企业资产获取战略的实施。

（二）产业结构

通过对行业的认真分析可以发现进行创新所面临的主要障碍和机遇，了解行业的供应链情况，分析企业及其成为主导企业的原因、进入壁垒，对于创新战略的制定是十分重要的。对于产业结构较为完善、进入壁垒高的相关产业，相关企业采取资源获取战略更有利于保持其市场地位。而对于进入壁垒低、产业结构仍在发展构建的产业，相关企业更应该采取资源利用战略，尽早获取市场优势，占据有利地位。

（三）竞争态势

你的企业以及你的竞争对手的创新质量和速度，将决定市场今后的发展情况。你的企业可能已经占据了十分有利的地位，但是竞争对手会进行创新，新企业也会进入，一些有用的问题包括：你的竞争对手所采用的战略是否足以让你考虑采取资源利用战略？采用资源获取战略是否要更好一些？如果你的企业没有一位创新领袖，是否可以聘用一位外部人员？

（四）技术更新的速度

今天的技术越来越先进了，产品的生命周期越来越短了。如果你的产品正在被新产品取代，应该在你的产品被淘汰之前发现其中的变化，进而采取资源利用战略，开发新产品，在新产品市场中占据有利地位。有时，能够长时间生存下去的产品会使得生产企业对新趋势视而不见，这样的企业最终会被竞争对手赶超。

应该针对以上因素不断更新、改进你的创新战略，但是好的战略是没有定式的，因为虽然企业的竞争环境可能是相同的，但是每个企业都有其独特性。对于一个企业可能是威胁并导致其采用资源获取战略的因素，而对于另一个企业来说可能意味着机会。

第三节　创新战略与风险管理

创新离不开风险，因此，做好风险管理，风险规避准备是创新过程管理的关键。进行何种创新决定着需要管理何种风险，应该通过风险管理流程将企业所面临的风险降到最低限度。

一、创新战略中的风险识别

创新风险是指技术创新过程中的不确定事件或条件，它的发生将对创新项目的目标产生积极或消极的影响。可能产生积极影响的事件称为机会，可能产生消极影响的事件称为威胁（或危机）。企业如果不能识别出不确定的事件或条件，对创新项目的风险的后续分析和采取对策也就无法进行。风险识别是风险管理中的第一步，也是一项具有强大挑战性的任务，对风险的识别是一种对将来不确定事件的预测，任何企业都不可能识别出100%的风险。但企业可以运用各种方法，包括专家评审法、头脑风暴法、模拟比较法、检查单法、顶层风险矩阵表等方法来帮助自身尽可能完全地识别风险。本书将企业创新风险归纳为战略层次（决策风险）、组织层次（组织风险、资金风险、信息管理风险、企业文化风险、外部环境风险）、项目层次（技术风险、市场风险），共三层八类。

（一）战略层次

战略层次的风险指决策风险。企业决策者可能决策失误。技术创新是关系全局的活动，对决策者提出了很高的要求。决策者如果缺乏长远的眼光和全局性观点，有可能进行错误的技术创新决策。如选择了错误的战略类型，或技术创新项目与战略定位不相符，或战略时机把握不准，面临潜在机会但退出市场从而错失可能的巨大利润，等等。战略层次的风险具有全局性，因而无论是危险还是机会，其结果都会使损失或利润得到放大。

（二）组织层次

组织层次的风险因组织机构、规模、所处环境、管理成熟程度的不同，可分为组织风险、资金风险、信息管理风险、企业文化风险和外部环境风险。

1.组织风险。企业的组织结构可能不适合技术创新。适合的组织结构可以使创新所需的各种资源进行适当的组合，从而使创新活动顺利进行；而散乱的组织结构会导致职责不清、内部消耗严重从而使创新活动缺乏必要的资源，最终导致创新失败。组织结构可能僵化。新的产品或服务进入快速成长期后，企业规模可能高速扩张，对人员、设备、原材料、分销渠道等都有增加的要求，如果组织结构过于僵化，不能适应快速发展的要求，整个企业的支撑架构出现超载现象，就有可能导致成本过高、人员素质降低、质量不能满足要求、财务控制失控等现象。决策权可能过于分散，企业在迅速增长期之间或之后，企业高层领导由于精力有限或时间有限而授予下一级经理极大的决策权，而自己只关心资源分配、目标设定、业绩评估等问题，此时非常容易由于下一级经理缺乏全局观、各自为政而单独行动，给企业带来巨大的风险。

2.资金风险。企业可能因没有能力或计划不当而不能在技术创新的各个时段及时供应资金。创新项目计划期间，如果资金供应不足可能会导致根本无法立项或仓促立项。仓促确立的项目如是错误的项目，企业的损失将无法弥补。技术创新项目进行期间，资金供应不足会导致设备、原料的不足甚至关键技术人员的流失，从而导致项目流产，前期投入无法收回。在新的产品或服务投入生产期间，资金供应不足会导致生产设备、原材料、人员的缺乏或工艺的不相称，从而导致生产规模不够、单位成本上升或产品质量的下降。在创新成果引入市场期间，资金供应的不足则可能导致市场引导的不足从而无法开辟、扩大市场，使得无法获取利润甚至不能回收创新成本。

3.信息管理风险。对外部信息的收集不足。企业如缺乏必要的人员或组织设置，或已设置的人员组织的能力不足，对顾客要求和科学技术的发展等外界信息缺乏足够的收集和分析，企业将无法确立创新项目或立项不准确，从而带来严重的后果。内部信息沟通不畅。创新过程中，各种信息的复发性不断增加，传递速度也越来越快，在市场—研发—生产—市场过程中的任一环节中和各环节间如果信息沟通不畅，则可能导致最终的创新失败。信息管理系统能力不足。如果企业创新成果成功引入市场而使企业高速成长，但未对企业原有的信息管理系统进行改造，原有信息管理系统则可能不堪重负，经营风险必随之而至。

4.企业文化风险。组织的惰性过大。在有些企业中，员工不喜欢变革，不肯放弃原有的技术和设备，不肯学习新的技术。技术创新过程中可能阻力重重，甚至可能因此而搁浅。企业内部竞争压力过大有可能产生不利影响。某些企业的领导者相信通过竞争可以优胜劣汰。但过于激烈的内部竞争必然会对员工产生压力，员工可能会因为怕影响在公司的报酬与前程而不惜一切代价获得成功，即使有时做法有悖于职业道德准则。同事之间也将由于感觉到危机四伏而不再相互分享信息，从而阻碍了内部信息流通，最终导致创新项目的失败。成功的领导者可能会不自觉地养成一种不再愿意听坏消息的习惯，那些直言项目存在的困难、潜在危机的人将被视为缺乏勇气的悲观主义者。通常情况下，员工将学会不再向高层传递与创新项目危机有关的信息，从而无法得到正确的决策和来自高层的支持，最终导致创新项目的失败。

5.外部环境风险。宏观政治、经济环境的变化，如通货膨胀、财政金融政策的变化，可能会引起相应的资金风险。法律法规有可能变化。新的法律法规如环保、质量法规的发布可能会使新产品无法继续生产或新工艺不能继续采用，从而使整个创新项目失败。自然灾害的发生。地震、洪水、战争等不可抗力的发生给技术创新项目带来的风险无法回避，但企业可以通过保险等方式进行风险转嫁。

（三）项目层次

1.技术风险。新技术可能不成熟。由于新材料和新方法的采用，或新技术被证实的程度不足，或新技术所要求的产品规范还未开发，导致不确定性增加，从而导致风险的增大。新技术很可能不成功。由于技术人员技术能力的不足，或企业现有整体技术水平不能完成新技术所要求的所有运作环节，便可能导致创新项目终止或延迟。技术转移可能不成功。某些企业采取引进新技术方式以弥补自身技术能力不足的缺点或缩短创新周期，但在从供给方到企业（接受方）的转移过程中，由于技术本身不成熟或技术供给方的供给能力不足而导致转移失败。新技术可能被模仿或被其他新技术替代。高新技术的发展日新月异，如技术本身领先程度不高，可能较容易被竞争者模仿，或被更新的技术替代甚至淘汰。新技术可能与现有生产能力不相容。如新技术与现有技术差别较大，生产设备、生产工艺及生产能力可能不满足新技术的要求，从而导致不能投入生产。新技术要求的原材料可能不可得。新技术要求的原材料或新部件市场上无法取得，供应商无法在一定时期内提供。

2.市场风险。市场可能不接受或晚接受新产品或服务。新产品或服务投入市场后，由于市场引导或宣传的不足，顾客可能会持怀疑态度甚至否定新的产品或服务。即使进行了充分的市场引导，由于新产品/服务的推出时间和有效需求产生时间存在一定时滞，如时滞过长将导致研发资金回收问题。新的市场还未形成，产品可能难以找到确切的用户。企业可以确认有顾客对此类产品或服务有需求，但无法很快了解确切的用户是涉及用户在哪里，从而导致无法尽快确定营销策略以获取利润。市场规模不确定。有时新产品/服务的市场需求已显现出来，但无法预测市场需求的规模，从而可能导致错误的生产及营销策略。市场成长速度不确定。在新产品生命周期的导入期，企业很难预测市场在何时成长以及成长速度如何，如成长期和成熟期短于预期长度，可能导致无法获取应有的利润，甚至导致创新项目的亏损。市场竞争激烈程度不确定。企业很难估计竞争者将采用何种竞争手段与新产品或服务进行竞争。如果竞争过于激烈从而导致价格不能达到预期水平，企业将很难达到预期利润。

二、创新战略中的风险管理

创新并不必然代表着成功，也在一定程度上代表着失败，即创新存在一定的风险。由于受到大量内外部因素影响，如存在不确定性的外部环境因素、企业或者创新研究机构自身创新能力的不足、创新项目自身的复杂特征或者研发难度，使得创新项目没有实现既定目标或者有失败的可能性，即创新风险。创新战略的不合理会加大创新风险，人为提高创新失败的可能性。然而，再有效的创新战略也不能消除风险，只会降低其发生的概率。

　　因此，当决定要采取何种创新战略时，会迅速联想到风险管理。良好的风险管理会使得企业通过及时识别相应变化，调整战略，进而规避风险或减少风险损失。如若竞争环境发生突变，那么进行渐进式创新就会变得十分危险，增大风险发生概率。如果突变不是最近的事，那么加大突破性创新的力度会带来更大的风险。因此，采用必胜战略比采用不输战略所面临的风险更大，因而进行更多的半突破性创新和突破性创新。

　　旨在统领和改变整个行业的企业会对半突破性创新和突破性创新做大量投入，因为它们想借助技术和商业模式创新来创造价值，成为行业领导者。但是为了降低风险，这些企业也会进行足够多的渐进式创新，成为紧跟者。为了应对竞争对手的反应，苹果电脑公司在进行了包括iPod和iTunes在内的突破性创新之后，进行了一系列渐进式创新，推出了迷你iPod，并与惠普分享iPod技术，从而有效地阻止了模仿iPod的低端产品和索尼公司、微软公司提供的网上音乐产品的侵入。

　　进行何种创新决定着需要管理何种风险。应该通过风险管理流程将企业所面临的风险降到最低限度。

第六章　创新型组织

第一节　什么是创新型组织

创新本质上是学习和改变，有时又是破坏性的、冒险的、耗费大量金钱的。创新需要克服惯性和改变现有秩序的决心。重新凝聚经营重心，首先需要明确一个新的愿景，因为"高层承诺"是成功创新中的一种常见做法。在传统的组织中建立专门的创新管理部门可以帮助组织提高创新效率，提高组织的竞争力。但这是不够的，为了更好地适应经济、社会、政治等外部环境的变化，实现组织的可持续发展，企业应该改变思维定势，突破传统的经营管理模式，变革组织结构，构建一种有活力的创新型组织。

一、创新型组织的概念

管理大师德鲁克（P. F. Drucker）认为，创新型组织就是把创新精神制度化而创造出一种创新的习惯。这些创新型组织作为一个组织来创新，即把一大群人组织起来从事持续而有生产性的创新。他们组织起来使"变革"成为"规范"。简单来说，创新型组织是指组织的创新能力和创新意识较强，能够源源不断地进行技术创新、组织创新、管理创新等一系列创新活动。

我国一些学者认为：判断一个组织是否是创新型组织，可以有两条思路：1.考察组织的核心能力是否是创新能力；2.考察组织对创新制度的执行情况、创新的投入和创新的产出等指标是否处于较高水平。他们还进一步从组织环境、创新投入、创新产出等角度建立了测度组织创新程度的定量指标集。3M、惠普、微软、英特尔等公司都是创新型企业的典型代表。例如3M公司的目标是"成为世界上最具创新精神的企业"。我国海尔集团、方正集团、海信、联想集团、华为等一批领先企业也在向创新型企业大步迈进。创新是海尔文化的灵魂，每年新产品研究与开发投入占海尔总销售收入的比重达6%以上。2002年，海尔共开发新产品362个，申报专利662项，平均每个工作日推出1.5个新产品，申报2.6项专利。截至2002年年底，海尔拥有1800项专利，是中国家电企业之最。

为什么要构建创新型组织呢？

在商业领域，创新已经成为竞争战略的基石和产生竞争优势的主要手段。更贴切地说，今天的所有组织为了生存就得创新，要兴旺发达，创新的需要更自不待言。然而，创新至今仍是所有组织面临的最有挑战性和最复杂的问题。创新是一个由不确定性、风险和机会所驱使的活动。实际上，大多数创新都不了了之。对于一个成功的创新而言，彼得·德鲁克指出，那意味着99项的发明都将失败，或者说99项的创新，人们都闻所未闻。此外，在最近的一次调查中，美国管理协会询问了500名首席执行官，问题是：在21世纪，论及企业生存时他们优先考虑的问题是什么。500人几乎都声称，创新是他们优先考虑的问题。但是，当问及他们的创新工作开展得怎样时，只有30位执行官声称他们的创新工作取得了进展。在另一项研究中，尽管人们对创新是增长竞争优势和新财富的唯一持续的源泉逐步达成共识，但是，Arthur D. Little对669家全球公司的执行力所做的调查发现，只有四分之一的公司相信，只有它们的市场定位成功，创新绩效才能产生。

二、创新型组织的"7C"特征

通过合适的战略和方法，在认真保证构建创新组织的注意力和时间的情况下，具备可靠输出成功创新的高效团队可能会出现。正如判定一个群体是否为组织需要，需要调查其是否存在标志一样，创新组织通常要具备以下列示的七个结构性的能力，简称为"7C"。

（一）协作（collaborative）

跨越知识边界作为一个组织的思考和学习的能力，无论对原创性概念的产生，还是解决原创概念所透露的复杂的不确定的问题，都是至关重要的。决策、执行和反馈必须整体制定；否则，复杂并且常常是发散的问题，将会迅速搞垮一个组织。

（二）团结（consolidated）

这是一个组织结合的前景和期望。这实际上都归结为组织拥有的价值。没有相互帮助，成员就不会作为一个组织发挥作用。

（三）诚信（committed）

组织成员要忠于创新的成功结果，还要相互诚信。成功创新是一个良性循环：

成功的创新可能是高效组织的结果，而高效组织也可能是成功创新的结果。

（四）称职（competent）

当然，如果没有同既定结果相关的某种水平的能力，一个组织就不可能开始生产和运作。不过，组织能力是时间和努力的问题，因为任何足够新颖的创新，都将开辟新天地。因此，根据定义，在完全不同领域的能力将会不够用。这又显示出加速组织学习是至关重要的。

（五）互补（complementary）

这一点就是在执行任务和追求目标的过程中，相互补充的、各种各样的技能、诀窍和才能凝聚在一起的能力。

（六）自信（confident）

一个高效的组织具有一种积极的无所不能的态度。此外，杰出的高效组织，还具有无限的耐力。心理学家所研究的几乎任何一个领域，在需要某种能力的组织时，着重强调的一件事情是，当缺乏信心时，绩效会急剧下降。同样，自信是通过协作学习和生产，产生时间和努力的一个产品。

（七）组织精神（camaraderie）

组织精神同其他所有能力一样重要。成员相互之间若没有友爱和共鸣的感觉，相互支持和帮助就不会产生，接下来组织绩效就会下降，当一个项目不走运或达不到期望时，更会如此。此外，互助程度很高时，拓展可能的思考对象的边界——这一点又是创新的必要因素，就有可能更频繁地发生。相反，如果没有组织精神，冒险的可能不存在，创新也随之消失。

第二节　创新型组织的构建

构建创新型组织是企业走向创新最重要的一环。俗话说：100个创新企业有99个会走向失败，唯一成功的企业必须具备完善高效的创新型组织，那么如何构建合适的创新型组织？

一、创新型组织的构建原则

创新型组织有别于企业一般的组织，创新型组织不仅仅注重团队的协作，还需要组织成员发挥自己创造性的特点。构建创新型组织一般遵循以下三个原则。

（一）程序化原则

创新型组织建设不仅仅需要企业内部的运作，还需要针对企业外部的影响因素，在分析企业当下急需解决的创新问题的基础上，利用组织的特点通过培训、组织协作演练、实际案例操作等方法进行组织的构建。

（二）求真务实原则

企业构建创新型组织，无可避免地会借鉴成功企业的经验和教训，但要将经验和教训完全转化为自我的知识，还需要在企业沟通传递中得到升华，其中我们需要结合企业自身的特点，吸取精华、去其糟粕，在这样的经验做法中构建的创新型组织才是最适合企业发展的组织。

（三）循序渐进原则

创新型组织的建设在当下是企业争相进行的热点项目，更多的企业都处在不断摸索的阶段。一套完整的创新型组织创建体系，需要对前人的经验不断总结，不可能一蹴而就。因此，创新型组织需要遵循循序渐进的原则，有条理、系统地开展组织的建设。

二、创新型组织建设的步骤

组织设计是一个动态的复杂过程，包含众多的工作内容，图6-1所示为组织设计的一般程序。

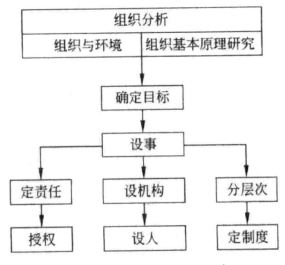

图6-1　组织设计的一般程序

（一）创新型组织的整体结构

创新型组织中，有机械式组织的部分，也有有机式组织的部分，具体要看不同部门的目标和任务以及其运行的方式及特点。

从创新过程来看，创意萌生是发生在员工个体身上的事情，是无法控制的，也无法专门组织，我们所能做的就是建设创新的企业文化和鼓励创新的制度，使员工能提出自己的创意。到发展创新阶段，由于是从一个全新的点子或主意或技术来进行研究和实践，具有不可预知性，因此这时的组织结构是有机式的。当创新取得结果，并经过验证可以应用后，这时的组织结构又回归机械式，因为它的任务是贯彻和执行。我们用图6-2展示创新型组织整体结构。我们将创新型组织分为两部分，其一为创新管理部门；其二为常规部门，也就是剩下的部门。

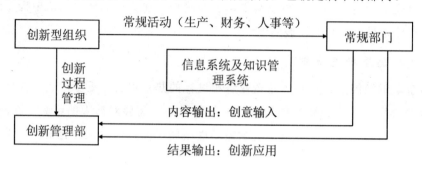

图6-2　创新型组织整体结构

（二）设立新部门

德鲁克认为应该建立独立创新管理部门，人们不可能既创造新事物，又关心已有的事物。为了追求创新，必须在现有的企业结构之外，建立一个独立的组织结构。创新的一般设计原则，是在现存结构之外建立一个作为自主单位的小组。它不是传统意义上的分权化事业部，但它必须是自主性的，独立于现行作业组织之外。一种方式是把这些创新型单位组成一个创新性集团，由高层管理者中的一位成员来领导。这位成员不担任其他工作，只负责指导、帮助、建议、检讨、指挥创新型小组的工作。

通用电气公司（GE）于1952年开始着手从事大规模的改组。这项改组后来成为世界上其他大型企业进行重大组织变革的最初模型。但在当时，通用电气公司并没有弄懂"独立创新管理部门"的原理。在它的改组计划中，每一产品事业部的总经理同时负责现行业务和创新工作，理由是产品事业部的总经理应该而且可以像一个独立企业的总经理那样行事，但最后的结果证明这种思路是错误的。那些事业部总经理需要承担现行业务的压力，没有时间也没有动力从事替代或淘汰自己经营的现有产品的创新工作。通用电气公司从挫折中得出正确的结论，开始把创新项目独立于现存产品部门和产品事业部之外，单独设立了一个企业发展部。

创新是整个企业组织的事，如果没有相应的部门来负责，那就等于不是大家的事。因此，我们需要设立专门的部门来进行管理。暂且将这样的部门称为"创新管理部"。企业组织中所有的创新或创意来源，不可能只发生在创新管理部员工的身上，创新管理部是对创新行为、活动、过程加以引导、组织、控制执行的部门。

1.设事

企业组织中都存在创新活动,有创新成果的企业都是对这种活动进行有效管理和支持的。在创新型组织中更是如此,开发创新成果需要配套机构来支撑。

2.设机构

在创新型组织中,创新是组织目标之一。因此要设立创新管理部门。该部门需要由高层管理者参与管理,需要授予广泛的权力,足以调用企业组的各种资源。

在创新型组织中,创新管理部门与其他各个部门是一种交叉型的关系,如图6-3所示:

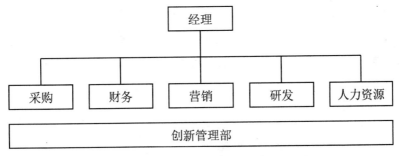

图6-3 创新管理部在组织中的位置

企业组织创新,不是一个部门就能完成的,需要各个部门的配合与支持,更需要获得各个部门所掌握的资源。这样,它就与其他部门建立起了交叉的关系。这种关系是虚拟的,就像3M公司所成立的"产品创新小组",组内调用了各个部门的人员和资源,形成项目小组,项目结束后,这种组织关系义会复原。

3.设人

创新管理部不同于一般的职能部门。职能部门中的人员安排,是按照专业分工进行的,各专业人员进入匹配的部门。在创新管理部,需要更为综合型的人员。下面就从高、中、低三个层次来阐述。

企业创新需要得到高层的鼎力支持,从全局来看,这样可以显示出企业创新的决心。彼得·德鲁克认为,在创新型组织中,高层管理者是创新的主要动力。他们认为自己的职责就是倾听并认真对待各种看法,进行深入考虑,从中发现某些新东西,并对其可行性进行评价。他们运用组织中的各种意见来激发自己,并使各种意见为整个组织所关心。高层管理者对新思想加以思考和加工,使之成为组织的力量和企业遵循的规范。因此,创新管理部需要任命一名高层管理人员担当部门领导者。对于这名高层人员的选择,需要从创造性和远见卓识以及魄力两方面进行考察。对创新管理部门的管理不同于管理其他部门,其所需要的领导气质更是不同。

创新管理部的中层只是发挥协调的作用，其在管理部门的作用类似于项目经理。人员并不是固定的。比如，营销部门有创意出来，那么就需要从营销部内部挑选出一位有经验、有创造性的管理者，参与到这个创新项目中来。如果其他部门有创意出来，那么中层人选也同样在该部门内部挑选。这样安排是为了保证项目管理者充分了解环境和项目发展的方向，以及可能的结果。

基层就是企业组织中所有的人员，因为他们都有可能有创意，都是创新管理部最基层的员工。在创新管理部，所要进行的管理创新活动，都是发自员工，各部门的创新活动，其实来源也是具体员工。

4.定制度

创新管理部门的制度可分为两类：一为部门内部工作制度；二为创新活动管理制度。在内部工作制度制定方面，可根据企业工作制度方面规定，但一定要进行灵活性调整，原则是程序从简，使员工可以灵活作业。

在创新活动管理制度的制定上，需要考虑如下三个方面：考评激励制度、员工接待和监督制度。

三、构建创新型组织的保障措施

（一）培养有创新精神的成员

1.加强培训。创新型组织中积极地对员工进行培训，时刻让员工保持知识的更新和与时俱进是组织建设的重要内容。现代比较先进的组织都很重视学习，现今社会中，信息更新的速度极快，稍一放松就会跟不上步伐，培训可以让员工们充实自己，时刻保持最新状态，意识到技术和组织创新的必要，用更新颖的方法实现组织的跨越式发展。

2.积极引进具有创新精神的员工。具有鲜明创新精神的员工可以感染其他成员坚定不移地将创新想法付诸实施，努力克服阻力，争取创新任务的成功完成。比如，在海尔公司内部对人才的观念是"赛马"而非传统意义上的"相马"。"赛马不相马"的机制就是给每一个员工创造一个开放的环境，带给企业的好处就是可以用新鲜的方法解决许多疑难问题。

3.确定正确的失败观和竞争观。成功的路上难免会有失败和挫折，传统组织都希望在竞争中获得根本的胜利，这就有可能暗示员工拒绝失败。现代组织中对失败的宽容态度可以让员工积极思考，坚持不懈。随着创新活动的进行，组织绩效也许会经历短暂的低谷，但是这些现象可以让员工明白竞争的本来面目，认识到短期内的失败虽然不可避免，但是却会在长期内让组织把竞争对手甩在后面。全体成员要坦然面对失败，勇于承担风险，用新的方式方法解决创新问题。

（二）设计孕育创新的组织结构和文化

1.减少组织的集权化。传统组织中的控制层与被控制层是以命令的形式进行的，根据道格拉斯的X理论，命令式的控制方法可以让不喜欢工作的员工被迫承担责任，从而实现组织目标，但也正是这种方式抑制了员工的创新精神和自我管理的精神，阻碍了个体之间、个体与组织之间的交流，不能激发出创造力和创新精神。如果组织给员工足够的空间，在一定范围内自主地支配自己的活动，那么就可以使员工的创新精神得到鼓励，从而激发员工的创造力和组织的活力。

2.保证充足的资源供给。组织要确保有足够的资源来支持创新建设，这些资源包括资金、物资、人员、时间等。"巧妇难为无米之炊"，员工一旦产生有创意的思想，首先考虑的就是组织是否有足够的资源保证这些想法被转换成现实的产品服务或工作方式。如果某一阶段的成果不尽如人意或者由于采用新想法而带来失败，足够的资源也可以让组织有能力承受失败带来的损失。

3.创建合适的反馈方式。传统组织中的反馈渠道主要就是自下而上型的，领导者根据下级提供的信息做出决策，但是，某些时候，员工们为了个人利益或者其他原因会歪曲或夸大工作成果，如果采用适合的反馈方式，就可以避免因偏听偏信造成的与事实不符，这些反馈渠道可以是360度反馈法、目标管理法、走动管理等。每种反馈方式都有其自身的优点和缺点，组织可以把多种方式综合运用起来，以达到最佳效果。

第三节　建立创新管理部门

创新的重要性已经逐渐被企业所重视。面对日益激烈的竞争环境，一成不变的生产管理模式已经难以适应外部环境给企业带来的冲击。创新成为企业可持续发展的源泉。但对传统的企业而言，创新仍未付出行动，过少的预算、缺乏专门的管理部门、员工创新意识淡薄等都成为影响创新的因素。尽管部分企业中存在开发或研发部门，但这些部门更多的只是关注对产品或者技术本身的创新，至于如何引导更多的员工参与创新、如何将创新的成果转化为经济效益、如何进一步激励创新等都难以解决。因此，要真正地将创新转化为实践，创造价值，我们需要一个专门的创新管理部门。

一、建立创新管理部门的必要性

在传统组织中大都能找到行政部、人事部、财务部、销售部等职能部门，但专门负责组织创新行为管理的部门几乎没有。尽管这些组织内部的创新行为也会得到相应管理，但是这种管理职能被分配到了不同的部门来执行。要构建真正意义上的创新型组织，需要建立专职的创新管理部门，这是因为：

（一）专职的创新管理部门可以保证大量创新管理事务的执行效率

以最基本的工作为例，要负责接收、浏览、评估、反馈来自各级组织成员的创新提案就是一个耗时耗力的任务，尤其是当创新型组织开始挖掘出组织成员的创新潜力后，各种各样的新想法、新点子会如雨后春笋般纷纷涌现，若不能及时处理组织成员的创新提案，就会挫伤他们的创造积极性。但是如果把这样的工作分配给其他职能部门或者直接交给基层领导，难免会被视为本职工作以外的负担，执行的效果很难保证，而且上级部门又很难加以监管和控制。此外，组织内的创新管理工作还包括创新过程的导向与管理、创新相关的信息处理、创新培训的安排、创新能力的测试、创新成果的评估等，这么多的职能与工作量决定了成立专职部门是最好的选择。

（二）专职的创新管理部门可以为沟通提供了一个统一的渠道

无论对于高层管理人员还是基层员工，能够有一个统一的信息渠道势必会为信息交流带来极大的便利。试想假如一个在生产第一线工作的基层员工忽然产生了一个挖掘潜在市场的好点子，他该怎么做才能将创意实现呢？首先应该向谁汇报？汇报后是否会受到重视？汇报后的执行如何保证？后面的反馈如何实现？有了创新管理部门，这些问题都将迎刃而解。无论哪个部门、哪个层级的组织成员有了好的创意，都可以通过方便、直接的渠道向创新管理部门汇报，并且可以从创新管理部门得到反馈，而领导需要收集下属的创意或者执行一个创新项目的时候，也只需与创新管理部门沟通即可，大大缩短了信息渠道的长度、简化了沟通的过程。

（三）专职的创新管理部门能在一定程度上摆脱职权结构的束缚

在结构复杂的组织中，除了存在信息沟通障碍外，这类组织因为职权层级多、职能部门多等特点，创新过程还有可能遭受其他源于职权结构的负面影响。比如一个组织成员在与顶头上司争论的时候就明显处于劣势，尽管他的观点可能是正确的。当然，创新型组织的文化改造会尽可能地改变这种情况，但一来这需要很长时间才能做到；二来也很难杜绝类似情况的发生，此时创新者就特别需要一个公正不倚的支持者。创新管理部门在组织中能够有效承担这样的责任，它直接由组织最高层的领导管辖，对组织的全局利益负责，不受任何职能部门的行政约束，也不与任何个人产生经济利益的瓜葛。所以它可以超脱职权结构的束缚，尽可能地保证创新管理的公开、公平、公正。

（四）创新管理部门的建立也是组织转型的体现

从象征意义上来说，创新管理部门的建立也是组织领导进行组织再造决心的体现，是创新型组织构建过程中的标志性事件，无论对于内部员工还是外部公众来说都有重要的心理价值，这对构建创新型组织具有非常重要的促进作用。

二、创新管理部门工作职责

创新管理部门的工作不同于其他部门，应有其独有的职责。具体而言，创新管理部门的主要工作职责包括以下几个方面。

（一）收集、浏览创意并及时反馈

创新管理部门是代表组织接纳创意的窗口，在制度保障的前提下，创新管理部门要以积极主动的姿态尽可能地通过所有的渠道收集来自组织各个层级的新点子、新想法。创新管理部门有责任为员工提供尽可能方便、快捷、可靠的创意递交渠道，包括意见箱、例会、电子邮件以及口头汇报等。此外，反馈也是很重要的，因为每一个提出建议的员工都会迫切希望得到反馈。如果得到肯定则可以进一步激励他们，即使建议没有被采纳，只要能够提出充分的、有说服力的理由，同样可以使他们从中获得收益——这本身是很重要的激励形式之一。一般建议在五个工作日以内给员工答复，包括以下几种形式：如果创新管理部门认为该创意简单易行、投资风险小而且确实有效，则可直接告知提议者"已采纳"，并做出相应的奖励；如果创新管理部门认为此创意有明显的疏漏或者已有类似的创意被提交过，则可告知提议者"未采纳"并简要说明原因；如果创新管理部门认为该创意并不完善或者论据不足，可将之退回给提议者，说明问题出在哪里并提出"请完善"；如果创新管理部门认为此创意具有潜在价值，但投资和风险均比较大，且很难立即判断其可行性，则可告知提议者"需论证"以及什么时候他的提案会在会议上得到讨论。

（二）对创新信息进行管理

创新管理部门的职能之一就是收集创新信息，建立创新信息数据库，对信息进行有效的管理。以前大多是通过书面文档的形式来保存档案资料，这种形式不利于信息的保存、整理和检索。随着互联网产业的发展，将创新信息以数字的形式保存在计算机里，从而构成开放的、易于维护的数据库与信息库成为可能。从员工提交创意之时起，创新管理部门就应当将之分门别类地录入到创新信息库中，并且全程跟踪记录此创新活动的进展情况。同时，必须建立知识门户，将隐性的经验知识或案例以及显性知识储存起来，并且让员工可以访问、输入以及更新。通过这种形式，员工自己可以通过登录知识门户，查看自己的创意，以及创意的执行情况。并且，知识门户和外界也要发生交互，获取行业、技术等知识或信息，为创新的不同阶段提供知识资源。

（三）为其他职能部门提供信息

创新管理部门不同于生产部门或者销售部门，它并不能直接地产生经济效益，只有将创新信息传递到其他职能部门才能表现出其潜在的价值。因此，创新管理部门有义务为其他职能部门提供信息检索、分析的服务。例如，一个手机生产企业的研发部就可以向创新管理部门提问："我们的产品待机时间总是很短，不能满足顾客的需求，我们目前的技术与工艺都无法解决待机时间与手机重的矛盾，有突破性的解决办法吗？"此时创新管理部门就应该根据研发部门提出的问题和提供的信息去检索与电池容量、发射功率、液晶屏耗电量等要素相关的创新信息，看看是否有现成的或者有发展潜力的创新方案。而且，这种检索与分析不应局限在组织内部，创新管理部门工作人员应该凭借丰富的专业知识与长期积累的经验在全国乃至全世界范围内收集相关的信息。若无法找到现成的解决方案，创新管理部便可以以此为导向开展创意的收集。

（四）导向、支持、管理组织创新行为

创新必须顺利完成萌发创意、发展创意、落实创新这三个阶段以后才能真正为组织带来效益。在萌发创意阶段，创新管理部门应当根据组织的阶段性目标，在保证创新自由度的前提下，通过向组织成员澄清组织的需求、提供有利于创意萌发的信息与数据、组织有针对性的会议等方式为创意的形成提供一定的导向。而当某个或某些创意经过评估审定获得了认可进入发展创意阶段以后，创新管理部门应当给予创意足够的重视与关心，确保将创意转化为具体的、可操作的创新方案，以免创意沦为"一纸空文"。最后，在落实创新阶段，创新管理部门应当负责协调好各个相关职能部门的关系，统一相关人员的认识与观念，并协助各部门领导一起将创新方案落到实处。在创新方案开始执行后，还需要经常收集反馈信息，听取员工意见。

（五）对参与创新活动的人员进行考评、激励、培训与招募

俗话说"事在人为"，组织创新更是一个充分依靠众人智慧与努力的事业，所以创新管理部门与人力资源管理部门应该保持密切合作。绩效考评与激励是人力资源管理部门的重要职责之一，目前大多数企业都没有把创新绩效纳入考评体系或者作为考评的重点，而这一点在创新型组织中会有根本的改变——创新成果将成为绩效考评的重要考虑因素之一，并且将被纳入常规的考评项目。而且，由于对于创新行为的激励方式方法与寻常的激励有很大的区别，所以创新管理部门必须协助人力资源管理部门开展创新行为的考评与激励。此外，在创新型组织中人

员的招募与培训也应有创新管理部门的参与。创新管理部门应当根据专业知识与组织的实际需求提出有针对性的测试方案，在招募员工时根据目标岗位对个人的创造智力与创造人格进行科学的测试。而组织内部的员工也需要经常接受创新方面的专家培训或组织内部培训，这些都需要由创新管理部门与人力资源管理部门共同落实。

（六）总结、评价组织创新工作并且不断寻求改进

一个组织需要有持久的自我学习和自我完善能力，创新型组织更是如此。因为创造学，尤其是组织创新理论本身就是一个新兴的学科，所以很多概念与方法的正确性、有效性都需要经过实践的检验，只有在落实过程中不断地进行修正与改进才能保持创新型组织理论本身的活力，每个组织都需要根据自己独有的特点对创新型组织的管理理论进行发展与演化。同时，其他的创新管理制度也需要持续不断地改进。所以创新管理部门的职责之一就是阶段性地对组织创新的开展情况与取得的成果进行回顾和总结，汲取经验发现问题并主动对不足之处进行改进。

三、创新管理部门工作流程

上文中我们详细分析了为什么要成立创新管理部，以及创新管理部的职责。那么下面就要详细论述创新管理部的工作流程，流程是组织设计的基础。图6-4完整地展示了创新管理部的工作流程。

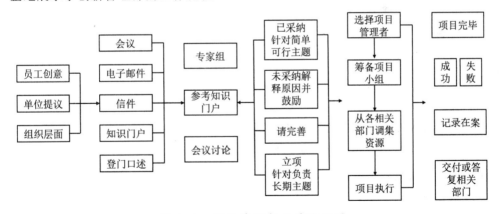

图6-4　创新管理部工作流程图

注：图中横向表示创新的阶段，纵向表示在每个阶段内进行的活动

（一）创意萌生阶段

创意萌生分为三种类型。一是员工创意，各个部门内部员工提出创意。二是单位提议，部门或部门下的单位提出的创意以及部门提出问题，创新管理部门组

织的创新探索。三是组织层，企业组织层面提出的创意，以及企业层面的创新要求，创新管理部负责组织实施。在这一阶段，创新管理部能通过对企业环境和文化的影响来增加创意萌生的概率和数量。员工自发关注企业，提出自己的创意需要企业有良好的氛围和创新性的文化。创新管理部可以通过不定期举办活动，或者组织培训，让员工更多地感受到这种氛围。

（二）创意输入阶段

创意以及创新的要求产生后，创新管理部门需要获取这些信息，获取的途径有会议、电子邮件、信件、知识门户以及登门口述。途径越多，获取信息的有效性、及时性就越高。

（三）论证阶段

创意及创新要求输入后，创新管理部门会进行论证，以决定创意是否可行，或创意要求是否合理，是否能实现。创新管理部门根据创意或创新要求的类型以及所属领域，对于简单易分辨的创意可以马上定出结论，对于无法准确判断的可以组织专家或开会讨论来决定。

（四）立项阶段

经过论证，就可以对创意或创新要求做出回复。如果采纳，就可以通知提出者"已采纳"，并做出相应奖励；如果未采纳，要及时解释原因，并鼓励提出者，绝对不能敷衍了事；如果创意尚有不完善之处，可以要求提出者进一步完善，并给予相应支持与帮助；如果项目复杂或者周期长，可以立项，组成项目组来实施。

（五）项目管理阶段

当复杂或者长期项目立项后，就可以进入项目管理阶段。首先，选择项目管理者，若项目涉及研发，原则是有研发项目管理经验者优先。若项目属于管理创新或制度创新，应当选择战略或者企划部相关人员。其次，筹备项目小组，选择组员，组成项目组。组员可以从所涉及的部门调配，选人的原则是有创造性、冒险精神、进取心。再次，需要从各相关部门调集资源，资源类型有知识资源、专家资源以及其他可能用到的资源。最后，是投入项目执行阶段。在这一阶段，大家围绕设定好的目标，按照创意进行各种研发或创新工作。

（六）验收及交付阶段

创新管理部门需要对项目的实施结果予以验收与交付。项目中间发现技术难题，无法解决而宣告失败，或者项目进展顺利，取得了创新性成果，创新管理部门都需要对这些结果进行详细的记录。一来可以作为案例分析，提高创新管理部门的管理水平和工作能力；二来可以作为后人参考的资料，最好能录入企业的知识库内。最后如果项目成功了，需要交付成果给相应的部门；如果失败了，将分析报告交给相应部门。

第七章　有效沟通

第一节　有效沟通的内涵

在一个组织中，畅通而有效的沟通，有利于信息在组织内部的充分流动和共享，有利于提高组织工作效率，有利于加强民主管理，促进组织决策的科学性与合理性。可见，一个组织的沟通效果决定了组织管理效率，在企业的经营管理过程中，如果做好组织沟通，能对促进企业绩效目标的实现起到事半功倍的效果。

一、沟通与有效沟通

沟通是人与人之间、人与群体之间思想与感情的传递和反馈的过程，以求思想达成一致和感情的通畅。在组织中，沟通是维护其整体性的一项十分重要的工作，是组织的无形纽带和润滑剂。具体来说，沟通主要体现在以下几方面。

（一）沟通意味着信息的传递

信息传递是沟通的实质所在。如事实的描述、情感的交流、价值观的分享、意见观念的陈述等，都是信息传递，如果没有信息的传递，则意味着沟通没有发生。这就要求组织中所有的成员，包括组织领导者在沟通时要善于表达自己的思想，不要让无用的信息淹没自己的主题，更不要做无谓的信息传递。

（二）沟通意味着双向的交流

沟通必须有信息发送者，也必须有信息接收者；仅仅有信息发送者，事实上不是沟通，或至少不是有效沟通。比如，组织领导者在前面讲述工作的内容，而组织成员却在台下打瞌睡或看报纸，这时的信息接收者是虚置的，这样的沟通显然是无效、无意义的。

（三） 沟通意味着对方理解了信息

这主要指的是沟通的有效性。沟通不一定要对方完全接纳自己的观点，但必须理解。完美的沟通（如果其存在的话）应是经过传递后被接收者感知到的信息与发送者发出的信息完全一致。这在跨文化交流中尤其要加以注意。

沟通包括有效沟通和无效沟通两种。沟通的对方无法理解或者因为种种原因不肯接受，这种沟通就是无效的，也可以说是沟而不通。而有效的沟通是指通过听、说、读、写等载体，通过演讲、会见、对话、讨论、信件等方式将思维准确、恰当地表达出来，以促使对方接受。有效沟通的作用体现在以下几个方面。

（一） 沟通可以促进组织内成员间的相互了解

沟通可以使组织中下情上传、上情下达，促进彼此间的了解，是人们的一种重要心理需要。一方面，沟通可以解除人们内心的紧张和怨恨，使沟通双方产生共鸣，增进彼此的了解，改善关系；另一方面，如果一个组织信息沟通不畅，成员间的意见难以沟通，则会影响成员的心理健康，甚至影响组织的工作。因此，有效的沟通有利于提高组织内部成员的士气，增进人际关系的和谐，为组织的顺利发展创造"人和"的条件。

（二） 沟通可以增强组织凝聚力

有效的组织沟通既可以促进领导者改进管理，又可以激励组织成员的工作热情和管理的积极性，使之提高信心，积极主动地为企业的发展献计献策，增强主人翁责任感，从而增强组织内部的凝聚力，使管理工作更富有成效，企业蓬勃发展。

（三） 沟通可以保障组织目标顺利实现

组织运作的目的在于达到组织的共同目标，而达到目标的关键在于组织成员之间的交流和相互理解。一个组织只有通过沟通才能成为一个有机的整体。通过组织沟通，每位组织成员才能清楚地了解每个成员的目标和位置，才能更好地联系与互动，实现自我价值。

（四） 沟通可以提高组织决策水平

通过组织沟通，可以充分利用"集体智慧"，并从中产生最佳的决策。当组织要做出重大的决策，实施重要的措施时，组织领导者必须做好良好的沟通工作，包括各种形式的浅层和深层的沟通工作。让更多的成员参与决策，不仅可以增强他们的主人翁责任感，同时可以集思广益，帮助决策。

（五） 沟通可以增强组织的创造力

每个人都有自己的思想、价值观、信念，但并不是所有的想法都会表达出来。

组织中大多数的事情都值得花时间去沟通，特别是有的人想法非常敏锐时，或者模棱两可时，很容易激发新思想，如果组织领导者能够把握这种动态，那么组织沟通就会使组织的创造力不断提高。

（六）沟通可以加速问题解决

通过沟通，可以使组织成员了解在特定的项目中，每个人的任务是什么，也知道怎样把别人的经验为自己所用。每一位成员都小心谨慎，不时地做出调整，这样组织整体的工作得以迅速的进展。这种调整最终影响着整个企业，推动着企业的发展。

二、沟通的类型与内容

在组织中，沟通的形式一般有以下几种：1.自上而下，由组织领导者向组织成员进行沟通。在组织中，组织领导者需要把信息通报给组织成员，并向他们分派任务，同时为他们提供完成任务所需要的信息，这种沟通过程一般呈阶梯状。2.自下而上，由组织成员向组织领导者进行沟通。这种沟通形式指组织成员向组织领导者汇报有关信息，组织领导者再向其上级汇报，以此类推，直到最高层。以上两种沟通形式是目前组织沟通中主要的形式。3.水平沟通，组织成员间或组织间的沟通。这种沟通形式大多数情况下是为了简化垂直方向的交流而产生的非正式沟通。组织沟通的内容主要有以下两大部分：第一，信息沟通。信息沟通是组织沟通的主要内容，主要包括组织及成员所需的信息以及组织和成员产生的信息。一般分为正式沟通与非正式沟通两种形式。第二，非信息沟通。非信息沟通包括思想、感情等方面的内容。如组织领导者了解成员对工作的一些真实想法，或成员在生活上和个人发展上的一些其他需求，以下将对信息沟通的两种类型进行阐述。

（一）正式沟通

正式沟通一般指在组织系统内，依据组织明文规定的原则进行的信息传递与交流。例如，组织与组织之间的公函来往、组织内部的文件传达、召开会议、上下级之间的定期情报交换等。具体包括以下几种沟通形式。

1.定期的书面报告。员工可以通过文字的形式向上司报告工作进展、反映发现的问题，主要有周报、月报、季报、年报。当员工与上司不在同一地点办公或经常在外地工作的人员可通过电子邮件进行传送。书面报告可培养员工理性、系统地考虑问题，提高逻辑思维和书面表达能力。但应注意采用简化书面报告的文字，只保留必要的报告内容，避免烦琐。

2.一对一正式面谈。正式面谈对于及早发现问题，找到和推行解决问题的方法是非常有效的；可以使管理者和员工进行比较深入的探讨，可以讨论不易公开的观点；使员工有一种被尊重的感觉，有利于建立管理者和员工之间的融洽关系。但面谈的重点应放在具体的工作任务和标准上，鼓励员工多谈自己的想法，以一种开放、坦诚的方式进行谈话和交流。

3.定期的会议沟通。会议沟通可以满足团队交流的需要；定期参加会议的人员相互之间能掌握工作进展情况；通过会议沟通，员工往往能从上司口中获取公司战略或价值导向的信息。但应注意明确会议重点；注意会议的频率，避免召开不必要的会议。

4.正式沟通的优点是：沟通效果好，比较严肃，约束力强，易于保密，可以使信息沟通保持权威性。重要的消息和文件的传达，组织的决策，等等，一般都采取这种方式。其缺点在于，依靠组织系统层层传递很刻板，沟通速度很慢，此外也存在信息失真或扭曲的可能。

（二）非正式沟通

非正式沟通是指办公室在正式沟通渠道之外进行的各种沟通活动，一般以办公室人员之间的交往为基础，通过各种各样的社会交往而产生。非正式沟通和正式沟通不同，因为它的沟通对象、时间及内容等各方面，都是未经计划和难以辨别的。如上所述，非正式组织是由于组织成员的感情和动机上的需要而形成的。其沟通途径是通过组织内的各种社会关系，这种社会关系超越了部门、单位以及层次。在相当程度内，非正式沟通的发展也是配合决策对于信息的需要的。这种途径比正式途径弹性大，它可以是横向流向，或是斜角流向，一般也比较迅速。在许多情况下，来自非正式沟通的信息，反而会获得接收者的重视。由于传递这种信息一般以口头方式，不留证据、不负责任，许多不愿通过正式沟通传递的信息，却可能在非正式沟通中透露。但是，过分依赖这种非正式沟通途径也有很大危险，因为这种信息遭受歪曲或发生错误的可能性相当大，而且无从查证。尤其与员工个人关系较密切的问题，例如晋升、待遇、改组之类，常常产生所谓的"谣言"这种不实消息的散布，对于组织往往造成较大的困扰。

非正式沟通主要包括集群连锁、密语连锁、随机连锁、单线连锁四种类型。集群连锁是指在沟通过程中，可能有几个中心人物，由他转告若干人，而且有某种程度的弹性。密语连锁是指由一人告知所有其他人，犹如独家新闻，随机连锁是指碰到什么人就转告什么人，并无一定中心人物或选择性。单线连锁是指由一人转告另一人，他也只再转告一个人，这种情况最为少见。

非正式沟通的优点在于沟通方便，内容广泛，方式灵活，沟通速度快，可用于传播一些不便正式沟通的信息。而且由于在这种沟通中比较容易把真实的思想、情绪、动机表露出来，因而能提供一些正式沟通中难以获得的信息。缺点在于非正式沟通难以控制，传递的信息不确切，容易失真、被曲解，并且它可能促进小集团、小圈子的建立，影响员工关系的稳定和团体的凝聚力。如果能够对企业内部非正式的沟通渠道加以合理利用和引导，就可以帮助企业管理者获得许多无法从正式渠道取得的信息，在达成理解的同时解决潜在的问题，从而最大限度地提升企业内部的凝聚力，发挥整体效应。

三、有效沟通的原则

要进行有效的组织沟通，还必须掌握以下几个原则。

（一）进行有针对性的沟通

人们对信息的接收具有偏好性，对不熟悉或具有威胁性的信息他们往往会进行排斥。有针对性的沟通是指在传递信息时要具有目的性及保密性，同一信息对不同的人具有不同的价值。因此，要注意信息传递的目标，确保信息的效用。

（二）对信息量要有所控制

在组织管理中，由于分级主管部门的角色不同，每个组织成员所考虑的问题不同。因此，在信息传递时，要适当注意量的控制，传递必要的信息，而对需要保密的信息进行保密。同时要注意两种倾向：一是信息过分保密的倾向。过度保密会导致信息阻塞，不利于组织之间的协调与统一。二是随意扩散信息的倾向。在传递信息时，不考虑信息的保密程度，不选择信息传递的对象，将所收集的信息随意扩散，会导致信息混乱。

（三）要保证所提供的信息是有价值的

在组织工作中，沟通和信息是两个不同的概念，由于信息量非常大，没有必要获取所有的信息，因此，沟通时所提供的信息应该是有价值的、重要的信息。

（四）保证沟通信息的质量

沟通的质量体现在：信息要多，即在单位时间内传递的信息数量要多；信息要快，即信息传递要迅速、及时，有价值的信息若不能及时传递则可能变得毫无价值；信息要好，即要消除信息传递中的种种干扰，保持信息的真实性；信息要有效益，即以尽可能少的成本获得更多的信息。

（五）及时反馈

在组织沟通中，及时反馈要求是双向的，即组织成员要经常给组织领导者提供信息，同时接受组织领导者的信息查询；组织领导者也要经常向组织成员提供信息，同时对组织成员提供的信息进行反馈，从而形成一种信息环流。

（六）限制越级沟通

越级沟通是指抛开管理信息系统，沟通双方直接对话。在组织管理中，不能过多采用这种方式，但在某些特殊情况下可以限制使用。

（七）控制非正式沟通

对于非正式沟通，要实施有效的控制。尽管在一些情况下，非正式沟通往往能够达到正式沟通难以达到的效果，但是，它也可能成为散布谣言和小道消息的渠道，起到不好的作用。

第二节 有效沟通的方式

在组织进行准确有效的沟通，可以增强组织的凝聚力与员工的认同感，提高组织领导者的管理效率。那么，如何使组织上下沟通顺畅，达到无缝隙沟通呢？主要有以下几种方式。

一、自我评价组织沟通

领导和管理的精髓在于认识并了解员工，而认识和了解员工的直接途径便是沟通。员工通过沟通可以了解到管理者的计划和要求，从而保证实施渠道的畅通。具体来说，每一个组织成员可以根据自身的生活范围和交往对象来评价自己的沟通状况，这种自我评价一般可以分为三部分。

（一）明确自己沟通的对象和范围

不同的组织成员有不同的沟通情境和沟通对象，可根据自己的情况来列清单，从而对自己的沟通范围和对象建立一个明确的概念。

（二）自我评价沟通状况

在进行自我沟通状况评价时，可以通过以下几个问题的反问来进行对哪些情境的沟通感到有心理压力？对哪些情境的沟通感到愉快？最愿意保持沟通的对象是哪些类型？最不喜欢与哪些人沟通？能否经常与多数人保持愉快的沟通？是否经常感到自己的意思没有说清楚？是否经常误解别人，事后才发觉自己错了？是否经常懒得给别人写信或打电话？等等。通过回答上述问题，可以对自己的沟通状况有比较全面的了解，还可以判断自己的组织沟通状况。

（三）评价自我的沟通方式

沟通主动性和沟通专注水平是评价沟通方式是否有效的两个准度。沟通主动性是评价我们在进行沟通时，究竟是主动去沟通，还是被动接受沟通。主动沟通者沟通对象广泛，沟通内容不拘一格，容易通过沟通与别人建立并维持广泛的人际关系。而被动沟通者的倾向则正好与主动沟通者相反。沟通专注水平评价的是沟通者的投入程度，沟通专注水平高的沟通者，不仅可以注意到自己所发出的信息的指向性、准确性和对方的可接受性，而且对于对方的反馈过程保持高度注意。沟通专注水平低的沟通者，他们的注意力往往容易分散，发出的信息不能很好地与自己的沟通意图相应，尤其是不能很好地注意对方的反馈和给予对方充分的反馈。

二、善于换位思考

在组织沟通中，会遇到沟通思维方式、世界观、人生观、价值观、社会规范、物质文化、语言、非语言等诸多方面的差异。每一个组织成员都拥有不同的角色与身份，且成员之间存在复杂的人际关系，这些都将影响组织成员的沟通效率。为此，要想让组织顺畅沟通，学会换位思考是必要的。在组织沟通中，通过换位思考可以使组织成员相互了解，相互尊重，增强信心，建立信任关系。因此，换位思考是组织沟通的"润滑剂"，同时换位思考也需要注意以下几点。

（一）换位思考只适宜上对下

在组织沟通中，换位思考在使用中具有方向性，只适宜上级对下级或商家对顾客换位思考，而不能要求下级对上级换位思考。

（二）换位思考只宜律己

换位思考一般只要求自己换位思考，为组织成员着想，为客户着想，而不能要求别人为自己着想。

（三）换位思考应形成一种氛围

换位思考实质上是人本管理的表现，强调满足人的心理要求，通过潜移默化而非规章制度来树立"人人为我，我为人人"的观念。因此，只有把换位思考作为组织文化的一个组成部分，融入每个成员的灵魂深处，才能形成管理上的良性循环，促进组织的发展。

（四）换位思考重在行动

换位思考在组织管理中强调重视人情，默默做到的效果，要强于先讲出来再付诸行动。在组织沟通中，运用换位思考的方式可以使沟通更有说服力。

三、巧用组织沟通技巧

作为组织成员应该善于与自己组织内的其他成员进行交流，使组织沟通更加通畅，营造开放的组织沟通氛围，鼓励组织成员自由沟通，促进组织工作走向卓越。

具体来说，组织沟通的技巧有以下几种。

（一）积极倾听的技巧

有效的组织沟通是双向的行为，要使沟通有效应当积极投入交谈。但是组织领导者很多时候都是处于被动地位在听，没有主动地对信息进行搜寻和理解。积极的倾听要求组织领导者把自己置于组织成员的角色上，以便于正确理解他们的意图。当组织领导者听到与自己的观点不同的意见时，不要急于表达自己的意见，否则会漏掉余下的信息。积极倾听，应当是接受他人所言，而把自己的意见推迟到说话人说完之后。具体的倾听技巧有以下几个。

1.保持目光接触。倾听的态度必须诚恳，使用目光接触。因为你在用耳朵倾听，而对方却在通过眼睛来判断你是否在倾听，而且与沟通的人进行目光接触可以使你集中精力，减少分心的可能性，并鼓励说话的人。

2.用肢体手势表示倾听。有效的倾听者会对听到的信息表现出兴趣。如何表示呢？就是通过非语言信号，例如，赞许性的点头、恰当的面部表情与积极的目光接触等相配合，向说话人表明你在认真聆听。

3.不做过多的举动或手势。组织领导者在倾听时，要避免那些走神的举动。

4.在倾听的时候，注意不要进行下面这类活动：看表、心不在焉地翻看文件、拿着笔乱写乱画等。这会使说话者感觉到你很烦或者不感兴趣。另外，也表明了你没有集中精力，因而可能会遗漏一些说话者想传递的信息。

5.及时提问。倾听者可提出问题，这表明沟通是双向的，并显示了理解的程度。当然，也表明你在倾听。

6.适时复述。这是指用自己的话重复说话者的内容。有效的倾听者经常使用这样的语句："你的意思是……"或者"我听你说的是……"为什么要重复已经说过的话呢？有两个原因：首先，这是检查是否真正倾听的有效手段；其次，这是沟通精确性的控制机制。用自己的语言重复说话者的内容，并反馈给对方，可以检验自己理解的正确性。

7.不打断交谈。在做出反应之前应当让说话者讲完自己的想法。在说话的时候不要去猜测对方的想法，当对方说完之后，自然就知道了。

8.多听少说。大多数人都乐于畅谈自己的想法而不是聆听他人说话。尽管这样可能更有趣而沉默使人不舒服，但我们不可能做到同时听和说。一个沟通高手知道这个道理，并且不会多说。

（二）准确表达的技巧

准确清晰地表达思想是进行组织有效沟通的前提，而这种技巧的形式是建立在信息的有效组织的基础上的，因而掌握信息的组织技巧对组织沟通很重要。作为组织领导者，要想明确表达必须掌握以下几种方法。

1.进行沟通时，要想清楚希望表达些什么。如果沟通的内容很重要，如分配最新工作任务，要提前写下目标及希望达到的效果。

2.从一些能够引起听者兴趣的话题聊起。什么最吸引他们的注意力，就从什么说起。

3.在与组织成员沟通时，要根据组织成员的偏好、特征轮廓以及文化水平选择表达的方式。当与多元化组织交流时，可根据组织中具有代表性的大多数成员来措辞。对于那些主要的、你不希望任何人漏掉的观点，先给出一个笼统的说明，然后再给出相关的例子进行阐述，或者给出一些更为详细、具体的解释。

4.在开始讲下一个内容时，检测一下组织成员的理解力，提出一些问题，如："我想确定我是不是说清楚了，大家有问题吗？"

5.坚持自己的观点，不要漫无边际地闲聊，也不要脱离主题，不要让别人牵着走。

（三）使用肢体语言的技巧

在进行组织沟通时，尤其是在倾听组织成员的发言时，还应当注意通过非语言信息来表示对对方的话的关注。如点头、恰当的面部表情、积极的目光配合，不看表、翻看文件、拿笔乱画乱写等。

据有关部门研究，在面对面的沟通中，一半以上的信息不是通过词汇来传达的，而是通过肢体语言来传达的。要使沟通富有成效，组织领导者必须注意自己的肢体语言与自己所说的话的一致性。如告诉组织成员你很想知道他们在执行任务中遇到了哪些困难，并乐意提供帮助，但同时你又在浏览其他的东西，这便是一个"言行不一"的信号。组织成员会怀疑你是否真正地想帮助他。

（四）掌握组织会议的技巧

会议是组织运作过程中的主要活动。许多事情和需求可以通过有效的会议使组织的互动达成共识。解决问题、制定决策、确立目标、进度报告、绩效评估、计划和安排工作、培训和发展等，这些都可以通过会议来有效解决。每个会议都包括两个不可或缺的因素：会议内容和过程控制。

四、有效利用沟通渠道

所谓沟通渠道，是指信息在沟通时流动的通道。这些流动的通道可以分为两种：正式沟通渠道和非正式沟通渠道。每种渠道又有许多种表现形式。在组织中，这两种渠道是同时存在的，组织领导者应该有效地利用这两种渠道来提高组织沟通的效率。

（一）正式沟通渠道

正式沟通渠道有以下五种：

1.链式。链式沟通指在平等网络中，居于两端的人与居于中心的人联系，居中的人则可以与两端的人沟通信息。这是一个平行网络，其中居于两端的人只能与内侧的一个成员联系，居中的人则可分别与两端的人沟通信息。在一个组织系统中，它相当于一个纵向沟通网络，代表一个五级层次，逐渐传递，信息可自上而下或自下而上进行传递。在这个网络中，信息经层层传递、筛选，容易失真，各个信息传递者所接收的信息差异很大，平均满意程度有较大差距。此外，这种网络还可表示组织中主管人员和下级部属之间中间管理者的组织系统，属控制型结构。在管理中，如果某一组织系统过于庞大，需要实行分权授权管理。那么，链式沟通网络是一种行之有效的方法。

2.环式。环式沟通指五级层次中5个人之间依次联络和沟通。其中，每个人都可同时与两侧的人沟通信息。此形态可以看成是链式形态的一个封闭式控制结构，表示5个人之间依次联络和沟通。在这个网络中，组织的集中化程度和领导人的预测程度都较低；畅通渠道不多，组织中成员具有比较一致的满意度，组织士气高昂。如果在组织中需要创造出一种高昂的士气来实现组织目标，则环式沟通是一种行之有效的措施。

3.Y式。Y式结构表示几个层次的逐级传递，只有一个成员位于中心，成为沟通的媒介。这是一个纵向沟通网络，在组织中，这一网络大体相当于组织领导、秘书班子再到下级主管人员或一般成员之间的纵向关系。这种网络集中化程度高，解决问题速度快，组织中领导人员预测程度较高。除中心人员外，组织成员的平均满意程度较低。此网络适用于主管人员的工作任务十分繁重，需要有人选择信息，提供决策依据，节省时间，而又要对组织实行有效的控制。但此网络易导致信息曲解或失真，影响组织中成员的士气，阻碍组织提高工作效率。

4.轮式。轮式沟通指最初发现者直接将信息同步辐射式发送到最终受信者。这属于控制型网络，在组织中，大体相当于一个主管领导直接管理几个部门的权威控制系统。此网络集中化程度高，解决问题的速度快。主管人的预测程度很高，而沟通的渠道很少，组织成员的满意程度低，士气低落。轮式网络是加强组织控制、争时间、抢速度的一个有效方法。如果组织接受紧急攻关任务，要求进行严密控制，则可采取这种网络。

5.全通道式。全通道式沟通指各个人之间都可自由地进行沟通并充当中心人物。这是一个开放式的网络系统，其中每个成员之间都有一定的联系，彼此了解。此网络中组织的集中化程度及主管人的预测程度均很低。由于沟通渠道很多，组织成员的平均满意程度高且差异小，所以士气高昂，合作气氛浓厚。这对于解决复杂问题、增强组织合作精神、提高士气均有很大作用。但是，由于这种网络沟通渠道太多，易造成混乱，且又费时，影响工作效率。

（二）非正式沟通渠道

非正式沟通渠道是指正式组织途径以外的信息流通程序，其传递的信息即"小道消息"。非正式沟通渠道无所谓好坏，主要在于组织领导者如何运用。在相当程度上，非正式沟通是形成良好组织氛围的必要条件。通过这种沟通途径来交换或传递信息，常常可以满足个人的某些需求。例如，人们由于某种安全的需求，乐意探听有关人事调动之类的消息；朋友之间交换信息，则意味着相互的关心和友谊的增进，借此更可以获得社会需求的满足。

在传统的管理及组织理论中，并不承认这种非正式沟通的存在，即使发现有这种现象，也认为要将其消除或降到最低程度。但是，当代的管理学者知道，非正式沟通现象的存在根深蒂固，是无法加以消除的，应该加以了解、适应和整合，使其有效担负起沟通的重要作用。过分利用非正式沟通，会冷落或破坏正式沟通系统，甚至组织结构。而设法自非正式沟通中探听消息，其结果会造成组织背后的一套"谍报网"和打"小报告"者，从而带来管理上的问题。对于非正式沟通所采取的立场和对策是：

1.非正式沟通的产生和蔓延，主要是由于人员得不到他们所关心的消息。因此，主管者越故作神秘，封锁消息，则背后流传的谣言越加猖狂。正本清源，主管者应尽可能使组织内沟通系统较为开放或公开，则种种不实的谣言将会自然消失。

2.要想阻止已经产生的谣言，与其采取防卫性的驳斥，或说明其不可能的道理，不如正面提出相反的事实更为有效。

3.闲散和单调乃是造谣生事的温床。为避免出现这些不实的谣言，扰乱人心士气，主管者应注意，不要使组织成员有过分闲散或过分单调枯燥的情形出现。

4.最基本的做法，乃是培养组织成员对组织管理当局的信任和好感，这样他们比较愿意听组织提供的消息，也较易相信。

5.在对于组织主管人员的训练中，应增加这方面的知识，使他们有比较正确的观念和处理方法。

五、发扬民主风格

组织领导者在组织中的作用举足轻重。领导者个人的性格特征、管理风格与组织沟通方式是密切相关的。有关部门研究和实践运作表明，民主型组织领导风格是最适于组织沟通的。所以作为组织领导者要努力发扬自己的民主领导风格。领导者只在必要时进行引导，工作的基本信息是成员能用自己的资源去实现自己的目标，成员从这些信任和自己的决策中得到满足，因此，组织的沟通效率相当高，而这正是民主风格的组织领导者的特征。

在民主风格的组织沟通中，一般表现出群体导向的行为目的在于取得群体目标和群体成员的满意度。主要表现在：

（一）"参与制"的管理

在需要改善管理方法时，让所有的人参与决定，告诉他们做出改变的理由，使他们了解整个方案的制定过程与结论，从而能自觉地执行。

（二）可以让组织成员感到被重用

这样会让组织成员参与感更强，责任心也会更强，组织成员知道如何去做，如何做好。

（三）有利于各组织之间的配合与协调

各个组织不仅知道自己干什么，而且也知道相关组织干什么，因此就可以协调工作，避免不必要的重复劳动和因为不熟悉情况而造成的失误。

（四）使员工有主动精神

工作起来，知其然更知其所以然，就可以发挥员工的主动创造精神，提出更好的方法来达到目的。不要束缚组织成员的手脚，才能使成员的能力充分发挥。

六、其他沟通方式

除了上述沟通方式以外，还存在多种其他沟通方式。

（一）因人而异

组织是由不同的成员组成的，为此每个组织领导者都会碰到与个别成员谈话的问题，优秀的组织领导者多半是很会谈话的人，不管多么困难的事，多么难缠的人，都能应对自如。而不善于沟通的组织领导者则往往会使谈话陷入僵局。组织成员由于不同的出身和经历、不同的文化程度和性格、不同的年龄和性别等，都有不同的心态，而且影响着对外部信息的接收和理解，所以作为组织领导者在与个别组织成员沟通时要因人而异，采取不同的谈话策略。

一般来说，对文化水平较低的组织成员，与他们沟通时要深入浅出，多讲些实实在在的事；而对文化水平较高的组织成员，与他们沟通时道理要讲得深入一些，言辞要文雅并注意逻辑性。对性格开朗的组织成员，由于他们喜欢快人快语、不喜欢转弯抹角，与其谈话可以开门见山、直截了当；而对性格内向的组织成员，由于他们往往思想含蓄而深沉，对他们谈话不能过于直接。对于年纪稍大、阅历丰富的组织成员，与其谈话切忌说教；而对于年轻、阅历浅、涉世不深的组织成员，与他们谈话则应该多讲些道理。

总之，作为组织领导者，在与组织成员谈话时一定要因人而异，这样才能保障沟通的顺畅。

（二）把握"出手"的时机

这里所说的"出手"指的是组织领导者在沟通中的表态问题。对于组织成员来说，表态则可能是提出要求，也可能被认为是对事的定论。因此，组织领导者的表态绝不可以随心所欲。表态要有根据，既不能做老好人，也不能一味得罪人，领导者的角色地位决定了其必须持重练达，不论讲什么话、表什么态，都不能超越一定的原则限度，无原则地肯定或否定。组织领导者遇到矛盾冲突和棘手之事时，既不能一推了之，也不能为一己私利取悦于人，放弃责任。组织领导者的表态，应在坚持原则的基础上，发挥灵活性，则更容易达到事半功倍的效果。

组织领导者在表态之前应做到，清楚地了解问题的真正含义和问题的真正意图，设法获得足够的思考时间，考虑好是直接表态，还是委婉表态，对不值得表态的问题不必表态。表态时，应做到因事因人而异，对关系复杂、不易把握的问题，组织领导者应委婉地表态。总之，组织领导者应把握时机，注意场合，适时表态，才能起到沟通的作用。

（三）收放自如，张弛有度

组织沟通是为了使彼此间的交流，或对某个问题能够统一认识。有时话不投机，有时又会"酒逢知己"。无论哪种交谈，愉快地开始，高兴地结束，都是促成组织畅通沟通的有效手段，尤其是结束得好，犹如一场戏演到高潮时落幕结束一样，会给人留下无穷的遐想和回味。具体来说，可以从以下几方面入手。

1.见好就收。成功的谈话，结束时应该是一个"剧情高潮"不一定非得到无言相对时才结束。谈话的主题明确后，最好不要再节外生枝地无端延长话题。毫无准备的谈话，东一句、西一句地胡扯，往往难以使双方感到满意。所以，当谈话内容完成时，就应该及时结束。

2.意尽而收。如果与组织成员的话题尚在争议，未获得一致意见时，突然把谈话结束是不可取的。即使是有时间限制，也应该在取得协调意见时使谈话告一段落。谈话出现僵局或谈话正在兴头时结束也不适宜，因为这会使这位组织成员的情绪处于未宣泄的压抑状态，这不利于下次谈话的开始和进行。在有条件的情况下，一定要力图使谈话达到意尽，然后再结束谈话。

3.适时结束。在与组织成员谈话时，要随时留意对方的暗示。如果对方对所谈的话题不感兴趣，多半会不自然地以分心的姿态要求改变话题。而如其希望结束谈话，则表现的程度更深些，对方或许会频频看表，或对谈话只是哼哈应付或干脆不做任何表示，那么谈话无疑应该结束了。

4.不节外生枝。当谈话的主题即将结束，双方谈兴已趋平稳时，就不要再另辟话题了。经过一定的谈话稀疏过程，谈话将会自然结束。如果谈话受某件预约事情的限制而只能简短，就应该在谈话之前向对方说明，以使对方有所准备。一次谈话结束后，其过程常常会印象更深地留在对方的脑海中。

（四）运用等距离沟通

真正有效的沟通应建立在平等的基础上，如果沟通者之间无法做到等距离，其间所进行的沟通一定会产生相当多的副作用。俗话说："领导偏心，部属寒心。"人是有社会性的，一个人一旦发现自己同他人所处的地位不平等，其积极性就会受到极大打击。获得上司宠爱者自是心花怒放，但其余的员工便会产生对抗、猜疑和放弃沟通的消极情绪，沟通工作就会遭遇很大抵抗力。保持同等的工作距离，不要和直接上司、下属产生私人感情，领导者在与员工关系的处理上要一视同仁，不分亲疏。不可因外界或个人情绪的影响，表现得时冷时热。这便是沟通平等化、公开化的重要所在。

第三节　化解组织沟通的障碍

员工通过沟通可以了解到领导者的计划和要求，从而保证实施渠道的畅通，但是在实际的组织沟通中，常常会由于种种原因产生组织沟通障碍，如何化解这些沟通障碍就成为组织领导者的重要任务。

一、沟通障碍

沟通过程包括信息发送者、信息和接收者三个要素，在收到信息后，还包括理解、反馈等行为，其中任何一个环节发生错误，都有可能导致沟通障碍的产生，影响沟通效果。一般来说，沟通障碍有以下三种。

（一）接收障碍

接收障碍包括环境刺激和接收者的个人感知两方面。首先，环境刺激形成的障碍。如果双方在一个嘈杂的环境中交谈，常常会因为听不清对方的意思，而使谈话变得漫不经心，甚至中断。所以，选择适当的环境进行信息沟通是非常重要的。其次，接收者的个人感知对沟通的影响。感知在人们认识、选择和理解外部环境刺激的过程，很大程度上受到个人生理、心理、生活经历等众多因素的影响。即使是在同一环境，对于同一信息，由于个人感知的不同，对信息的理解也不同。因此，由于个人感知的差异，个人会对需要沟通的信息产生不同的理解，从而影响沟通的有效性。

有时候交流双方无须多说或多做解释，双方就理解了对方的意思，甚至包括那些隐藏在语言后面的意思。为什么会出现这种情况呢？这主要取决于双方的长期交流经验，或者双方具有相同的知识背景、相同的工作生活环境，或者遇到过同样的问题。因此，当对方要表达某种信息时，接收者实质上是在这些环境和知识背景的帮助下，去理解对方表达的意思，这样双方很容易沟通。

（二）理解障碍

理解障碍主要包括语言和语义的问题、地位差别、信息的长度与数量三个方面。

1.由语言和语义引起的理解障碍。信息沟通大多数是通过语言进行的，任何一个文字或一句话，都存在多种含义，人们在进行语言表达时，都会按照自己的情况赋予语言特定的含义。同时，由于不同民族的语言意义不同，语言不仅反映个人性格，而且反映社会的文化，因此在沟通时难免存在语义障碍。

2.由地位差别引起的理解障碍。大量研究表明，组织成员之间自发的沟通往往发生在同地位的人之间，如组织成员和组织成员之间，因为是同地位的人进行沟通，人们往往没有压抑感。而与地位有差异的人进行沟通，则可能存在压抑感。因为毕竟上下级之间存在差距，上级具有权威，可以决定对下级的惩罚和奖励，因此过分强调地位的差别，容易对下级心理造成压力和恐惧，造成沟通上的障碍。同时，人们还经常根据一个人地位的高低来判断沟通信息的准确性，相信地位高的人提供的信息是准确的。也就是说不重视信息本身的性质，而是着重信息提供者或接收者。另外，有的人表现出愿意同地位较高的人进行沟通，而对地位较低的人的意见则不重视，甚至否定。

3.由信息的长度与数引起的理解障碍。信息在传递过程中，每多传达一层就多一些损耗，一般每经过一个中间环节就要丢失30%左右的信息。同时在传递过程中，还有可能加强或扩大信息的某些特征，尤其在口头沟通中，这种情况尤为明显。虽然信息沟通对于组织来说是非常重要的，但并非信息越多越好。在某些情况下，过多的信息沟通行为不但无助于组织的沟通，反而会妨碍信息沟通。信息过多会使人们根本无法或没有能力进行处理。因此，合理的信息沟通，其重点在质不在量。

（三）接受障碍

接受障碍包括怀有成见，传递者和接收者之间的矛盾。首先，怀有成见引起的接受障碍。如果组织成员对组织领导者有成见，即使组织领导者传达了正确的信息，组织成员也会认为信息可能是假的。反过来说，如果一位组织领导者对其组织成员有成见，那么，组织成员的上报材料即使是实际情况的反映，组织领导者也很有可能认为材料里面含有"水分"。其次，传递者和接收者之间的矛盾引起的接受障碍。在接收信息时，接收者的感觉也会影响到其对信息的解释。如果在传递者和接收者之间存在矛盾，那么接收者在接收信息时，会自觉或不自觉地产生强烈的情绪化。这种状态常常使我们无法进行客观而理性的思维活动，以致出现情绪化的判断。

二、如何进行无障碍沟通

在组织工作中，不仅要有全局观念及与人合作的愿望，还要有组织沟通的技巧，以进行组织的无障碍沟通。具体来说，组织无障碍沟通的技巧有以下几种。

（一）对沟通的内容有正确清晰的理解

首先，重要的沟通最好要事先征求他人的意见，确定沟通的问题与目的，沟通双方明确主题，其次，信息沟通中心的信息必须是明确的。即所用的语言和信息传递方式必须能被接收者所理解。提出信息并用别人能理解的文字、语言、口气来表达，是信息发出者的责任。为此，要求信息发出者有较好的语言表达能力或文字表达能力，并熟悉其下级、同级和上级所用的语言。只有坚持这个原则，才能克服信息沟通中的障碍。此外，沟通内容要言之有物，有针对性、语意确切，尽量通俗化、具体化和数字化，避免含混的语言，更不要讲空话、套话和废话，即沟通的内容对于接收者来说是有价值的。

（二）主动积极聆听

主动积极聆听是通过言辞及非言辞信号向他人表达信息，使对方明白自己不仅能听到而且能听懂的沟通技能。这意味着不要评价、判断及辨别别人所说的是否合理，而要向对方提供一些可自由发挥的问题，这些问题应该非常具体，有利于进一步展开话题。在组织沟通中，不能只是把自己的意见、想法表达出来，更重要的是要用心聆听对方所传达的信息，如此才能真正达到双向沟通的目的。

（三）交流同步进行

在组织沟通中，彼此认同是实现直达心灵的沟通的前提，可以使沟通更加顺畅。认同经由同步而来，沟通关系都是从同步开始迈出第一步的，同时认同的目的就是同步，两者相辅相成。同步是沟通的第一步，应该首先理解。同步就是沟通双方经过协调后所形成的，有意要达到同样目标时所采取的相互呼应、步调一致的态度。它意味着沟通在经过彼此的默许和暗示之后朝向顺利的方向发展。沟通双方开始从相互的角度看问题时，同步就开始了。此时，彼此都寻找共同点，各种共同点综合起来，沟通的可行性就大了。所以说，要沟通就得寻求同步。

（四）利用感情交流

感情在组织内上下级和同级之间的人际关系方面有非常重要的作用。另外，信息沟通对营造一个激励人们为组织目标而工作的环境有重要作用。

第八章　创新激励机制

第一节　创新激励机制的理论基础

企业的创新来源于一个个的主体，人的创新是企业创新的另一种表现形式，本节通过对激励机制及创新机制理论基础的剖析，试图为创新激励机制的设计与实践奠定基础。机制是指系统内各子系统、各要素之间相互作用、相互联系、相互制约的形式及其运动原理和内在的、本质的工作方式。因此，所谓激励机制是指在组织系统中，激励主体通过激励因素和激励对象（或称激励客体）之间相互作用的方式。也就是在组织中用于调动组织成员积极性的所有制度的总和。

组织激励机制度包括诱导因素集合、行为导向制度、行为幅度制度、行为时空制度、行为归化制度五个方面。诱导因素集合是指满足一个人的某种需要，激发一个人的某种行为，诱导他要做出一定绩效的因素集合。需注意的是每个成员的需求不同，对于不同的人，诱导因素也不一样。行为导向制度指对激励对象所希望的努力方面和所倡导的价值观的规定。要求组织在制定激励制度时明确所期望的行为方式和应秉承的价值观，使组织成员的行为朝向明确的目标和方向。行为导向制度集中表现为组织文化激励。行为幅度制度指对由诱导因素所做的行为强度的量的控制措施，使员工的努力程度调整在一定范围内，以防止激励依赖性和抗激励性的产生。行为时空制度指诱导因素作用于激励对象在时间、空间上的规定。在这方面的规定可以防止激励客体的短期行为和地理无限性，从而使其行为方式具有一定的持续性并在一定的时期和空间范围内发生。行为归化制度是指对激励客体违反行为规范的事前预防和事后处理。激励机制是上述制度的总和，激励机制由激发和制约两个方面的制度共同构成。激励机制正当、健康地运行对组织、团体、个人的工作效率至关重要。

对于企业而言，企业激励机制与创新机制都极其重要，前者是企业管理机制的基础之一；后者是企业长期可持续发展的关键。因此，构建企业创新激励机制在当前至关重要，在建立创新激励机制之前必须对其理论基础，即对创新激励机制理论有一个非常清晰的认识。所谓企业创新激励机制理论就是以激励理论和创新理论为基础，探讨企业创新的动力、维持、激发的理论，该理论可以为企业创新管理提供理论指导。企业创新激励机制理论主要涉及三个方面的内容：探讨企业创新的动机与动力、动力的助长，有效促进创新动力因素的产生；对企业创新行为的过程进行有效的激励管理；对企业创新成果进行有效激励。

一、企业创新动机

在企业人才创新的过程中，创新动机是创新主体的内在动力，是创新行为发生和持续的重要原因。企业创新主体的创新动机是多方面的。一般而言，企业创新动机主要有以下几种。

（一）创新的心理需要

创新的心理需要是指创新主体对某种创新目标的渴求或欲望。根据马斯洛需要层次理论，人都有自我实现的需要，人们希望完成与自己的能力相称的工作，使自己的潜在能力得到充分的发挥，成为自己所期望成为的人物。创新的心理需要作为创新主体对某种创新目标实现的欲望，实际上是创新主体希望自己的创新能力能够在创新的过程中得以发挥。创新心理需要可以认为是人的需要的最高层次之一。创新主体的创新心理需求随着自己对个人成就、自我价值、社会责任、企业责任等的追求而变化，然后在各种创新刺激的作用下产生。在内部环境的刺激下，创新主体的创新心理需求可能反复产生。按照心理学所揭示的规律，动机支配人的行动，而动机本身则产生需要。当人们的某种创新需求不能满足时，在心理上会出现一种不安和紧张状态，成为一种内在的驱使力，则为动机。有了动机就要选择或寻找目标（目标导向行动）。当目标找到后，就要进行满足需要的活动，然后需求满足，紧张消除，新的创新需求产生，造成新的创新行为。

（二）成就感

成就感是成功者对所取得成就而产生的一种心理满足。许多创新主体进行创新的直接动机就是追求成就和成就感。相对而言，金钱对他们而言，激励作用远比成就感小。对他们而言，创新工作上取得成功或者解决了难题，从中所得到的乐趣和心理满足，超过了物质上的激励。为此，具有成就感的创新主体更容易在艰苦的创新过程中保持顽强的进取心，推动自己不达目标誓不罢休。成就感通常只有成功的创新主体才具备，因为如果创新经常不能成功，创新主体的成就感就不会存在，原有的一点成就感也会慢慢地消失。但创新主体追求成就仍旧是维持创新行为的动机。尽管这种成功未必给他带来许多经济利益，但却能为其带来尊重。在当代竞争激烈的社会，有时候成就感与他人的尊重会远比经济利益更为重要。

（三）经济性动机

在现实的生活中，经济性的因素也必须考虑，因此，也不排除创新主体对经济性收入的需要而产生创新行动。创新主体在创新时可能有两种经济性动机：第一是企业的经济效益；第二则是为了自己个人利益的增加。在现实生活中这两种经济性的动机是互相联系的。如果创新行为不能为企业带来经济效益，资源的配置率不能提高，则创新行为对企业毫无意义，企业也不会给予创新主体经济性的报酬来奖励其创新行为。既然创新主体的创新行为有经济性动机，那么在企业管理之中，就应对此给予充分的重视，以促进企业创新行为的不断发生，也能持续不断地为企业注入活力，降低企业经营成本，促进企业长期可持续发展。我们必须认识到创新行为的经济性动机是能满足创新主体基本生理、安全需要的基础。因此，必须在进行创新行为激励时把经济性动机的满足作为基础，才能带动满足创新主体其他的创新动机。

（四）责任心

责任心是创新主体另一项重要的创新动机，如果创新主体在其工作范围内是一位责任人，就要对其所做的工作负责。只有具备高度责任心的人才会去寻找当前工作的毛病和缺陷，希望从中找到改进的方法，并进行创新从而使自己的工作做得更好。责任心分为社会的、企业的和个人的。这种责任心会使企业创新主体在潜意识中产生一种使命意识，促使创新主体能够坚持不懈地努力，最终获得成功。责任心既可以在创新主体所处的工作岗位产生，也可以由竞争压力所造成。不管创新主体的责任心来源于何处，作为创新行为的动机之一，它的功效除了激发创新行为之外，还可以维持整个创新过程正常运转直至成功。

二、创新过程激励

当创新主体具有了创新动机后，创新行为不一定立即就能发生，或者即使发生，创新行为的保持也有一个过程，创新的开始与过程同样需要激励。创新的动机具备后企业又能为创新主体提供创新资源条件，创新行为发生的可能性就很大，为此我们应该是在创新行为条件具备后，有效地激励创新行为的持续，使之不至于中途夭折，即对创新过程的激励。创新过程的激励主要涉及以下几个方面。

（一）文化方面

《寻求优势》的作者认为："成绩卓著的公司能够制造一种内容丰富，道德高尚而且为大家所接受的文化准则，一种紧密相连的环境结构，使职工情绪饱满，互相支持和协调一致。他们有能力激发大批普通职工做出不同凡响的贡献，从而也就产生有高度价值的目标感，这种目标感来自对产品的热爱，提高质量，服务的愿望和鼓励革新，以及对每个人的贡献给予承认和荣誉。"这表明企业文化对员工的创新行为有着重要的影响。不同的企业文化对创新主体的激励是不一样的。但是可以肯定的是，建成激励创新文化的企业会因其文化的特色促使企业创新行为能够持续地进行，并为组织带来经济效益。企业文化对创新主体的激励主要是通过下列渠道进行的。

1.企业创新环境。创新环境有内外之分，对企业创新主体而言，企业内部环境尤其重要。如果企业比较重视员工创新行为，而且能为员工的创新行为提供智力、精神、资金上的支持，员工的创新行为则可能持续不断地进行下去，创新也才可能成功，也可能为企业带来效益如果企业内部环境是以保守的氛围为主，创新主体的行为得不到支持，创新行为则有中途夭折的可能。

2.创新价值观。创新价值观是指由企业大多数员工共同认可的创新价值观，是企业创新文化的核心和实质。这种创新价值取向具体就是企业在生产经营管理过程中所倡导的创新观念和创新的行为准则，它为所有员工提供了一种共同的创新意识，也为员工的日常创新行为提供了指导方针。这种指导方针为企业员工的创新行为指明了行动的方向和目标，这种价值能够保证员工将创新行为进行到底，直至完成，可以说是企业创新行为主体内在的心理保证。

3.创新英雄人物的激励。如果说创新价值观是企业创新的内在动力之一，那么创新英雄人物则最能够充分体现企业对企业创新行为的重视程度，他们一方面是企业创新行为的形象；另一方面也是企业创新主体学习的榜样。因为这些人物得到员工的钦佩也是企业文化所推崇的。以往企业创新英雄人物的存在能够向企业创新主体宣传企业提倡和鼓励的精神，能使创新的精神渗透到每个员工的思想行为之中，对英雄人物的奖励能使企业的创新主体认识到他们的创新行为能够得到什么，能促使他们不断地将其创新行为深入下去，直到成功，成为公司的一名创新英雄为止。榜样的力量是无穷的，其道理正在于此。

（二）对企业创新效果的不断反馈

目标设置理论认为有了明确的目标后，在发展的过程中给予不断的反馈会比无反馈带来更高的绩效，而且在反馈的过程中，组织、群体、个人可对创新行为再认识，进行反思，找出其不足的原因，扫除阻碍创新行为的因素，可以加快对组织结构本身的诊断，为创新主体提供组织的支持，能确保创新行为的最终成功。而对于个人而言，通过对创新效果的反馈，可以帮助其更加清楚地认识到创新的进度，为其合理安排时间，明确以后的行动方向具有很大的作用。创新效果反馈的渠道有组织内部的沟通，创新主体与管理人员的沟通，这些都是对创新主体的一种激励。

（三）组织激励

无论企业的创新主体是个人还是群体，其创新的环境都在组织范围之内，其创新行为也就会受到组织的影响。影响企业行为的组织因素主要有：组织结构与组织协调，创新主体的组织环境。如果为机械式、官僚制的组织结构，企业的创新行为有可能在进行过程中受到抑制。因为在机械式组织结构中个人的因素很少受到注意，行政管理人员必须遵守规则。所有的一切均以工作需要为基础的，个人的创新活动必须在遵守规则和工作需要满足的基础上才能受到一定的注意。而且在机械式组织中强调的是下级对上级权威的服从，也会抑制创新行为的发生。因此，为让员工的创新行为有足够的生存发展空间，企业的组织必须设计成有机式的组织结构，创新主体在这种组织结构环境中能够自由自在地表达他们的观点。员工之间的思想也能彼此之间毫无成见地交流，每个人的想法也能得到组织的重视，在这种环境里，创新主体的想法被组织理解、接受、支持，并且可能得到组织各方面的支持。在这种环境下，承认和交流是对企业创新主体的最大激励，企业创新行为继续进行到底的可能则非常大。而组织的协调活动则可以为企业创新主体的行为构建更大的活动空间，使员工创新行为在组织层次上得到各方面的支持，包括从精神上到物质上的保证和支持，以激励创新主体始终保持旺盛的创新热情。

三、创新结果激励

企业创新主体进行创新有各种不同的动机和目的。当企业的创新行为结束而且为企业带来了预期绩效的时候，企业创新主体当然也希望企业能够满足他们的创新动机。只有当企业能够满足创新动机时，企业创新主体的创新行为才能得到激励，也才能激励企业创新主体持续地进行创新行为。只有满足企业创新主体的需要，企业的创新行为才有可能不断地涌现。为此对创新行为结果的激励必须与企业创新主体的动机和需要尽量相关，创新主体也才能够被充分激励。每个创新主体的创新动机和需要是不同的，因而对企业创新行为结果的激励也是很复杂的，必须因人而异，也不存在唯一的最佳答案。为此，必须把握住企业创新主体的真实需要，期望理论也告诉我们，效价为零或很低的奖酬资源对创新主体不是很好，如果能将物质激励与企业创新主体的业绩十分紧密地联系起来，它的激励作用将会持续相当长的时间。经济学家和绝大多数的管理人员倾向于把金钱放在高于其他激励因素的地位，而行为科学则倾向于把物质放在次要地位。

也许这两种看法都不是正确的，但我们认为，如果想使物质因素成为一种激励因素，管理人员必须记住：金钱对那些抚养一个家庭的人来说要比那些已经功成名就的人更重要，金钱容易调动前者的积极性。为了满足不同创新主体对创新结果的不同要求，可列出奖励员工创新行为的菜单，让企业创新主体自己选择。为此，我们认为对企业创新行为结果的激励可以有以下几种方式。

（一）金钱

物质的激励作用在企业创新主体的生活达到富裕水平之前作用是十分明显的。为此，利用此种方式对创新主体进行激励，则先必须考察他们的经济能力。在大多数的商业企业中，金钱实际上是作为保持一个组织机构配备足够人员的手段，而并不是作为主要的激励因素，即双因素理论所说的满意因素，而不是激励因素。为此，为激励创新主体的创新需要，企业不应把金钱作为激励创新主体的主要手段。

（二）认可与赞赏

一般而言，企业创新主体的动机是超过经济生理需要的，企业创新主体的创新往往追求的是成就感和权力的需要，想给予创新主体成就感就必须在各种不同的场合对他们的创新行为进行认可与赞赏，比如树立他们为企业创新英雄等方式远比他们拿到一定的物质奖励的动力还要大，对他们而言，组织的认可和赞赏是远比金钱更具激励作用的奖酬资源。

（三）提供个人发展和晋升的机会

当代社会竞争越来越激烈，知识更新的速度也在不断地加快，对个人而言，个人发展和晋升的机会在绝大多数情况下比金钱的激励作用还重要。因为组织给创新主体提供个人发展和晋升的机会，个人在未来时期拥有的资本则越来越雄厚，其在社会生存发展的空间也会越来越大，从而更能在未来社会中生存。而给企业创新主体提供晋升的机会，会满足一部分创新主体的权力需要，当这种权力的需求被满足时，随着个人职位的提升，个人的责任心和工作积极性也会提高。这种提高为创新主体下一轮的创新行为提供了动力和足够的空间，个人自我实现的机会也会增加。

（四）提供特种福利和套餐福利

由于每位创新主体的需要不同，给创新主体提供"特种"福利和"套餐"福利也是激励企业创新主体的一种方法。让创新主体享受"特种"福利，如高级人员的轿车、星级宾馆出差待遇，可以满足企业创新主体自尊和别人尊重的需要。而推出项目不同的福利套餐组合，每位创新主体从中择其一，在给定每位创新主体福利开支总额的前提下，创新主体在福利菜单范围内自行决定的福利结构，可以满足企业每个创新主体的需要，从而达到群体激励的作用。这种方式的创新激励有很大的灵活性，针对不同的创新主体需要满足了不同的需要，一定的条件下，不失为可优先考虑的激励方式之一。

第二节　创新激励机制的实施

创新激励机制理论说明，要有效地激励企业人才创新行为的发生，涉及创新行为动机的激励、创新行为过程的激励、创新行为结果的激励，相关的因素有个人的、组织的、文化的、职务的和制度的。在实际的企业经营管理过程中，企业的人才创新激励机制就是基于上述众多因素建立的。

一、制度激励机制

我们可以把企业创新人才主体分为三个层次，即普通员工（多为技术人员）、管理人员和经营者。这三个层次的人员地位不一样，在组织中的角色也不一样，他们创新的动机也不一样。许多组织在分析创新人才主体的需要，制定激励人才创新的政策时，往往都是凭着组织（或主管人员的）主观臆断进行的。由于管理人员与普通员工在创新需要方面总会存在一些差异，管理人员或组织所认为的能够激励员工创新的激励制度并不一定是员工真正所需要的，而不针对员工创新真实需要的激励措施是毫无意义的。因此，企业在建立人才创新激励机制时，调查每个层次创新的真正需要是调动创新人才主体积极性的第一步，只有把握住每个层次的创新人才主体的真实需要，企业建立的人才激励机制才是有效的。

毫无疑问，普通员工的创新需求与管理人员、经营者的创新需求是不一样的，对他们进行激励的政策也应该是不一样的，为此我们认为对他们的激励政策应分别有如下几点。

（一）面向普通员工创新行为的激励政策

对普通员工创新行为的激励需遵循一些基本的原则，才能收到预期的效果。

1.激励要渐增。激励渐增的原则是指无论对创新行为的奖励还是惩罚，其分量都要逐步增加，以增加激励效应的持久性，也能保证普通员工创新行为的持久性。

2.情境要适当。由于创新主体（普通员工）个性差异的客观性存在，每个创新主体对奖励的时间、方式和环境都不一样。因此，组织实施针对普通员工创新行为激励措施时要因人、因时、因地制宜，选择适当的机会和环境。

情境由五个方面的因素组成：来自员工方面的；来自管理者方面的；实施奖励的时机，其时机要选在最能对创新主体起作用的那一时刻；实施奖励的地点，要选择能对创新主体起最大效用的地点；创新行为本身的性质，即为什么要受到奖励。要想使普通员工的创新激励效用最大化，必须有机地考虑这五个方面的因素，才能起到最佳的激励作用。

3.激励要公平。激励公平要求组织遵循社会的公平规则，或者是员工普遍接受的公平规范实施激励措施。对普通员工的创新行为进行激励也要遵循这样的原则，为此，企业在对普通员工创新行为进行激励时，必须做到：机会均等，即所有普通员工在争取创新资源时的机会要均等，让所有员工的创新起点处在同一水平线上，具备同样的创新条件；奖励的程度要具有可比性，不能因创新主体的条件不同，创新激励的程度便不同；奖励创新行为的过程要公正，即要做到过程的公开化和民主化，让组织中每一位员工都知晓公司对企业创新行为激励的制度和政策。

4.把握普通员工创新的真实需要。把握员工创新的真实需要是激励员工创新行为最基本的出发点，为此组织必须对员工创新需求做深入的调查。

组织在确定创新奖酬内容时，最基本的一条原则是奖励对获得者要有价值。期望理论也告诉我们，对员工而言，效价很低的奖励唯以调动员工的积极性。为了满足不同员工对奖励内容的不同需求，我们认为对普通员工的激励可以采取以几种方式。

1.金钱。金钱的奖励作用对普通员工是十分重要的。如果能将金钱激励与员工创新工作成绩紧密联系起来，它的激励作用将会持续相当长的一段时间。企业在用金钱奖励员工创新行为时，可以采取项目制。

2.认可与赞赏。认可与赞赏可以成为比金钱更具激励作用的奖酬资源。

3.带薪休假。带薪休假对许多员工来说都具有吸引力，特别是那些追求丰富业余生活的员工对此更是情有独钟。

4.员工持股。众多公司的实践表明，一旦员工变成所有者，他们就会以主人翁的精神投入工作。拥有公司的一部分股票，并从公司的经营成功中分享利润的人，更会从各个方面支持和激励企业创新行为的发生。

5.享有一定的自由。对能够有效地完成创新工作的员工，可以减少或撤销对他们的检查工作，允许他们选择有利于自己创新行为的工作时间、地点和方式，或者允许他们选择自己喜欢从事的工作，给他们的创新行为提供基础。

6.提供个人发展和晋升的机会。这一方式几乎对所有的员工都具有吸引力，而对满足创新主体的成就需要和自我实现的需要具有很强的激励作用。

尽管激励普通员工创新行为的内容和方式有许多，但可以认为金钱、认可与赞赏是两种最有效的方式。企业在制订奖酬方案时，可以对不同的奖励方式进行成本核算，能让员工在成本相同或相近似的几个方案中进行选择。

（二）　面向管理人员创新行为的激励政策

企业中管理人员的创新需要与普通员工的需要相比，倾向于更高层次。麦克利兰的成就需要理论告诉我们，管理人员的创新行为需要集中在成就需要和权力需要；赫茨伯格的双因素理论告诉我们，高层次需要更多地从工作本身得到满足。为此，可以认为管理人员的创新需求比较倾向于成就和权力需要。

晋升对管理人员而言，可能是最有吸引力的激励措施。因为晋升意味着得到了认可，可以享有更大的权力，而权力一般是管理人员最期望的东西。而且管理人员获得晋升后，可以获得创造更大成就的机会。管理人员的创新行为的经济报酬，可以由五个方面构成：第一，基本工资；第二，短期或年度奖励；第三，长期激励；第四，正常员工的福利；第五，管理员工的特别福利（因特权而享有的待遇）。其中，基本工资的作用是保证管理人员的日常生活需要，为管理人员的创新行为提供物质基础。短期或年度奖励的作用是可以促使管理人员创新以便能有效地促进现有资源的有效利用。长期奖励可以促进管理人员应用新的生产技术、开办新企业、开辟新市场等。管理人员的这些创新行为与公司的发展密切相关，需要管理者具备战略眼光，从长计议。长期奖励可以在一定程度上克服管理人员创新行为的短期性。管理人员的特别福利是管理人员在一定职位上享有的特别待遇，这些待遇也可以对管理人员产生一定的激励作用，满足其自尊的需要。

（三）　面向经营者创新行为的激励政策

这里所说的经营者，是指直接对企业经营收益负责的高级管理人员，是委托—代理制中的高级经理人。经营者的经营工作对整个企业的业绩、生存和发展的影响是直接与全面的，经营者的创新行为对企业的影响也是十分巨大的。企业经营者的创新需要有其自身的特点：经营者的创新需要相对而言是高层次的，即马斯洛需要层次中的尊重需要和自我实现需要，麦克利兰需要中的成就需要和权力需要；经营者创新需要本身应该是经营者的主要动机。面向经营者创新行为的激励政策主要有以下三方面。

1.建立所有者与经营者的长期合作关系。一般而言，经营者创新的动机就是提高所经营企业的效益，以达到自己名利双收的目的。为此，企业要努力培养与高级经理之间的长期合作关系，鼓励经营者通过创新行为提高企业的绩效，以满足他们所追求的个人在社会上的地位和声望的欲望。

2.设计合理的报酬结构。经营者的报酬大体可以采取以下几种形式：工资、奖金、股票和股票期权。每一种报酬形式都具有一定的创新激励作用：工资和奖金可以满足经营者创新的最基本需要，而股票和期权则可以反映经营者创新行为的业绩，也最具有激励作用，虽然也具有较大的风险。比尔·盖茨的收入中股票和期权占据了很大部分，这部分市值的存在可以有效地激励比尔·盖茨在微软管理上、技术上的创新，一方面可以为公司带来效益；另一方面也为自己带来了很大的收益，并提高了自己的社会地位。

3.引入创新竞争机制。在企业内部建立经营者创新竞争机制，可以有效地促进企业经营者的创新行为。企业最高管理部门可以给企业经营者下达创新指标，或者在内部进行创新项目的竞标，对于完成创新任务者给予奖励，而对没有完成创新任务或没有从事创新项目的经营者给予淘汰或处罚，引导企业内部形成创新氛围。企业的经营不能创新，则企业有可能被别的企业兼并，被创新能力强的企业接管，原有企业的经营者也就会被解雇，从而也促使企业经营者不断地创新。

在人才创新制度激励机制体系中，知识产权的激励具有特殊地位和作用。

1.产权激励是人才创新最基本的激励手段，产权制度是现代市场经济和社会正常运行的重要经济法权基础，对知识经济而言，完善的知识产权制度则是其根本性的经济法权基础。人类社会经济发展史表明，产权的早期类型是原始的公有产权，只有在排他性的公有产权出现后，才能极大地激励人们创新动力的产生。诺思在其箸作《经济史中的结构和变迁》中指出：当某些资源的公有产权存在时，对获取较多的技术和知识很少有刺激；相反，对所有者有利的排他性产权能够提供对提高效率的直接刺激，或者用一基本的术语来说，能够直接刺激获得更多的新技术，可以用这种激励机制的变迁来解释过去1000年人类所取得的迅速进步和漫长的原始猎狩采集时代发展缓慢的原因。但是排他性的公有产权有着严重的缺陷，因为在这神产权制度下，每个人都可能只关心自己的利益，而不承担相应的责任。解决这一问题的办法是建立私有产权，使每个人有其权、享其利、担其责。私有产权的建立，第一次在个人创造性活动与知识生产的投资上建立起了联系。在知识经济时代，知识产权是社会最主要的产权形式，因此运用以知识产权为主的产权手段激励企业创新发展，既是人类社会进入知识经济时代的必然结果，也是知识产权功能的重要表现。认识知识产权对企业创新发展的激励作用，对于调动员工参与创新的积极性，对企业实现全面创新具有重要的理论和现实意义。

2.从产权经济学角度看知识产权对人才创新的激励作用。产权经济学认为，产权问题是由交易费用问题引起的，由于资源的稀缺，任何社会都会出现对资源的竞争。因而必然要求一定的规则和约定来指导、规范竞争。没有规则和不规范的竞争是低度的、无序的，也是消极的，其结果是浪费了社会资源，降低了竞争的效率。而交易费用理论指出，协商、订立和实施这些规则需要付出相当的代价，即交易费用。一方面，交易费用的增加意味着社会资源的浪费；另一方面，指导竞争的规则一旦确定就会积极地减少资源浪费。产权制度发明的目的在于使社会经济体制运转的交易费用达到最低。产权的本质在于通过确定、实施规章和约定，力图降低社会内部的交易费用的水平，从而实现和增加经济的剩余。结合企业创新发展而言，完善的知识产权可使企业创新行为在正常的轨道内健康持续地发展，并在很大程度上节约创新成本，增加由创新而导致的企业经济剩余。诺思认为，有效率的组织是经济增长的关键，而要保持经济组织的效率，需要在制度上做出安排和确立产权，以便形成一种激励，将个人的经济努力变成私人收益率接近社会收益率的活动。因此，各种提供适应个人激励的有效的产权制度是促使经济增长的决定性因素，如果社会上的人没有从事促进经济增长和创新的活动与动机，该社会就一定没有经济增长和创新，因为已有的经济组织缺乏能激励个人动机的有效的产权制度安排任何包含在人才及创新过程中的各项进步因素的成长都要突破两大壁垒：一是私人收益率；二是社会收益率。私人的收益和成本是指其参与任何经济交易的盈亏，而社会的收益和成本则是社会从私人的活动中获得的公共利益或损失。缺乏效率的产权制度安排一定会造成私人的收益或成本与社会的收益或成本的极度背离。这种背离就意味着某人或某些"第三者"未经当事人的同意可以不支付任何代价从中获得利益或好处。更为可怕的是，如果私人为了某项发明、某项创新而投入的私人成本超过了他可能得到的私人收益，也就是说，他为了发明和创新付出了极高的代价与费用，但发明和创新所带来的收益被第三者不劳而获了，那么个人就丧失了从事创新性活动的动力，尽管这些创造性活动有益于整个社会。根据这种观点，我们可以推知，如果没有以知识产权为主导的产权制度及相应的知识产权措施，企业的创新发展将成为空中楼阁；反过来说，要使员工们受到某种激励而投身于企业创新实践中去就必须设计并形成某种以知识产权为核心的完善的产权制度，使员工的收益率、企业的收益率与社会收益率相协调、相匹配。这样，建立完善的知识产权制度体系，既激励员工积极投身到企业创新实践中去，又增强了企业的创新能力和积极性，同时，还增加了创新产品和项目的垄断性，提高了企业市场竞争力。熊彼特曾指出，企业之所以敢冒引进新思想和克服旧障碍的风险，就是期望获得当时的垄断地位（产权有效期内），垄断维持期间能享受高额利润。可见，企业创新发展动力源泉在于垄断市场、获取高额利润及始终在技术先进性、市场竞争力和获取利润能力等方面捷足先登。从此也足见知识产权对企业创新发展所起到的激励和保障作用。

3. 从创新过程看知识产权在企业创新发展的作用。企业创新发展在空间上表现为一个系统，而在时间上则是一个过程，它是科学技术、发明构思、研究开发、生产销售、品牌确立、服务延伸、经营管理等构成的复杂、复合性创新系统在时空条件下的持续发展过程。在这一过程中，知识产权制度的激励和驱动作用是非常重要的，它贯穿于企业创新发展过程的每一个环节，自始至终起到推动和保障的作用。

二、文化激励机制

前面已经分析过，企业文化对企业创新行为的发生和维持具有极为重要的影响，为此企业在建立人才激励机制时必须建立相应的企业文化激励机制。企业文化激励机制应包含以下几个方面的内容。

（一）树立崇高目标，追求卓越的企业价值观

当代企业价值观的发展呈现多元化和个性化发展的趋向，杰出企业的价值观千姿百态，但透过现象看本质，其都有共同的价值取向，即树立崇高目标、建立共识和追求卓越。崇高目标对企业每个成员的目标和行为有导向功能，对企业创新行为无疑也有指导作用，它为企业创新行为指明了方向。树立崇高的目标对企业创新行为的方向一致性具有重要作用，而且崇高的目标能使员工明了其创新行为对社会、企业、个人的意义，激发员工创新动机，也为员工提供了表现才能、实现自我价值的机会，从而可以极大地调动员工的创造性。而追求卓越的企业价值观，则可以在某些预定的目标实现后，不断产生新的需要，提出新的更高的目标，形成促进目标完成的内在动力，促使企业员工能够永远不满足，永远追求创新，这种永远追求创新的精神是现代企业能够长期发展的关键。

（二）树立创新榜样

榜样的力量是无穷的，任何一个具有优秀企业文化的企业，都有其杰出的榜样，在创新方面也是如此。例如，明尼苏达矿业制造公司是美国最大的制造企业之一。它的文化传统就是崇尚革新，鼓励企业家式的创新活动。因此，公司把革新者当作英雄和典范人物，其公司有一条明确的规定：凡是公司成员，无论什么人，只要他发明一种新产品，或者当大家在研制过程中遇到困难无法坚持而他还能坚持下去，他就有权管理这种产品，并成为该产品制造部的经理，而不管该产品原先是否属于他的业务范围。为此曾为技术员，后来因发明而荣升董事长的R.德卢和销售部经理的J.博登都曾被公司当作英雄，这无疑告诉员工，只要你也像他们那样具有革新精神，你就会获得事业上的成功。可以看出创新榜样在激励分工创新方面的作用是十分明显的，它让企业抽象的价值观成为职工的行为规范，使他们更容易接受。

（三）建立创新文化网络

文化网络即企业内部非正式的信息沟通系统，是企业信息的载体及传递工具，对企业创新行为起到促进或抑制的作用。利用这一网络，企业可以让公司全体员工对企业创新观念、创新事件及创新制度有一个清晰的了解，这将对企业创新文化的形成产生影响，对员工的创新行为也将产生重大影响，从而有利于企业创新行为的发生。

三、组织激励机制

任何企业创新行为都是在组织环境中发生的，组织对创新行为的发生和发展有着不可忽视的作用。为此在建立企业人才创新激励机制的过程中必须建立组织激励机制。通常认为建设组织激励机制主要涉及两个方面。第一，组织建设。相比较而言，有机式的组织结构比机械式的组织结构更能激发企业创新行为的发生，有机式的组织结构更有利于组织内部群体、个人之间的学习，有利于组织内部信息的交流，也更有利于组织员工熟悉每个职位的工作情况，有利于企业内部员工参与管理，从而更能促进员工创新精神和创新思想的形成，为企业创新行为提供组织条件。第二，职务设计。职务设计的方式有如下几种：工作轮换、工作扩大化、工作丰富化、学习型团队建设、弹性工作制。工作轮换可以培养职工的多种技能，消除职工对工作的厌倦感，提高他们的工作积极性。工作扩大化可以给予职工更多的责任，可以鼓励他们自我控制、自我发挥，从而使个性得到健康发展，促使他们在自己感兴趣的工作范围内进行创新。而工作丰富化则可以让员工拥有更多自由支配工作的权利，有机会参加工作的计划、设计、组织和管理，负有更多的责任，让工作富有挑战性，使职工有更多发挥才能的机会，以增强他们的责任感和成就感。员工具有创新的成就感和责任感，激发他们进行不断的创新。学习型团队的建设对于帮助企业内信息的交流和沟通，而且更有助于企业内部工作经验的总结，从而可以帮助企业找出企业自身所存在的问题与缺陷。所以学习型团队的建设一方面可以帮助员工之间的学习，为员工创新行为提供技术上的支持；另一方面则可以帮助企业发现创新的机遇。实践也证明，学习型团队的建设可以提高员工的劳动积极性，增强员工的工作满意度，激发员工创新行为的发生。弹性工作制可以使员工工作更自由，创新的积极性更高。

为此，企业在建立人才创新激励机制时必须对组织建设、职务设计这两方面的工作给予充分的重视，它是企业人才创新激励机制的组织基础，也是人才创新激励机制的一部分。

第九章　创新绩效的评估

第一节　创新绩效评估的定义、原则与作用

对企业创新绩效的形成机理进行研究，就是在充分了解企业创新绩效形成过程中各种影响因素的基础上，探求企业创新绩效怎样在这些因素的影响和作用下，一步一步由形成阶段、发展阶段再到成熟阶段的，重点是探讨企业内部各种要素、企业外部的各种环境和资源对企业创新绩效形成的作用过程。

一、创新绩效评估的定义

创新绩效是指采用新技术后企业价值的增加，以企业业务额的增加来测量。创新绩效对于政府部门和企业管理者动态掌握创新型企业自主创新的进展和成果，发现企业自主创新存在的问题及原因，以便企业采取有针对性的措施，优化企业创新资源的结构和配置调整创新产出目标与方向，进一步提高企业自主创新效率具有重要的意义。创新绩效评价是指企业在特定的背景下对创新方案、活动、创新的经营、管理效果的综合评价。目前企业的绩效评估主要有三类：传统绩效评估、战略性绩效评估与创新绩效评估，三种评估各不相同，见表9-1。

表9-1　传统与创新绩效评估差异

	传统绩效评估特点	战略性绩效评估特点	创新绩效评估待点
绩效评估基础	传统的会计系统	公司战略	公司创新战略
主要内容	财务评估	非财务评估	各种层面的结合
绩效评估尺度	财务度量	非财务度量	各种维度的结合
服务对象	中高级管理层	所有员工	所有员工
及时性	滞后度量	固定周期	实时度量

续表

	传统绩效评估特点	战略性绩效评估特点	创新绩效评估待点
简便度	较低	中度	中度
对员工的影响	挫伤积极性	提高满意度	提高满意度
绩效评估范围	忽视直线评估	各层次评估	各层次评估
绩效评估模式	固定	不固定	不固定
调整频率	低	中	随需要而变化
绩效评估目的	监视企业创新绩效	改善企业创新绩效	改善企业创新绩效
适应性	较低	较高	较高

我们可以把企业创新绩效评估的特点概括为以下几个方面。

（一）企业创新绩效评估内容的多层面

绩效评估体系的科学性是确保企业创新绩效评估结果准确合理的基础，一项绩效评估活动的科学性依赖于评估指标、评估标准、评估流程等各个方面的科学性。如表9-1所示，与传统绩效评估、战略性绩效评估相比，企业创新绩效评估体系考虑到企业战略创新的实际情况，把企业各种层面的绩效评估内容结合起来以保证绩效评估体系整体结构的合理性。此外，企业创新的绩效体系抓住了企业战略目标创新的主要方面，考虑到企业战略创新与传统原有企业战略的差异性，从而设计一定的弹性创新区间，突出反映创新绩效评估的重点，进行企业战略创新绩效评估前后和创新过程各个时期的纵向比较，并与外界的同类企业进行横向比较，最后结合多层面的绩效考评内容，从而利用多方位并包含企业创新方面的指标的绩效评估体系，最终形成有效率的创新型绩效评估系统。

（二）企业积极的绩效评估效果

企业创新绩效评估的服务对象为企业的各部门，针对企业的创新绩效评估方面和企业的全体员工、部门对创新战略目标进行绩效考核。由于企业的战略目标由全体人员参与制定，因此从根本上提高了员工和管理人员对企业目标的认同程度，这是企业传统的绩效评估、战略性绩效评估所无法比拟的优点。企业创新绩效评估通过创新绩效评估体系得出的评估效果来反作用于企业员工的工作，可以使企业员工积极配合并主动参与工作，使员工更具有团队精神和主人翁意识，这有利于企业创新战略的实施，从而保障企业战略创新的成功实施，最终实现企业预定的创新目标。

（三）合理的企业创新绩效评估周期

传统企业的绩效评估周期主要以月份和年份进行考核，这样不同岗位、不同性质的工作差异就无法充分体现。对于企业的基层员工或者是销售部门来说，绩效可量化的指标可以在较短的时间内得出好或者不好的评估结果，但是对于企业的管理部门或者技术部门来说，创新是一个时间较长的过程，包括很多智力因素，工作绩效可能不是立竿见影的。因此，企业创新绩效评估体系的设置应根据需要而变化评估周期，通过为不同部门设计不同的评估周期，也可以分散一次性进行绩效的工作量，从而提高企业创新绩效评估质量。

二、创新绩效评价的原则

企业在制定针对创新的绩效评价制度时，应注意以下原则：

（一）保证创新行为与战略的一致性

评价的基本作用是将人们的注意力集中在企业所期望的目标以及认为具有优先性的事务上，这也是哈默和普拉哈拉德所称的"战略意图"。被广泛认知的目标将决定人们的行动，并带动相应的评估、控制和学习活动。企业的创新战略应反映其总体战略。它应明确哪些领域的创新是企业迫切需要的，这些创新如何影响企业的现有业务，它们将对企业的竞争优势和环境中的威胁起到何种作用，应以怎样的时机性和风险性推出新产品或新流程，如何使创新项目与组织中的可得资源相匹配。Feltham 和 Xie 发现一个企业可以通过运用绩效考核评价来减少或弱化组织中的干扰因素，使组织行为向战略目标靠近。

在为企业的创新活动建立评价指标时，这些指标要既能够反映企业的战略意图，又能够反映企业当前工作的特点，兼顾未来目标与当前实际。此外，创新指标还应考虑到创新的不确定性与风险的大小，使制定出的考核指标具有建设性和公平性。

（二）兼顾责任与权力的匹配

评价制度具有激励效果，但必须认识到责任与权力相匹配的重要性。Loch 和 Tapper 指出有效的绩效考核必须以清晰的工作界定为基础：如果任务能够划分，相应的责任也应该划分，责任与权力的范围应该一致。但是，当一位管理者负责多项任务时，若其中一些任务的不确定性大且很难考核，企业就很难采用统一的激励措施。考虑到创新的内在不确定性（尤其是研发阶段），仅以产出指标来考核创新活动是不完善的。为了能在可衡量性与不确定性间掌握平衡，使考核体系既能衡量企业总体战略目标的实现程度，又能反映研发人员的努力程度，创新的考核体系应包括产出衡量与过程衡量两大方面。前者主要考核各类创新项目的结果；后者主要考核创新组织工作和流程的有效性。

（三）促进运作控制

对于一个动态系统来说，及时反馈对保证其按规划顺利运转十分重要。创新也是一种系统活动，为保证其正常运行，必须经常衡量其进度、预算等事先制定的指标，确定其进度、资金充裕度以及可能出现的偏离；还要时常评价竞争对手的反应、潜在市场需求、组织支持力度和自身技术能力等因素，发现可能存在的问题，并通过不断调整方向和运作方式来完善下一步工作。

（四）实现学习和改进

评价制度能为组织学习和改进提供便利。无论是过程还是产出的衡量都能为人们评价自己的工作以及如何在以后的创新活动中改进工作提供依据。组织则可通过评价结果所反映的情况，调整创新组织制度和流程设计等，更好地开展今后的创新工作。企业还能从创新评价中发现有效的管理方式和操作技巧，将各种考评数据和材料收集起来，建立企业创新资料库，为创新研究和分析工作提供第一手资料。创新考评资料还能成为组织间交流创新经验的载体，有理有据地传播有效的创新管理方法。

三、创新绩效评估的作用

创新绩效评估对企业而言具有重要作用，主要体现在以下几个方面。

（一）企业决策的需要

从企业经营管理的维度看，企业创新绩效评估不仅能够有益于正确引导企业，增强其竞争力，更能为企业决策提供依据。企业创新绩效评估重要的动因之一在于通过及时发现企业运营、管理过程中存在的重大误差和问题，促使企业改进管理方法、优化管理程序，从而更好地达成企业经营的目标。获利能力、营运能力、偿债能力、发展能力、技术创新能力、业务流程、知识管理以及外部利益相关者等多层面的评估构成了企业创新绩效评估内容，不仅可以全面、真实、可靠地反映和衡量企业所完成的与正在进行的经营管理活动，对企业经营活动发展的未来趋势也有一个相对准确的预测，有助于全方位地判断企业的真实状况，为企业决策提供科学的参考依据。

（二）加强对经营者的激励与约束的要求

科学地评估企业的绩效，可以有效加强对企业经营者的激励与约束。激励企业经营者的一个主要途径是从经营者的薪酬着手，通过制订合理的薪酬计划来调动、激励企业经营者工作的积极性。然而，国内企业经营管理者为企业所创造的价值与其所承担的风险并不相符，这对企业经营管理者的积极性有严重的影响，也就促成了大量的"逆向选择"和寻求补偿现象存在。对此，加快经营者的收入分配制度改革对于企业势在必行。隐形激励作为激励的手段之一，也同样需要被经营管理者关注。隐形激励是经营管理者根据自己对基于经营绩效基础的外在利益和自己对其报酬所做出的理性判断进行比较是否满意。例如，当个人为实现自己的人生价值、企业家为了增加市场竞争实力以及未来利益的扩大而提高信用度，可以看出当代理人所获的显性报酬并不能达到基于绩效所应得的薪资时，往往不会对其经营管理的积极性造成影响，前提是企业家人才市场发展成熟和经营管理人才充分竞争。此外，绩效评估也作为一种约束手段，对经营者激励的过程也是对其监督的过程，否则，就可能事与愿违，出现激励无效的状况。同样地，只有通过科学的评估企业的绩效，投资者才能判断企业经营者的业绩，进而对经营者采取有效的约束措施。

（三）企业发展战略转变的需要

科学合理的绩效评估体系不仅能客观、合理地评估企业的业绩，更为重要的是，其对企业经营管理和战略发展目标的实现具有积极的导向作用。具体而言，通过把绩效评估与企业的短期、长期战略目标相结合，可以促使企业从其长远发展角度出发，克服短期行为，改进薄弱环节，探索、提高发展潜能，及时监督计划和战略的实施过程，进一步实现战略目标，以促进企业的发展。企业创新绩效评估是企业发展战略转变的依据与前提，在正确地评估企业创新绩效后，企业经营管理者对企业发展战略的方向把握得才更加准确，从而促进企业长远发展。

（四）企业创新绩效管理的需要

企业通过绩效评估改进其绩效管理，以促进企业的经营发展和增强技术创新、知识管理等能力。因此，绩效评估不是企业的最终目标，而是其实现最终目标的一种途径或机制。企业欲取得长远的发展，应该拥有完善的企业创新绩效管理机制，否则在日益激烈的竞争中，无法持续发展，最终将被市场所淘汰。企业创新绩效评估是完善绩效管理的前提，客观地评估企业的绩效有利于促使企业经营管理者改进绩效管理方法，促进企业创新绩效管理的改进，从而提高其绩效。所以，只有形成完善的企业创新绩效管理机制，企业才可取得长远的发展，形成企业的核心竞争力。

（五）激励企业的创新活动

企业技术创新能力的内在因素包括R&D能力、生产制造能力和市场营销能力，直接决定了企业技术创新能力水平的高低。为了增强企业的R&D能力、生产制造能力及市场营销能力，要求投入足够的资源保证其技术创新活动的顺利开展，即诸多因素共同协调作用才能保证创新活动的顺利实施。支持要素大致划分为"软"支持要素和"硬"支持要素两类，分别指企业的创新管理能力和创新资源投入能力，而这两种能力又在侧面对企业技术创新能力的水平和企业创新绩效水平的科学评估产生间接影响，而为企业如何在"软"支持要素和"硬"支持要素间合理分配企业的资源提供依据，使得企业创新活动的贡献得以体现，促使企业加大对创新活动的投资力度，提高企业的创新水平，激励企业的发展创新活动。

（六）激发企业员工的创新动力

企业技术创新的行为主体是员工，其创新能力大部分来源于对自身利益追求的满足。企业创新绩效评估指标既反映了企业对技术创新的需求，又将对技术创新的需求转化为对员工的激励，促使员工将创新冲动转化为持久性的创新行为而实现企业经营需求和实现自己对利益追求，即根据企业的绩效评估指标，对员工实行内部评估与奖惩，在实现企业员工对自身利益追求的同时，最终实现企业创新活动的持续化和永久化。当员工的创新取向与企业的方向一致时，创新行为才能产生正向的合力。以企业的战略目标为导向的企业创新绩效评估体系，指明了员工在实现企业战略目标中所处的位置和努力的方向。为使企业的员工活动与战略目标保持一致，企业创新绩效评估体系可以通过调控创新资源的投入数量和投入方向，以及引导员工的利益取向等方式实现。因此，企业创新绩效评估体系能够引导员工的创新取向，与企业战略目标的需要相符合。

（七）企业的创新文化形成的要求

企业文化是全体员工一致认同且共同遵守的具有企业文化特色的价值观念的总和。企业创新绩效评估作为一种制度，是企业文化的一部分。创新文化不仅能激励、支持企业创新活动的开展和进行，为创新活动的实施创造良好的企业氛围和环境，还对企业员工的思想观念、意识、价值取向和行动等都能产生积极的效应。

第二节　创新绩效评估的指标体系

评估企业的创新绩效，对于企业管理者动态掌握企业创新的进展和成果，发现创新存在的问题及原因，为企业采取有针对性的措施，优化企业创新资源的结构和配置，调整创新产出目标和方向，提高企业自主创新效率，均具有重要的意义。绩效评估是企业发展的重要一环，如何有效地进行绩效评估对于企业来说至关重要。由于企业处于市场经济的大环境中，面临各式各样的变化，通过对比发现，企业创新绩效评估具有相对完善的创新评估指标，不仅涉及企业过去与现在的业绩，还有企业潜在的、未来的创新业绩信息，这要求在设计绩效评估体系时就考虑到既要有反映企业创新绩效现实情况的指标，又要有体现企业创新能力发展状态的目标，最终实现定性与定量的结合、财务与非财务的结合、短期与长期的结合。基于以上特点的分析，企业创新绩效评估体系的设计可以通过绩效评估反映企业创新的状况,具体指标应突出反映企业的创新绩效,具体指标可以是财务状况、经营成果与发展、业务流程,反映创新方面的指标包括技术创新、知识管理创新、市场创新、制度创新、文化创新,从而对企业发展趋势进行准确的判断和预测,实现企业创新战略的成功。接下来,我们以技术创新绩效的指标体系设计为例来介绍创新绩效评估的指标体系设计。

一、指标体系的设计思路

技术创新绩效衡量企业技术创新活动的实施效果。企业技术创新绩效评价指标体系是一套能够充分反映企业技术创新绩效、具有一定的内在联系且互为补充的指标群体。在这个指标体系中,设置哪些指标,如何设置,既关系到评价结果的科学性和正确性,也关系到企业技术创新资源的合理配置,更关系到企业创新能力的构建与创新机制的完善。

技术创新是一个复杂的系统工程。技术创新活动的阶段性、多样性以及各创新活动间的层次性,决定了创新绩效评价指标体系的层次性,同时影响企业技术创新绩效的因素很多且结构复杂,只有从多个角度和层面来构建企业技术创新绩效评价指标体系,才能全面反映企业的技术创新绩效。

满足市场和用户的需要是保证技术创新成功的首要条件,也是技术创新过程的起点和归宿,成功的新产品开发和工艺创新将给企业带来巨大的经济效益,这是技术创新的直接绩效。成功的技术创新将提升企业的技术能力和核心竞争力,通过产品创新或工艺创新改变生产要素的使用、改善社会环境,为企业和社会带来无形的效益,这是技术创新的间接绩效。企业技术创新系统的建立和完善还在于企业创新的内部支撑系统,其关键要素包括技术战略、企业组织环境、资源供给以及有效的外部连接。我们认为完整的技术创新绩效评价应该包括创新产出绩效评价和创新过程绩效评价两部分,图9-1所示为企业技术创新绩效评价框架。

技术创新产出绩效反映企业技术创新活动实施的效果,反映企业技术创新的现实绩效。对技术创新的过程绩效进行评价作为补充,反映企业技术创新活动的管理水平和潜在绩效因为好的业绩必然是由优秀的创新管理过程保证的,找到产生良好业绩的原因才是创新管理的任务所在。正像一座冰山,创新业绩是露出水面的部分,而创新过程则是隐藏在水面之下的部分,只有对两部分进行全面评价,才能准确完整地反映冰山的全貌。在设计创新绩效指标体系时,我们将紧密结合技术创新的本质特点,力求全面反映企业技术创新的显性绩效和潜在绩效,反映技术产品创新和工艺创新所带来的经济效益、技术效益和社会效益。

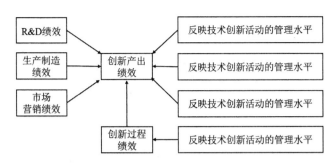

图 9-1 企业技术创新绩效评价框架

二、创新绩效评价的参考指标

结合技术创新的本质内涵、特点、创新过程特征和中国企业的创新实际，本着科学性、完备性、可比性、可操作性原则，针对企业不同的创新特征分别设计出如表9-2、表9-3所示的企业技术创新绩效评价指标体系。

表 9-2 以产品创新为主的企业技术创新绩效评价指标体系

分类		序号	指标	维度权重（%）	指标权重（%）
创新产出绩效	经济效益	1	新产品销售率		40
		2	新产品利润率	30	30
		3	单位产品成本降低率		30
	直接技术效益	1	新产品数		40
		2	重大改进产品数	30	30
		3	主持或参与制定新标准数		30
	技术积累效益	1	专利申请数		30
		2	技术诀窍数		20
		3	技术文档数	20	20
		4	科技论文数		15
		5	技术创新提案数		15
创新过程绩效		1	竞争情报分析报告数		20
		2	研发部门与客户交流频度		10
		3	研发部门与生产制造部门交流频度		10
		4	企业之间研发部门交流频度	20	10
		5	企业研发部门与高校研究所的交流频度		5
		6	研发投入占销售收入的比重		10
		7	研发人员人数比重		10
		8	技术带头人人数、技术桥梁人物数		5

分类	序号	指标	维度权重（％）	指标权重（％）
	9	企业技术人员人均培训费		10
	10	技术人员参加国内外会议人次		5
	11	企业技术论坛数		5

表 9-3　以工艺创新为主的企业技术创新绩效评价指标体系

分类		序号	指标	维度权重（％）	指标权重（％）
	经济效益	1	改进产品销售率		25
		2	改进产品利润率	30	25
		3	单位产品成本降低率		50
创新产出绩效	直接技术效益	1	重大工艺创新数		40
		2	改进产品数	30	30
		3	主持或参与制定新标准数		30
	技术积累效益	1	专利申请数		20
		2	技术诀窍数		15
		3	技术文档数		15
		4	科技论文数	15	10
		5	技术创新提案数		10
		6	产品质量改善率		10
		7	劳动生产率提高率		10
		8	生产周期缩短时间		10
创新过程绩效		1	竞争情报分析报告数		20
		2	研发部门与客户交流频度		10
		3	研发部门与生产制造部门交流频度		10
		4	企业之间研发部门交流频度		10
		5	企业研发部门与高校研究所的交流频度	20	5
		6	研发投入占销售收入的比重		10
		7	研发人员人数比重		10
		8	技术带头人人数、技术桥梁人物数		5
		9	企业技术人员人均培训费		10
		10	技术人员参加国内外会议人次		5
		11	企业技术论坛数		5

其中表9-2和表9-3中各指标的具体解释如下：

新产品数：当年开发出的新产品数量。新产品指下列两种类型的产品：一是指与以前制造的产品相比，技术特性或用途具有显著差异的产品。这些创新可以涉及全新的技术，也可以基于组合现有技术新的应用，或者源于新知识的应用。二是指其性能具有重大改进或提高的现有产品。若产品仅仅是在美学上（外观、颜色、图案、包装等）的改变及技术上的较小变化，则属于产品差异，不能作为新产品统计。生产资料类新产品自投产后统计3年，消费类新产品自投产后统计2年。

重大改进产品（包括工艺创新）数：对原有产品在结构、规格、标准、外观、材料等方面的重大改进以及工装设备、生产工艺方面的新改进。

主持或参与制定新标准数：当年主持制定或者参与制定的国际、国家级、省部级行业标准数。

新产品销售率：近3年内开发的新产品销售收入占企业总销售收入的比重。

改进产品销售率：性能具有重大改进或提高的产品销售收入占企业总销售收入的比重。

新产品利润率：近3年内开发的新产品实现的利润占当年企业总利润的比重。改进产品利润率：性能具有重大改进或提高的产品实现的利润占当年企业总利润的比重。

单位产品成本降低率：通过技术的工艺创新和工装设备改进，引起原材料消耗和能源消耗减少，生产要素使用的改善，致使单位产品成本降低的数额与原单位产品成本的比值。

专利申请数：当年申请专利的数量（包括发明、实用新型、外观设计）。

技术诀窍数：当年开发出不便申请专利的技术诀窍的数量。技术诀窍又称"专有技术"，是指在实践中已使用过没有专门的法律保护的具有秘密性质的技术知识、经验和技巧。可以是产品的构思，也可以是方法的构思，是处于保密状态下的技术。

技术文档数：当年完成的技术文档的数量。技术文档是指在产品研发或工艺细化过程形成的各类有关文档材料。

科技论文数：当年企业在国内外正式刊物上发表的科技论文数量。

技术创新提案数：当年企业内员工所提的技术创新提案数。

产品质量改善率：指通过技术的工艺创新和工装设备改进，而引起的产品质量提高的比率。可用当年产品一等品率与原产品一等品率的比值来代表。

劳动生产率提高率：指通过技术的工艺创新和工装设备改进，而引起的劳动生产率提高的比率。可用当年的劳动生产率与原劳动生产率的比值来表示。

生产周期（或交付期）缩短的时间：指通过技术的工艺创新和工装设备改进，而引起的生产周期的缩短。可用原某一代表性产品的生产周期与当年该产品生产周期的差值表示。

竞争情报分析报告数：当年搜集的国内外本行业相关竞争情报分析报告数包括各类科技情报信息分析报告、市场信息分析报告、技术预测报告数等。

研发部门与客户交流频度、研发部门与生产制造部门交流频度、企业之间研发部门交流频度、企业研发部门与高校研究所的交流频度：5分制，"十分密切"（如几乎每天都与客户交流）为满分5分，"比较密切"（如每周3~4次）为4分一般（每周1~2次）为3分，"不太密切"（每月1~2次）为2分，"几乎没有交流"为0分。

研发投入占销售收入的比重：当年技术研发投入的费用占企业总销售收入的比重。研究与试验发展（R&D）经费支出额指当年企业实际用于基础研究、应用研究和试验发展的经费支出。包括实际用于科学研究与试验发展活动的人员劳务费、原材料费、固定资产购建费、管理费及其他费用支出。

研发人员人数比重：当年技术研发部门人员占全部员工数的比重。

技术带头人人数：指国家、市级有突出贡献的专家和享受政府专项津贴的专家，包括获得博士学位，博士后在站人员，国家级、省市级重大、重点项目主持人。

技术桥梁人物数：技术桥梁人物指与外界联系密切并把别的组织的知识经过消化吸收后再传递给组织内部成员、起信息桥梁作用的人物，一般是一线的技术经理或项目经理。

企业技术人员人均培训费：企业当年用于培训员工的人均费用。

技术人员参加国内外会议人次：当年技术人员参加国内外各类学术或技术研讨会的数量。

企业技术论坛数：当年举办各类技术发展论坛或研讨会的次数。

第三节　创新绩效评估的方法

传统的绩效考核方法很多，如关键绩效指标法、个人平衡计分卡、360度绩效评估法、目标管理法等，不同的方法各有优缺点。在这里，我们主要介绍数据包络分析法与神经网络法两种绩效评估的方法。

一、数据包络分析法

数据包络分析法（data envelopment analysis，DEA）是由美国著名运筹学家查纳斯（A. Charnes）和库伯（W. W. Cooper）在1978年以相对效率概念为基础发展起来的一种新的绩效评价方法。这种方法是以决策单元（decision making unit，DMU）的投入、产出指标的权重系数为变量，借助于数学规划模型将决策单元投影到DEA生产前沿面上，通过比较决策单元偏离DEA生产前沿面的程度来对被评价决策单元的相对有效性进行综合绩效评价。其基本思路是：通过对投入产出数据的综合分析，得出每个DMU综合相对效率的数量指标，并确定各DMU是否为DEA有效。

（一）数据包络分析法的特点

数据包络分析法是一种评价决策单元间相对有效性的方法。DEA方法是运筹学、管理科学与数学经济学交叉研究的一个新领域。数据包络分析具有以下特点。

DEA以生产边界作为衡量效率的基础，以线性规划的方法建立求解生产边界的数学模型，而无须预设任何生产函数。将欲评价目标的投入和产出数据输入数学模型，求解出生产边界，以数据包络线的形式呈现，将各决策单元的实际数据与生产边界相比较，便可以衡量出各决策单元的相对效率或相对无效率的程度，以及对于相对效率的优化方向和优化指标。

DEA方法的几何学意义是利用数据包络线原理，将所有决策单元的投入和产出项投射到空间中并寻找最低的边界（生产效率前沿线）。凡是落在边界上DMU，表示其投入与产出组合是有效率的，称为DEA有效；若是落在边界右边则表示其投入与产出的组合是无效率的，称为DEA非有效。

DEA方法具有经济意义的显著特点。DEA评价方法的基本思想是，通过建立一个线性规划模型，对输入输出的数据进行效率（技术效率和规模效率）、松弛变量、敏感度、效率强度和规模报酬等综合分析，从而得到各决策单位的综合效率，据此排序定级，确定相对有效的决策单位，并指出其他决策单位非有效的原因和程度，给决策者提供管理信息。

DEA方法具有较高的客观性和可靠性特点。DEA方法根据对各决策单位观察，判断决策单位是否为DEA有效，本质上是判断DMU是否位于生产可能集的前沿面上，并指出DMU非有效的原因和程度，给相关决策部门提供管理信息和决策依据。DEA在用以研究多投入、多产出的生产函数理论时，由于不需要预先估计参数，可以避免主观因素、简化算法和减小误差，提高评价的可靠性。

（二）数据包络分析法的适用条件

数据包络分析法应用时应满足以下几个条件。

1.应用DEA方法的前提条件。构建科学合理的、能够反映最终评价目的的输入、输出指标体系是利用DEA方法进行评价的前提，然后对投入产出关系进行比较实现评价目标。

2.应用DEA方法时，其需要的数据必须具有可获得性。DEA方法进行效率方面的评价要求具有大量真实客观的数据作为技术支持，如果在评价过程中数据的可获得性较差，在一定程度上，可能会对效率测度水平的准确性产生影响。

3.应用DEA方法所评价的对象应该是同质的。评价对象的同质性是指研究对象单元必须是处在相同环境下，与此同时每个评价对象的指标具有同质性。

4.应用DEA方法对指标的量纲没有相关约束，指标数据不需要进行相关的量纲处理。作为评价对象的输入输出指标可以具有不同的单位，分析结果不会因为评价对象是绝对数值还是相对比率而发生变化。

5.应用DEA方法计算必须具有可实现性。因为DEA方法能够有效地处理效率评价问题，它是多输入、多产出且数据量非常大的问题，与定性的评价方法相比，其数据的处理难度非常大，如果进行数据处理，仅仅靠人工是不能实现的，在计算处理方面必须利用专门的数据分析软件进行，这里可以借助于相关的统计软件进行处理，包括Deap软件、Eviews软件等。

（三）数据包络分析法适用于创新型企业绩效评价的优点

数据包络分析法以生产效率分析为起点，发展成为一种成熟的用于多投入、多产出的决策单元效率评价的强有力的分析工具。自DEA方法引入国内以后，学术界以及社会各个领域开始研究、探讨DEA分析方法，包括教育、银行业、审计业和制造业等。而且，这一方法应用的领域正在不断扩大。DEA方法在上述领域的一个直接和重要的应用就是进行相对效率与效益方面的评价。数据包络分析法适用于创新型企业绩效评价，主要因为该方法具有以下优点。

1.DEA方法易处理多项产出和多元投入的评估问题，对输入和输出指标有较大的包容性，因此，在处理评价问题时比一般常规统计方法更具有优越性，在实际应用上可行性更强。该方法可以接受那些在一般意义上很难定量的指标，而且无须面对预设生产函数的确定和参数估计的困难。创新型企业绩效评价体系包含多层次内容，如创新能力的指标、人力资本及其盈利能力和发展能力等这些较难度量的指标，在该方法下都可接受实行。

2.DEA评估效率的结果是一个综合指标，适用于受评估单位之间的效率比较。数据包络分析法的两种较为成熟的模式为CCR和BCC，可以进行技术效率、规模效率、松弛变量分析、敏感度分析和规模报酬分析等，可以将其描述为经济学上的总要素生产力的概念，特别适合性质相同的单元之间的评估比较。该方法的这一特性恰好满足创新型企业绩效评价综合性的需求。

3.DEA模型中的权重系数根据数学规划，采用最优化方法确定，无人为主观的成分，因此避免了确定权重的误差，能满足立足点平等的原则，从而使得评价结果更具客观性。在设定的评估方式之下，任一DMU均无法依主观判断找到另一组权重，而使其效率大于DEA的评估结果。评价结果的客观、可靠是新型企业绩效评价体系构建的基本原则之一。

DEA方法不仅可以处理比率尺度资料，还可以处理顺序尺度资料，使其在资料处理方面具有较高的灵活性和弹性。DEA方法不会因为计量单位的不同而影响效率值。只要受评估的DMU均使用相同的计量单位，则模型的目标函数值不受投入产出项计量单位的影响，如以元或万元为单位时，不必统一单位，大大简化了测量过程，且评估效率不变。由于新型企业绩效评价体系内容的多层性，DEA方法的运用将会给创新型企业绩效评价工作带来极大便利。

4.DEA方法进行松弛变量分析、敏感度分析及效率分析，不仅能够了解组织资源使用的状况，而且可以揭示系统未知信息，进而作为管理者日后拟定决策的参考。创新型企业绩效评价需要通过DEA方法在成本、收入和利润方面进行上述分析，为管理者指出哪些指标需要改进，来进一步提高评价效果的有效性。

二、神经网络法

人工神经网络的研究始于20世纪40年代。人工神经网络是从微观结构与功能上对人脑神经系统的模拟而建立起来的一类模型，具有模拟人的部分形象思维的能力，是模拟人的智能的一条重要途径。它是由简单信息处理单元（人工神经元，简称神经元）互联组成的网络，能接收并处理信息。网络的信息处理由单元之间的相互作用来实现，它是通过把问题表达成处理单元之间的连接权来处理的。20世纪80年代以来，神经网络的理论和应用研究都取得了很大的成绩，在模式识别、信号处理、知识工程、专家系统、优化组合、智能控制等领域得到了广泛的应用。

（一）神经网络的特点

人工神经网络是人脑及其活动的一个理论化的数学模型，它由大量的处理单元通过适当的方式互相连接构成，模拟人的大脑神经处理信息的方式，是一个大规模的非线性自适应系统。它处理信息是通过信息样本对神经网络进行训练，使其具有人类大脑记忆与辨识能力，完成各种信息的处理功能。人工神经网络具有大规模并行、分布式存储和处理、自组织、自适应和自学习能力，特别适合处理模糊的、不精确的和需要同时考虑许多因素的问题。

虽然人工神经网络不完全等同于真正的生物神经网络，但它具有生物神经网络的部分优点，从而拥有一些固有的特性。

1.非线性

神经元是一个多输入、单输出的元件。人工神经元处于激活或抑制两种状态，这种行为在数学上表现为一种非线性关系。神经元具有非线性关系的输入输出特征、具有可塑性和阈值特征，可以存储所有的定量或定性信息。因此，由大量的具有输入输出、可塑性和阈值特征的神经元所构成的神经元网络存在可以提高神经元网络容错性和增加存储容量等方面的优势。

2.非局域性

单个神经元的特征不能决定由多个神经元连接组成的一个神经网络系统。整个系统的整体行为还要取决于神经元之间的相互结合与连接。其中，层与层间的神经元采用全互连的连接方式，每层内的神经元之间没有连接。通过神经元之间的全部和部分连接，形成相互广泛结合型的网络系统，模拟大脑神经网络的非局域性。

3.动态性

人工神经网络具有自适应、自组织、自学习能力。神经网络不但处理的信息可以有各种变化，而且在处理信息的同时，非线性动力系统本身也在不断变化。经常采用迭代过程描写动力系统的演化过程。

4.非凸性

一个系统的演化方向，在一定条件下取决于某个特定的状态函数。例如，能量函数，它的极值与系统相比处于比较稳定的状态。非凸性是指这种函数有多个极值，故系统具有多个较稳定的平衡态，这将导致系统演化的多样性。

人工神经网络中，神经元处理单元可表示不同的对象，例如，特征、字母、概念，或者一些有意义的抽象模式。网络中处理单元的类型分为三类：输入单元、输出单元和隐单元。输入单元接收外部世界的信号与数据；输出单元实现系统处理结果的输出；隐单元是处在输入和输出单元之间，不能由系统外部观察的单元。神经元间的连接权值反映了单元间的连接强度，信息的表示和处理体现在网络处理单元的连接关系中。人工神经网络是一种非程序化、适应性、大脑风格的信息处理，其本质是通过网络的变换和动力学行为得到一种并行分布式的信息处理功能，并在不同程度和层次上模仿人脑神经系统的信息处理功能。它是涉及神经科学、思维科学、人工智能、计算机科学等多个领域的交叉学科。

人工神经网络是并行分布式系统，采用了与传统人工智能和信息处理技术完全不同的机理，克服了传统的基于逻辑符号的人工智能在处理直觉、非结构化信息方面的缺陷，具有自适应、自组织和实时学习的特点。

（二）神经网络法的适用条件

神经网络法适用于处理大量未知模式的复杂数据，并且不需建立数学模型避免了传统的评价方法中的主观因素，分析和建模的过程进行了简化，神经网络具有很强的非线性拟合能力，可映射任意复杂的非线性关系，而且学习规则简单，便于计算机实现。

神经网络法具有巨大的吸引力，表现在以下几个方面：1.并行分布处理。2.容错能力。3.分布存储及学习能力。4.能充分逼近复杂的非线性关系。

在控制领域研究中，不确定性系统的控制问题长期以来都是控制理论研究的中心主题之一，始终没有得到有效的解决。神经网络法利用自身的学习能力，通过对不确定性系统自动学习系统的特性进行控制，可以自动适应系统随时间的特性变异，从而能够达到对系统的最优控制，显然这是一种振奋人心的方式。

人工神经网络的模型现在有10多种，BP网络、Hopfield网络、ART网络和Kohonen网络都是应用较多的典型的神经网络模型。典型训练集难以选取是利用人工神经网络来进行综合评价的难点，所以获得人工神经网络的学习样本来实现对神经网络的综合评价法的应用还需借助其他方法来进行，人工神经网络通过学习样本集后，网络中将储存各指标的权重，之后输入实际问题的特征参数，评价结果就可以通过人工神经网络自行给出。

（三）神经网络适用于创新型企业绩效评价的优点

神经网络评价方法能通过处理大量未知模式的复杂数据，生成一个反映所有输入输出变量相应关系的模式，解决传统方法中如何选择适当模型函数的难题，不需建立数学模型，避免了传统的评价方法带有的人为因素，并简化了分析和建模的过程，比较适用于创新型企业绩效评价。其具有如下优点。

1.神经网络适用于创新型企业绩效评价，对创新型企业真实绩效能准确反映，进而可靠地提高创新型企业绩效评价。神经网络评价方法是，通过训练中学习和适应的过程，发现输入与输出的内在联系，再结合所提供的客观数据求解，并不受经验知识和个人的主观预测等主观因素影响，因而具有自适应能力，有益于弱化权重确定中的人为因素，使创新型企业绩效评价更具有可靠性和客观性。

2.神经网络评价方法，是处理创新型企业进行绩效评价中存在的非线性问题的有力工具。对创新型企业进行绩效评价的实际操作中，绩效评价非常复杂，各个影响因素之间相互关联，呈现出复杂的非线性关系。而神经网络是典型的利用非线性可微分函数进行权值训练的多层网络，可以充分逼近任意复杂的非线性关系，是处理创新型企业进行绩效评价这类非线性问题的强有力工具。通过对若干样本进行自学习和自适应，确定各指标的加权向量，建立网络输入变量与输出变量之间的全局非线性映射关系，使得对这些已知的输入和输出得到最佳的一致性。

3.将神经网络评价方法应用到创新型企业绩效评价体系的建立中，可以降低创新型企业绩效评价的成本。由于神经网络结构简单，神经网络评价方法不需要建立传统的数学模型，只需要将处理过的数据输入设定好的网络中，通过相应程序即可得出结果，评价方法更加快捷。神经网络评价方法所具有的这种快捷速度，将为创新型企业绩效评价操作显著节约成本。

4.神经网络评价方法强大的信息处理能力有助于创新型企业绩效评价目标的实现。神经网络可以接收任意复杂的输入信号，包括各种定量或定性信息，而且对指标变量的分布也没有特殊要求，通过自学习和训练，即使当数据有噪声或不完全时，也能正常工作。神经网络这种强大的泛化能力和容错能力，使得在对创新型企业进行绩效评估时，运用该方法能够快捷地进行大量运算，处理大量的信息，解决数据间的互补和冗余问题，满足创新型企业绩效评价综合性，例如，定性指标与定量指标相结合、短期绩效和长期绩效的指标相结合的多层性需求。

5.神经网络评价方法中用来研究的参数可以比传统的统计方法多很多，参数也可以通过各种各样的组合方式影响模型输出结果，而不必拘泥于变量之间线性关系的假设，从而有助于揭示变量之间隐藏的非线性关系。因此，神经网络评价方法应用于创新型企业绩效评价，可以揭示影响创新型企业绩效水平的相关因素之间隐藏的非线性关系，从而有助于决策者调整评价指标，优化创新型企业绩效评价体系。

三、方法的选择及适用范围

创新型企业经过以上分析，可以看出数据包络分析法、神经网络模型对创新型企业绩效评价具有很强的适应性，能够全面准确地评价创新型企业绩效形成的过程及相对影响因素，因此绩效评价中利用DEA、神经网络模型作为评价方法是较常见的选择。

但这两种方法在进行创新绩效评价时也有不同的特点。

DEA方法由于选取输入指标和输出指标选择等限制（在DEA输入、输出数量指标过多时，决策单元指标之间的同构性差，投入与产出的相互影响关系清晰度受到影响），以及DEA方法只表明评价单元的相对预期指标，无法表示出现实发展情况，因此，DEA适用于行业间的企业绩效评价比较。所以该方法一般作为行业中创新型企业绩效评价排名的主要方法。

而神经网络分析法的优点表现在神经网络评价方法能通过处理大量未知模式的复杂数据，不需建立数学模型，避免了传统的评价方法中的主观因素，并简化了分析和建模的过程，神经网络具有很强的非线性拟合能力，可映射任意复杂的非线性关系，而且学习规则简单，便于计算机实现；具有很强的记忆能力、非线性映射能力以及强大的自学习能力。其缺点一是没能力来解释自己的推理过程和推理依据；二是不能向用户提出必要的询问，而且当数据不充分的时候，神经网络就无法进行工作。虽然神经网络具有这些缺点，但是整体适用单个企业创新绩效影响因素分析，通过神经网络可以准确评价各项影响因素情况，为单个企业创新绩效形成提供相关支持，所以一般将神经网络用作单个企业的创新绩效形成因素的分析。

第十章　新时代经济创新思维新趋势

第一节　创新思维+互联网

一、互联网+创新是大势所趋

1969年10月29日晚上10点30分，世界上第一次互联网络的通信试验，成功传送了两个字母"LO"。这一刻成为互联网的开端。1973年，阿帕网利用卫星技术，跨越大西洋与英国、挪威实现连接，开始了世界范围的登录。

1983年1月，TCP/IP成为人类至今共同遵循的网络传输控制协议，TCP/IP协议联合发明人罗伯特·卡恩说："IP地址可以让你在全球互联网中，联系任何一台你想要联系到的计算机，让不同的网络在一起工作，不同网络上的不同计算机一起工作。"此时，借助技术，地域之间的隔阂开始被打破，世界开始实现互联。同一年，美国国防部担心军事机密泄露，退出了对阿帕网的资助。研究的资金来源改为美国国家科学基金会，阿帕网随之改名为互联网。1990年12月25日，蒂姆·伯纳斯·李和罗伯特·卡里奥一起成功通过Internet实现了HTTP代理与服务器的第一次通信。1991年，万维网正式登场。五千多年前，玛雅文化曾预言：将会有一张硕大无比的蜘蛛网覆盖全球，这张网就是信息互联网。

1994年4月20日，中国实现与互联网的全功能连接，成为接入国际互联网的第77个国家。互联网是人类社会有史以来第一个全球性论坛组织形式，世界各地数以亿计的人们，可以利用互联网进行信息交流和资源共享，使人们的生活方式发生了重大的变革，包括购物方式、阅读方式、学习方式、工作模式，等等。信息借助互联网以前所未有的广度、深度和速度流动起来，行业壁垒在信息洪流冲击之下无比脆弱，行业融合、领域交互成为新趋势。不同思想的交流碰撞，在学科边缘、行业边界之上不断地摩擦出创新的火花，创新思维的开发也提高到了空前水平。如果说互联网对人们生活的改变是润物细无声，那么，它对经济社会的改造、创新教育的重塑则是摧枯拉朽式的。近年来，互联网颠覆传统行业的例子比比皆是。创新工场首席执行官李开复认为，创新就要打破一切标准和规则，创新可以渐进、可以跳跃，也可以破坏，但是不能停止。

创新型经济具有以下特征：一是先发性。科技与产业的先发原创优势明显，源源不断地创造和应用新科技新知识，是科学发现和技术发明的前沿重镇。二是颠覆性。大量的破坏性创新创造出一系列新的价值网络，产品创新极为活跃，新需求被开发、被满足，新市场被开辟、被拓殖，原有产业（体系）受到"创造性破坏"的毁灭性冲击。三是全球性。谁能率先形成领先市场、主导设计和创新规制，谁将成为新一轮繁荣和全球化中的引导力量。四是创造性。为整个经济注入新的边际效应递增机制，包括新的生产方式、新的生活模式、新的组织形式，使人们的创造性得到最大程度释放，社会文化为新一轮繁荣做好了充分准备。

现代管理学之父彼得·德鲁克说："当今企业之间的竞争，不是产品之间的竞争，而是商业模式之间的竞争。"互联网浪潮浩浩荡荡，一面是互联网企业的高歌猛进，另一面是传统企业触网的慷慨悲歌，上演了一场大变革、大转型时代的序幕。腾讯董事会主席兼CEO马化腾在思考："互联网+"战略就是利用互联网的平台，利用信息通信技术，把互联网和包括传统行业在内的各行各业结合起来，在新的领域创造一种新的生态。政府工作报告中写道："要制定'互联网+'行动计划，推动移动互联网、云计算、大数据、物联网等与现代制造业结合，促进电子商务、工业互联网和互联网金融健康发展，引导互联网企业拓展国际市场。"

互联网颠覆的并不是传统行业，而是信息的保存、制造、传递方式，创业者需要顺应这种变化。互联网使得沟通效率极速提升，通过消灭中间环节的方式，重构了商业价值链。随着互联网进程的推进，几乎所有的企业都会面临互联网的冲击，或早或晚融入互联网大潮。对于创业者来说，面临着新的产业形态调整时期，机会就会更多。"互联网正在成为现代社会真正的基础设施之一，就像水电和交通设施一样。互联网不仅仅是用来提高效率的工具，它是构建未来生产方式和生活方式的基础设施，更重要的是，互联网思维应该成为我们一切商业思维的起点。"互联网商业模式必然是建立在平等、开放的基础之上，互联网思维也必然体现着平等、开放的特征。平等、开放意味着民主，意味着人性化。从这个意义上讲，互联网是真正的以人为本的经济，是一种人性的回归，互联网让商业真正回归人性，互联网思维，堪比"文艺复兴"。

海尔集团董事局主席张瑞敏在《致创客的信》中说："大工业发展正在把每一个个体变成机器部件，时代列车正传入一个崭新轨道，'零距离'去中心化"分布式'的互联网思维，把我们带进一个充满生机与挑战的人人时代，一个人人创客的时代。唯一没有被时代抛弃的是永远的双创精神，永远创业，永远创新。"

互联网+存在着巨大的机遇，同时为互联网创业带来了巨大的商机。对于共享经济模式而言，人们可以乘坐共享专车出行，使用共享办公空间办公，在众创空间创业，运用众包将工作外包，运用众筹融资，使用携程订酒店和机票。又如互联网+本地生活服务，以登门服务为例，人们可以享用上门洗衣、保姆、搓澡、美甲、美妆等服务。对于消费者而言，"互联网+"极大地便利了人们的生活，改变了生活方式、工作方式、学习方式、出行方式、社交方式、医疗保健方式和家庭个人生活方式。对于创业者而言，可以直接与消费者进行沟通，听取消费者的意见，将商品直达消费者，节省了巨额的中间环节代理费及广告费，将节省的费用直接补贴或优惠给用户，让用户在"互联网+"打造的社群时代中用体验、参与及口碑的方式对商品进行有效的传播，这就是粉丝经济、参与经济、社群经济、体验经济的真谛。

"互联网+"是大势所趋，加的是传统的各行各业。"+"可以看作是连接与融合，互联网与传统企业之间的所有部分，都包含在"+"之中。政府对"互联网+"的推动、扶植与监督，会有企业转型服务、商家的服务，会有互联网企业对传统企业的不断造访，会有传统企业与互联网企业不间断的探讨，还有连接线上与线下的各种设备、技术与模式。总之，"+"既是政策连接，也是技术连接，还是服务连接，更是人才连接，最终实现互联网企业与传统企业的对接与匹配，从而帮助完成二者相互融合的历史使命。在技术上，"+"所指的可能是 Wi+fi、4G 等无线网络，移动互联网的 LBS，传感器中的各种传感技术，O2O 中的线上线下相连接，场景消费中成千上万的消费，人工智能中的人机交互，3D 打印中的远程打印技术，生产车间中的工业机器人，工业 4.0 中的智能工厂、智能生产与智能物流，将来还会有更多更新的技术来为"互联网+"服务。

企业将直接面对消费者，消费者反客为主，真正拥有了消费主权，企业必须以更廉价的方式、更快的速度以及更好的产品与服务，来满足消费者需求。"顾客是上帝"不仅仅是一种终端服务概念，而是整个设计、生产、销售链条的原则。苹果公司的创始人乔布斯，他并不拥有真正伟大的物质发明，个人电脑和智能手机都不是他的原创，他的伟大在于定义了"产品经理"这个角色，并把"互联网思维"运用到了极致。如今，这个思维已经不再局限于互联网，与人类史上的"文艺复兴"一样，这种思维在逐渐扩散，开始对整个大时代带来深远的影响。不只产品经理或程序员，所有传统商业都会被这场互联网思维浪潮所影响、重塑乃至颠覆，这笔人类宝贵的思想财富将会造福各行各业。特斯拉用互联网思维做汽车，人们就像使用手机和平板电脑一样使用汽车，它没有发动机，却拥有超过法拉利的速度；不需要加油，一次充电能行驶502公里；既不是自动波，也不是手动波，而是用一块超级iPad操控一切，互联网已经成为汽车的主体。

在消费者缺乏话语权的传统工业时代，核心是产品，通过大规模生产、推广以及销售实现盈利，赚的是人口红利的钱。但是，在如今个性张扬的时代，随着互联网的普及，信息越来越对称，同质化越来越严重，这样的红利也就越来越少了。互联网为什么能够颠覆传统行业？那是因为，从工具到思维，从产品到人才，互联网企业都比传统企业的效率要高得多。互联网颠覆本质上是对传统产业核心要素的重新分配，是生产关系的重构，从而提升运营效率和结构效率。曾经，工厂生产什么，我们就买什么，媒体发布什么，我们就看什么。而互联网时代，用户拥有了选择的话语权，传统产业的格局变成了C2B，即以用户为中心，传统的大规模生产将被个性化定制所取代，生产制造的柔性化开始走上前台。互联网让用户成为生产者，个性化的需求和小型生产者的对接，使得规模经济正在逐步失去优势。过去"制造"是以企业为中心的，在互联网时代，用户希望参与"创造"，因此，进入了用户"智造"产品的时代。

移动互联网、物联网、大数据、云计算、3D打印等技术交织在一起，彼此交汇和相互影响，正以人们想象不到的速度，重塑全球商业文明的未来。当前，互联网开始向价值创造环节渗透，特别是向产品研发和制造等领域渗透。这种渗透是全方位的，用户参与研发、众包模式、众筹模式等。互联网思维下的生产模式，正从规模生产向个性化产品的规模生产转变，消费趋向多样化和个性化，功能性产品将被功能艺术性产品所代替。

创业者拥抱"互联网+"，运用创新思维，形成以下三种全新认识。

（一）产品成为"有机生命体"。

保罗·格雷厄姆在《黑客与画家》中提出，产品开发有两种模式：一种是圣母玛利亚模式，企业内部团队封闭开发，花N年时间，努力把所有可能性都想到，然后召开发布会，隆重登场，就像圣母驾着祥云而来；另一种是互联网企业中常见的迭代开发模式，即先推出一个用户最需要的功能，然后根据用户反馈不断完善。后者是以用户需求为中心的互联网思维的体现。互联网时代的企业，应将产品视为一个"有机生命体"，产品拥有自己的生长过程，其生长动力来自用户的需求。

（二）传播渠道不再垄断。

传统企业要推出一个新的产品，往往会搞大规模的发布会、找公关、记者、打广告，试图通过控制媒体达到宣传的目的。然而在"互联网+"时代，以单向大规模传播为特征的传统媒体业，也已成为最先受到冲击的行业之一；媒体产品天然可以实现数字化；人人都可以进行内容生产；免费的传播渠道越来越多。传统媒体垄断被打破，新闻发布会等工业时代的传播方式将逐渐失效，取而代之的是基于自媒体的口碑传播。

（三）组织形态充满无限可能。

"你要么是破坏性创新，要么你被别人破坏。"这是海尔集团董事局主席张瑞敏在海尔商业模式创新全球论坛上援引"创新之父"克里斯坦森的一句话。面对汹涌而来的互联网大潮，张瑞敏认为，没有成功的企业，只有时代的企业。这是一个大变革的时代，如果没有变革的基因、变革的特点、变革的追求，就会被时代淘汰掉。无论是百度还是阿里巴巴，也无论是华为或是海尔，在"大互联"时代瞬息万变的市场环境下，必须不断地自我变革，以适应动态发展的商业变化，如此才有可能持续成功下去。敢于自我否定、自我颠覆是优秀企业必备的竞争法宝。拥抱"互联网+"，不是简单的电子商务、社会化营销、免费策略就能搞定的，它代表的是一种思想和思维。"互联网+"不仅是技术，而是一种观念，是一种创新思维方法，理解了这些，你就把握了"互联网+"落地的精髓。

在今天"互联网+"时代，你若再无动于衷，恐怕就要彻底出局了。你若对互联网动了心思，对创业充满希望和野心，但却不知道如何在"互联网+"时代让行动计划落地，那么你还是要被淘汰。在互联网巨头和创业者涌入传统企业，互联网转型大潮不可阻挡，很多传统企业开始"触网"，一路跟跄尝试做电子商务、做新媒体营销，一旦转型成功，将迎来极大的提升空间。在互联网时代，将原有以企业为导向的规模型设计，转向以用户为导向的个性化设计。从产品功能研发到产品包装设计，每一个部分都通过互联网与用户建立关联，争取更广泛的互动，从而形成有效的生产制作方案，强调用户的参与度，尊重用户的个性化需求。比如，小米手机的生产模式，正是将消费者视为研发的参与者，根据消费者的需求进行产品定位与设计，进而取得了巨大的成功。这就是一个大变革的时代，如果失去了创新创业的动力，只能充当温水中的青蛙。百度李彦宏认为，互联网正在加速淘汰传统企业，互联网在整个中国还是一个小的产业，互联网以外的产业是更大的产业，而他们都面临着互联网产业无情的冲击，"互联网+"面临着无限的商机。在互联网发展的早期，如BAT（百度、阿里巴巴、腾讯），因为这些企业最先应用互联网工具，最先颠覆了传统经济的运行模式。

当今互联网的发展趋势越来越向开放、社交、整合发展，创业者在面临谷歌、腾讯、百度、阿里巴巴等巨头公司时，如何找到自己的创业空间呢？相比于创业企业或者小企业，行业巨头们拥有先进的技术、丰富的资源和强大的市场，这些恰恰是创业者欠缺的，如果直接与巨头竞争，结果可想而知。要想实现成功创业必须从那些巨头看不懂、看不上甚至嘲笑的地方出发，正是因为巨头们忽略了的方面，才给了小企业一个发展的机会，再过上三五年，等到巨头们看得懂、瞧得上时，创业者已经抓住了最好的发展机会。IBM曾经是世界上最大、经济效益最好的计算机公司，在其鼎盛时期曾占据世界大型计算机市场的70%，毛利率达到80%。IBM一直认为，大型计算机才是主流需求，没有把个人电脑当回事，为了保证自身大型机的销售利润，IBM集中精力进行硬件研发，将个人电脑的操作系统授权给微软，这正好给微软提供了发展的机会。IBM怎么也没想到，到了20世纪80年代中期，随着IBM个人电脑兼容机的大规模普及，大型机失去了市场，微软、英特尔公司占据了个人电脑的核心位置，原来的大哥IBM公司被边缘化了。

当IBM、微软、英特尔为个人电脑市场激烈竞争时，当时毫不知名的谷歌知道自己的硬件拼不过IBM，软件拼不过微软，于是着手打造自己在行的搜索引擎技术，结果谷歌一炮打响市场，等到"老大哥"们回过神来，谷歌在搜索引擎界的地位已经无可撼动。微软和谷歌的成功，验证了颠覆的力量往往来源于巨头看不懂和看不上的地方。

如何找到自己的立足之地呢？先要思考如何好好地利用这些平台，做一个平台之上的内容提供商，一家个性化的公司。在创业时期，做不到专注，就不可能生存下去。创业者们只有将有限的资源进行聚焦，"毕其功于一役"，集中力量解决最迫切的需求，才可能迅速找到并抓住消费者的心。所以，创业者们应该这样选择：

（1）一个针对用户明确而且迫切需求的产品，这样能够很容易找到明确的用户群；

（2）选择的用户需求要有一定的普遍性，决定这个产品的未来市场前景；

（3）解决的问题少，开发速度快，这样容易控制初期的研发成本和风险；

（4）解决明确问题的产品，这样容易和用户说清楚，推广也会相对简单。

移动互联网时代的兴起，使人们的时间被碎片化，相应的"微"产品就大行其道，如微博、微信、微拍、微视等。"微"成了日常生活的主流，连创新也要具体而"微"，微创新正在改变世界。你的产品可以不完美，但只要能打动用户心灵最甜的那个点，把一个问题解决好，有时候就是四两拨千斤，这种单点突破叫"微创新"。"微创新"又可以称为"渐进式创新"，众多的"微创"可以引起质变，形成变革式的创新。360就是在中国互联网格局初定，老三大门户、新BAT巨头、游戏巨头并存的情况下发展起来的，除了在安全杀毒的免费策略之外，产品的"微创新"也是其成功的重要保证。以360安全卫士一个小软件作为突破口，用一个又一个小的"微创新"，有功能上的，比如安装漏洞、清理垃圾、电脑体检，也有体验上的，比如开机比较等，迅速扩大了桌面软件的市场份额，成为互联网的新巨头。

在互联网时代,"要想火车跑得快,全靠车头带"的观念,已经让位于动车理论。动车的每一节车厢都有发动机,这样整个列车的速度才会提升上来。对于组织来讲,不能只有企业领导者做发动机,每一级组织甚至每个人都要成为发动机。让每个人成为自己的CEO。我们从硅谷学来的最有价值的不是技术,也不是文化,而是机制,用一种全新的机制,肯定了创新者作为公司主人的法定机制,并基于此建立全新的游戏规则。互联网改变传统产业,最大的改变就是重新衡量人的资产价值。这就是最大的本质。

二、"互联网+"时代的创新盈利模式

传统企业的盈利模式非常简单,是通过销售产品或者提供服务来直接获得的。但互联网的免费原则,使盈利模式变得复杂起来。很多情况下,企业发现即使销售了产品、提供了服务却不一定能直接收费,因此,出现了所谓的"羊毛出在狗身上,让猪来买单"的复杂模式。农业时代和工业时代的盈利基于事物,靠毛利率生存;而互联网时代的盈利基于关系,事物将变成零毛利率。因此,互联网时代基于事物本身赚钱的商业模式即将消亡,转而要从事物的连接上赚钱。

吸引大众注意力为基础创造价值,然后转化成盈利,凯文·凯利在《技术元素》中说:"目光聚焦之处,金钱必将追随。"在抢夺注意力资源的时候,免费模式是最有可能成功的模式。在"互联网+"时代,商业模式的精髓就是能够在"免费"的背后,找到适合自己的清晰可行的盈利模式。原来生产硬件的厂商,主要是通过硬件销售来赚取利润,比如手机和电视厂商等。但是在小米和乐视等互联网公司闯入之后,就换了一种全新的玩法,即不再从硬件上挣钱,而是将用户引导进其构建的网络生态系统中,通过多样化的个性化服务,来黏住客户并形成消费。因此,他们的硬件便可以成本价甚至更低的价格卖给用户。微信通过图片、语音、视频等众多免费模式,实现了用户之间的关系交互,抢了通信运营商的饭碗。当运营商还指望靠用户打电话发短信赚钱时,微信直接免费!移动互联网颠覆传统企业的常用打法就是,在传统企业用来赚钱的领域免费,从而彻底把传统企业的客户群带走,继而转化成流量,然后再利用其他渠道实现盈利。

信息时代的精神领袖克里斯·安德森在《免费:商业的未来》中归纳基于核心服务完全免费的商业模式:一是直接交叉补贴;二是第三方市场;三是免费+收费;四是非货币市场。

直接交叉补贴就是企业和商家等卖方为了在一种产品上盈利,而降低另一种产品的价格或免费进行销售的行为,从而以高获利产品补贴亏损产品。

第三方市场是指第三方付费参与前两方之间的免费商品交换,这几乎是一切

媒体的运营基础。例如，电视、报纸、杂志最常见的方式，是向特定的消费者群体提供免费的商品、服务或体验，并吸引对这部分消费者感兴趣的相关品牌来投放广告，所得收入后部分作为成本再投入，部分作为盈利。第三方市场是最常见的免费商业模式。

免费+收费是指对每个人都需要的服务免费，比如能确保安全上网的软件，而增值部分收费，比如360安全卫士进行电脑清理免费，但是如额外人工维修服务就需要付费。其他形式包括：这种产品免费、那种产品收费，个人客户免费、第三方收费，个人客户免费、企业客户收费，等等。

非货币市场就是利用"免费"来赚钱，用雷军的话说就是用免费的产品和服务吸引用户，然后再用增值服务或其他产品收费，这已经成为互联网公司的商业法则，它所代表的正是数字化网络时代的商业未来。免费作为一种营销策略乃至商业模式，已经有越来越多的企业和品牌广泛运用，并创造着可观的利润。互联网企业大多通过提供免费、但有价值的服务，让用户体验并传播，在这过程中感受到价值，把商业价值建立在用户价值之上。

免费模式的三个关键要素：一是免费模式如果想要做到交叉补贴，就必须拥有足够的规模，否则就无法接纳足够的付费人群以维系运营。二是优质。越是免费的产品，用户的选择成本越低，同时抛弃成本也越低。虽然免费，但是产品自身要过硬，提供的服务应该比过去的付费服务更加优秀。三是资金。为了实现交叉补贴的梦想，必须在前期投入足够的资金来进行规模推广，要不然免费就会变成速死。比如苏宁易购推出0元购书时，在逼出版社让出利润的同时，自己也真金白银地投入补贴，承担着大量的运营成本。

创业者应该充分地利用好互联网的免费功能，用自己的优质产品吸引用户，在此基础上构建商业模式。免费模式的根本问题在于，如何通过免费实现盈利，只有免费过程本身能创造新价值，且所有参与者都能分享这份新创价值时，真正的免费才是可行的，盈利才是可持续的。"天下没有免费的午餐。"所谓的"免费"只不过是在你收费的地方我免费，因为，我能通过别的地方赚钱，赚的钱也许还是你的钱，也许是其他用户的钱，也许是广告商的钱。所以，创业者一定要想清楚互联网免费的缘由：究竟拿什么免费？通过免费能不能得到用户？在得到用户和免费的基础上，有没有机会做出新的增值服务？增值服务的用户愿意付费吗？今天凡是懂得免费之道的创业者，就有可能在这次新的弯道中超车，为我所用创造属于自己的新天地。

互联网的盈利模式创新不外乎有以下三种。

（一）流量—广告模式

有人曾经嘲笑谷歌，认为"谷歌就是个卖广告的"。这句话道出了互联网最基本的盈利模式——流量-广告模式。广告模式有两种形态：一种是内容—流量形态，也就是通过精彩的内容吸引流量，以此作为做广告的基础；另一种是搜索引擎形态，代表企业就是省歌和百度。早期的互联网企业，其盈利基本都来自流量—广告模式。这个模式是从盈利的角度来说，是典型的"交叉补贴"。就是提供服务和产品的一方，并不向使用者收取任何费用，其收益来源是第三方。使用者在使用服务时，如果点击了广告，则投放广告的企业负责付款。目前这种模式是使用最广泛的模式之一，因为它的起步相对容易，有一寸好的主题外加一个网站，谁都可以进入这个模式。但是这个模式要做好却很难。这个模式最大的不足，是它的消费对象并不是普通老百姓，而是企业。这限制了互联网的商业价值。

（二）电商模式

电商的盈利模式是比较清晰的，目前电商的盈利模式又可以分为以下三种。

1.平台模式，这是传统商场的翻版。最成功的就是中国的阿里巴巴和美国的亚卫逊。平台型商业模式的核心是打造足够大的平台，产品更为多元化和多样化，更加重视用户体验和产品的闭环设计。平台模式的精髓在于打造一个多方共赢互利的生态圈。

2.直接电商，就是企业自主开发电商平台销售自己的产品。这种模式的缺点是，某一家企业的影响力毕竟有限，客户流量不足。

3.O2O。与单纯的线上交易相比，O2O的优势在于把网上和网下的优势完美结合，把互联网与地面店完美对接，实现互联网落地。让消费者在享受线上优惠价格的同时，又可享受线下贴身的服务，极大扩展了电商销售的范围。

（三）虚拟货币或虚拟物品等增值服务

这种盈利方式可以说是腾讯对整个互联网的贡献，依靠这样的方式，腾讯构建了属于自己的、巨大的金融体系。但想这么做，至少要具备几个条件：一是足够大的用户数量，体系才可以稳定；二是要有长久价值并可以被交易的物品，虚拟世界商品的属性必须和现实世界大体一致，否则很难具有购买的吸引力；三是不断演进的、完善的金融体系，用户具有大量的虚拟货币和虚拟物品后，要生产足够数量的新产品供用户消费。

在移动互联网这条起跑线上，所有商家机会均等，就看你能不能找到一条合适的路径。不同背景、不同规模的商家，生存的路径也不同。创业型互联网公司的三步走战略：第一步要避开大公司，从"非主流"切入，找到一个细分的市场，把产品或服务做好。比如，宠物社交、出境旅游、用Wi-fi推送广告、社区洗衣、社区养老、婴儿成长记录，等等。第二步是找"风口"，利用风口扩大影响力。现在的风口实在太多，比如，搜索平台、社交平台、电商平台、微博、社区，等等，找到适合自己产品的风口，事半功倍。第三步制定发展战略，是融入大公司体系还是坚持独立发展。唯有打造具有足够抗击能力的体系，才能立于不败之地。

哥伦比亚大学和斯坦福大学的两位教授合作，进行了著名的果酱试验，最终得出的结论是，在商业活动中，用户的选择越多，就会越不满。随着信息和数据的不断膨胀，用户在大量的选择和甄别面前变得手足无措，将时间和精力浪费在选择的过程中，这往往从一定程度上抵消掉了最优选择的价值，使得用户体验大打折扣。如何减少用户在选择和思考上的时间和精力，不断优化用户体验的过程，这是值得关注的一个问题。百度曾经为人们提供了大量的搜索信息，但在众多的搜索结果面前，用户很苦恼；在淘宝网上可以浏览海量的商品，但却挑花了眼，不知道该买哪一个；那些颜色绚丽、内容繁多的App产品并不受欢迎，而牢牢抓住自身核心功能、设计简单的软件却更受欢迎。对于用户来说，他们只需要一个能够快速满足自身需求的应用，并且越简单越好。的确，追求简单、简洁，懒于选择是人类的本性。移动互联网时代，不要忘记做减法。

1997年，濒临破产的苹果公司请回昔日的创始人乔布斯，一回到苹果公司，乔布斯就向团队传达了一个理念：少即是多。随后，他又进行了一次产品评估大会，发现公司的生产线十分分散，计划中的很多产品毫无特色可言，根本没有必要发展下去。于是在很短的时间内，乔布斯就将苹果公司70%的产品砍掉了，并确定了以"一般消费者""专业人士"为用户对象，以桌面设备和便携设备为中心的极简发展思路。苹果公司的研发人员开始集中精力研发出四款产品，一上市就赢得用户的认可，濒临破产的苹果公司起死回生。公司产品的设计遵循简约、至臻至善的原则，其首席设计师称自己设计产品时，主要把握一个经验和两个目标。所谓经验就是要务实不要务虚，设计必须落到实处，必须落到产品制造和体验上。两个目标，一是将产品的设计尽可能变得简约，二是将产品设计得足够好，好到用户无法接受其他产品的程度。

简约的产品为什么能够快速打动用户呢？原因在于简约的产品一方面能够快速满足用户的人性化需求。另一方面可以让用户直接把握产品的本质。目前，越来越多的产品经理开始强调简约法则，很多产品也开始趋于简约化。作为全球搜索引擎界的两家巨头，谷歌和百度的界面是简约法则的典范：简单的几个字和一个企业LOGO，再加上一个空白的搜索框，简单得不能再简单，但它们却凭借这些简单的设计，获得了海量的用户和大量商家广告的投放，从而获得大量利润。

微信推出的"摇一摇"功能，界面十分简约，即用手机表现出振动的样子，这个图标和说明足够简单，只需要用户握着自己的手机摇两下就可以实现加朋友的目的，这样简约的设计，无论老人还是小孩都可以轻松掌握。简约要求将广告链接巧妙地隐藏起来，然后通过一种特别的方式展现出来，这样就不会使用户对整个产品页面反感。

在互联网上，最具有简约气质的产品可能是微博了，微博看起来与博客没有多大的区别，只是将字数减到了140字以内，但是影响力却大不相同。比起博客的长篇大论，微博的140字就是精髓，此外，微博还可以用短信发送，其及时性可以和短信一争高下。因此，微博获得了大量网民的认同。

哈佛商学院教授克莱顿·克里斯滕森认为，商业模式就是创造和传递客户价值以及公司价值的系统。包括四个环节：客户价值主张、盈利模式、关键资源和关键流程。通俗地讲就是：第一，你能给客户带来什么价值？第二，给客户带来价值之后，你怎么赚钱？第三，你有什么资源和能力实现前两点？第四，你如何实现前两点？

不激活创新思维，创业者将一事无成。创业者应该认清"互联网+"时代的"三个凡是"：

1.凡是一切基于信息不对称的行业，都将在"互联网+"面前不堪一击。

互联网打破信息不对称，使得信息更加透明化，这意味着依靠信息不对称而存在的那些供应链上的关键角色（如品牌商、分销商和零售商）的权力在稀释、衰退甚至终结。价值链上的传统利益集团，越来越难巩固自身的利益壁垒，传统的品牌霸权和零售霸权逐渐丧失发号施令的能力。那种通过大规模生产、大规模推广、大规模销售实现盈利，赚人口红利的生产销售模式将被终结。在这个个性张扬的时代，随着互联网的普及，信息越来越对称，这样的红利也就越来越少了。同时，互联网删除了传统渠道中不必要的环节、损耗效率的环节，让服务商、生产制造商和用户更加直接地对接。用户的喜好可以快速地通过网络反馈给厂家，这样，必然造成所有依赖信息不对称而存在的行业受到前所未有的打击。

2.凡是一切基于信息不对称的环节，都将逐渐被颠覆或者被边缘化。

伴随着互联网思维的普及，那些靠中间环节获取利润空间的企业形态将消失，那些靠闭环效应实现壁垒或垄断的行业将被颠覆，那些强制中心制的生产与制造方式将被取代，那些通过信息不对称和特殊渠道建立的差异化优势将会消融……取而代之的是小米的产品理念和去中心化营销、苹果的审美与极致用户体验、安卓的开放之卓绝。迅速把握"万物互联"优势的企业和行业，将得到利润增长的更大份额的回报。

3.凡是一切基于信息不对称的既得利益，都将被统统清剿。

大量传统经营之所以存在，其实往往是因为某种市场特权的垄断，或利用了买卖双方的信息不对称，所以在工业时代，企业必须保持一定毛利以支付渠道、营销、库存等费用。例如，通过广告等营销手段来打造品牌或依赖渠道分销商品，若不清楚用户确切需求，将导致库存成本，因而，产品到达用户的成本巨大。而进入互联网时代，信息成本大大缩减，去中介化风潮日盛，渠道开始衰落。例如，特斯拉通过社会化媒体接触用户，在自有电商销售产品，根据用户预订量分批生产产品，从而实现"零营销费、零渠道费、零库存费"的成本结构，这对于传统厂商来说是不可想象的。而企业往往把这部分省出来的成本，让利给消费者与用户，以后续递延利润的方式获得盈利。

"互联网+"模糊了所有行业的界限，使跨界成为一种新常态。跨界思维的核心是颠覆性创新，且往往来源于行业之外的边缘性创新，因此，创业者要跳出行业看行业，建立系统的、交叉的思维方式。创业者用跨界思维突破传统惯性思维，超越传统经营理念和商业模式，才会有弯道超车的机会。苹果是一家什么企业？是硬件企业？还是软件企业？或是时尚企业？都很难说。移动互联网时代，你很难用一个"属性"去界定一个企业，行业、企业之间的边界将模糊不清，无边界时代已经来临，"互联网+"将成为前瞻性企业的制胜利器。例如，互联网+家电，未来家电内部交叉、跨界融合、终端一体化将成为趋势；互联网+旅游，通过定制化城市或景区服务类App、LBS等技术手段与游客互动，还包括依托于智能手机的旅游规划、预订和分享……

互联网对传统行业的破坏性创造主要体现在：颠覆传统行业的竞争壁垒，借力打力、互联网大大降低了跨界的竞争壁垒。例如，传统银行辛辛苦苦建立起来的营业网点成为用户把钱存进支付宝的工具，微信通过通讯录秒杀了移动、联通的通信铁塔和电信牌照。

以用户为中心，得用户者得天下。苹果的创新文化来自对用户的直接观察，用户会告诉你他们想要什么。观察用户，看他们如何与自己的产品或竞争对手的产品互动，从中遇到隐藏的机遇。比如，苹果并非触摸屏的发明者，但苹果开发的触摸屏产品，提供了比其他产品更优秀的用户体验，苹果因此赚到了更多的钱。百度、阿里巴巴和腾讯之所以能分别占据信息端、交易端和交际端，就是因为他们有庞大的用户群。

因此，创业者要从侧翼发起进攻，颠覆性破坏。互联网创新从来不是正面进攻，而往往是绕过重兵布防的马其诺防线，从侧翼发动致命一击。例如，三星、苹果击溃诺基亚，并不是靠能打电话、发短信、摔不坏的手机，而是靠能上网、看电影、听音乐、拍照片、玩游戏的智能于机，它们颠覆了手机的概念。

创业者的机会无疑来自我们正在经历的各种商业革命。过去不再成立，未来尚不清晰。大数据时代，云计算飞速发展，一切都在经历一个推倒重来的过程。创新、创业者以前所未有的迅猛，从一个领域进入另一个领域，门缝正在裂开，边界正在打开。传统的广告业、运输业、零售业、酒店业、服务业可能被逐一击破，更便利、更关联、更全面的商业系统正在形成。继计算机、互联网之后，世界信息产业发展的第三次浪潮袭来，物联网通过智能感知、识别技术与普通计算等通信感知技术，广泛应用于网络的融合中，所有这些都为创业者开辟了一个又一个大显身手的商场。

三、大数据注入创新经济

在"互联网+"时代，大数据已成为战略资产。美国未来学家阿尔文·托夫勒在其《第三次浪潮》一书中，将大数据赞颂为第三次浪潮的华彩乐章。从2011年，麦肯锡研究院发表题为"大数据：创新、竞争和生产力的下一个领域"的研究报告指出，数据已经渗透到每一个行业和业务职能领域，逐渐成为重要的生产因素，而人们对于海量数据的运用，将预示着新一波生产率增长和消费者盈余浪潮的到来。麦肯锡的报告，在商业领域引起了极大的关注，大数据迅速成为各国政府、商业界及计算机界争相传诵的热门概念。在互联网经济中占据核心地位的则是"数据库"，《海权论》的作者马汉曾说："谁控制了海洋，谁就控制了世界。"套用在互联网经济中，那就是谁掌握了数据，谁就赢得了市场。

2012年3月22日，美国奥巴马政府宣布投资2亿美元拉动大数据相关产业发展，将数据定义为"未来的新石油"，并表示一个国家拥有数据的规模、活性及解释运用的能力，将成为综合国力的重要组成部分，未来，对数据的占有和控制甚至将成为陆权、海权、空权之外的另一种国家核心资产，将"大数据战略"上升为国家意志。

联合国在2012年发布了大数据政务白皮书，指出大数据对于联合国和各国政府来说是一个历史性的机遇，人们如今可以使用极为丰富的数据资源，对社会经济进行前所未有的实时分析，帮助政府更好地响应社会和经济运行。

美国麻省理工学院大卫·西姆奇李维（David Simchi-Levi）教授指出，企业使用大数据的益处主要有三个方面：减少成本、减少时间的消耗以及创造更多的利润。麻省理工学院大数据分析中心和一些电子商务公司开展项目合作，通过分析销售活动开始的前几分钟里顾客的行为模式数据，指导其后的定价，在这些试验中，商家增加了7%～8%的收入。对于创业者而言，大数据不仅仅指海量数据的积累，更主要的是"价值发现"，是一种以数据创造价值的新观念、新方法和新模式。而大数据处理技术，就是那根"发现"的金手指，随着大数据处理成本的降低，大数据处理技术的日渐成熟，将会进一步加速企业大数据应用的进程，成为助力大学生创业及企业可持续发展的有力工具。企业通过检视自身积累的或者正在产生的数据，发掘其中蕴藏的宝贵价值，用好大数据处理和分析技术，就可以做到"点数成金",创造出新的业务模式,发现新的市场机会。

哈佛大学社会学加里·金教授指出:"这是一场革命,庞大的数据资源使得各个领域开始了量化进程,无论学术界、商界还是政府,所有领域都将开始这种进程。"大数据意味着海量、多样、迅捷的处理需求,实时、多元、深入的分析,企业需要面对挑战,积极应对。大数据并非仅仅是指数据体量"大",更重要的是挖掘数据当中的巨大价值,是创新思维发挥巨大作用的领域。大数据时代的企业需要数据思维,数据是资产,是生产要素,就像原料、电力一样重要。大数据更是一种创新资源,它从产业结构转变、传统制造业升级、商业组织变革、"互联网+"和"大众创业,万众创新"等方面,影响着经济增长方式,助推创新创业,驱动可持续发展。

用数据分析驱动运营的商业模式,具体表现为企业与客户之间的"交互参与"。过去,无论是信息传播还是数据的使用,都是单向的。企业是信息的供应者,垄断这情报资源。消费者与企业之间存在"信息不对称"的尴尬。双方几乎无法实现"交互参与"。而互联网时代,特别是大数据出现后,"一切以用户为中心"的互联网思维逐渐成为人们的共识。因为每个消费者不再只是被动的信息使用者,同时还是主动的数据提供者。数据信息传播的双向性,让企业与目标客户能够借助各种互联网工具保持长期互动。

IBM则表示,上一个十年,他们抛弃了PC,成功转向了软件和服务,而这次将原理服务与咨询,更多地专注于因大数据分析软件而带来的全新业务增长点。IBM执行总裁罗睿兰认为:"数据将成为一切行业当中决定胜负的根本因素,最终数据将成为人类至关重要的自然资源。"

(一)大数据真正的本质是其跟互联网相通的一整套创新思维

大数据,是指无法在可承受的时间范围内用常规软件工具进行捕捉、管理和处理数据集合。在维克托·迈尔·舍恩伯格及肯尼思·库克耶编写的《大数据时代》中,大数据指不用随机分析法(抽样调查)这样的捷径,而采用所有数据进行分析处理的数据集合o大数据有"4V"特点,即大量(Volume)、高速(Velocity)、多样(Variety)、价值(Value)。适用于大数据的技术,包括大规模并行处理(MPP)数据库、数据挖掘、分布式文件系统、分布式数据库、云计算平台、互联网和可扩展的存储系统。大数据技术的快速发展深刻改变着人类的生活、工作和思维方式。大数据思维最关键的转变在于从自然思维转向智能思维,使大数据具有生命力,获得类似于"人脑"的智能,甚至智慧。

大数据的特征表现在以下三个方面。

1.在线。大数据必须是永远在线的,而且还必须是热备份的,不是放在磁带里的，是随时能调用的。不在线的数据不是大数据，因为根本没时间把它导出来使用。只有在线的数据才能马上被计算、被使用。

2.实时。大数据必须实时反应。新型计算架构和智能算法等新技术为处理大数据提供了技术基础，使得数据的反应速度大大提高。例如，在淘宝网上输入一个商品名称，后台必须在10亿件商品当中瞬间进行呈现。10亿件商品、几百万个卖家、1亿的消费者，瞬间完成匹配呈现，这才叫大数据。

3.全貌。大数据不再是样本思维，而是一个全体思维。以前一提到数据，人们第一个反应是样本、抽样，但是，大数据不再抽样，不再调用部分，这里要的是所有可能的数据，它是一个全貌。

京东在企业运营过程中积累了大量数据战略资产，如市场趋势数据、用户行为数据、流量数据、订单数据、采购数据、库存数据等。电商平台的最大优势在于随时随地、持续大量地收集数据，为业务提供及时、可视化的供应链数据，提升各流程环节绩效，实时优化流程、优化算法，并使未来销量计划及库存等可预测、可跟踪、可量化，从而提升整体供应链效率。同时，企业也会抓取其他领域数据，包括微信、微博等社交数据，通过跨领域数据的融合产生乘法效应，发挥最大商业价值。

（二）通过大数据分析预测企业的未来市场，了解客户行为，指导企业产品设计及市场布局

1.预测企业的未来市场

准确地预测和反映市场供求变化非常关键，电子商务能够方便而及时地收集数据，几乎可以做到实时收集，从而能够给企业提供第一手市场供需信息。同时，通过细分电子商务数据指标，可以得到市场需求的趋势、用户的分类需求、用户对产品的及时反馈等更加有针对性的信息，这些都可以帮助企业对未来的生产和营销做出前瞻性的预测。

2.了解客户行为

电商最根本的就是做用户体验，尤其是B2C型电商，对客户行为的研究观点众多，经济学界有很多种理论，如跨期消费理论、行为理论、随机理论等，但这些基本是宏观层面的。电商有着大量的客户购买行为的数据，对微观领域的深入研究将是主要方向，甚至可以具体到某个用户，包含区域购买力、商品区域化、客户分层、购物周期、购物偏向性、投诉原因等诸多数据指标的结合，将为企业实行差异化战略和精准式营销提供重要依据。

3.指导企业产品设计及市场布局

通过大数据统计，知道客户需求，按照偏好生产，与市场灵活匹配。基于对消费市场大数据的精准把握，通过大数据的获取-分析-供需匹配-提升销售，不但知道要生产什么，而且做到精准、灵活的生产调度。

大数据是金矿，企业和政府都已经意识到其中的价值，在大数据上有野心的企业，都期望获得更多有价值的数据，可能来自其用户或者合作伙伴，甚至是政府等组织机构的公开数据。不同来源、不同性质的数据关联在一起交叉挖掘分析，会发生"化学反应"，得到更多价值信息。

大数据技术的重大意义就在于，它使科学从过去的假设驱动型转化为数据驱动型。传统的科研方法大都采用假设和验证的方法分析问题产生的原因，进而寻求解决途径。

应用大数据技术，人们开展科学研究不再是从提出假设出发，而是先进行数据分析，然后，再提出科学假设，由数据驱动和引导发现现象背后的规律和真理。

维克托·尔耶·舍恩伯格在《大数据时代：生活、工作与思维的大变革》中洞见："大数据时代最大的转变就是，放弃对因果关系的渴求，取而代之关注相关关系。"也就是说，只要知道"是什么"，而不需要知道"为什么"，只需要知其"然"，而不需要知其"所以然"。这颠覆了千百年来人类的思维惯例，对人类的认知和与世界交流的方式提出了全新的挑战。

为什么关联关系比因果关系更重要？不妨回顾一下著名的"啤酒与尿布"案例。超市中有一种特别有趣的现象：尿布与啤酒，这两种风马牛不相及的商品，居然摆在一起。但这一奇怪的举措，居然使尿布和啤酒的销量大幅增加。这可不是一个笑话，而是发生在美国沃尔玛连锁超市的真实案例，案例正式刊登在1998年的《哈佛商业评论》上。20世纪90年代，沃尔玛超市的管理人员分析销售数据时，发现了一个令人难以理解的现象：在某些特定的情况下，"啤酒"与"尿布"这两件看上去毫无关系的商品，会经常出现在同一个购物篮中，这种独特的销售现象，引起了管理人员的注意，经过后续调查发现，这种现象出现在年轻的父亲身上。在美国有婴儿的家庭中，一般是母亲在家中照看婴儿，年轻的父亲去超市购买尿布。父亲在购买尿布的同时，往往会顺便为自己购买啤酒，这样就会经常出现啤酒与尿布在同一个购物篮中的现象。沃尔玛超市发现了这一独特的现象，开始尝试在卖场将啤酒与尿布摆放在相同的区域，让年轻的父亲可以同时找到这两件商品，并迅速完成购物。而沃尔玛超市也可以让这些用户一次购买两件商品，而不是一件，从而获得了很好的商品销售收入。人们似乎也不太追究真正的那个"因"在哪儿，因为，人们已经得到了"果"。大数据时代下，由于数据的采集即是过去收集到的与之相关的所有数据，因此，借助工具的分析，能够较为便捷地获取关于事物的相关关系，但是对于因果关系的分析，还需要更多的工具来加以挖掘。而数据挖掘应用在商业中时，挖掘相关关系后再去寻找因果关系显得有些多余，因为，商业是追求利益最大化的，而相关关系已经足以让我们了解到用户的消费行为，至于其背后的原因，并不是商家主要考虑的方面，而且对于因果关系的挖掘，会增加相关成本，对因果的过分关注也有可能会导致错失商业机会。

有了大数据，管理者可以将一切量化，从而对公司业务尽在掌握，进而提升决策质量和业绩表现。企业管理者对大数据量化分析，要从思维模式转变开始，创新思维贯穿其中。每当遇到重大决策的时候，首先问一句："数据怎么说？"然后，紧跟这个问题进一步问："根据这些数据能得出什么分析结果？"企业管理层的思维变化，会提高企业员工对大数据管理的执行力。其次，企业管理者要允许数据做主。如果企业员工用来自一线的大数据分析结果，推翻了资深高管的直觉判断，这将是改变企业决策文化的最大力量，运用大数据获得竞争优势的潜力尽可能发挥出来。企业可以做精准的量化和管理，做更可靠的预测和更明智的决策，可以在行动时更有目标、更有效率。

（三）大数据助推微创新

什么是"微创新"？在一些不起眼的小细节上，用户可能感到一种别扭或者不适。不改进无伤大雅，但改进之后会让用户体验更加舒畅，这种改进就是微创新。德鲁·博迪（Drew Boyd）和雅各布·戈登堡（Jacob Goldenberg）多年致力于创造力研究，在他们的著作《微创新——5种微小改变创造伟大产品》中说道：许多创新并非是大发明，而是微小改进，却非同凡响、创意无限。

1.微创新的五个关键策略

（1）减法策略。把一些原来被认为必不可少的成分减掉，从而实现产品或服务的创新。例如，传统耳机演变为耳塞，摘除了上面的耳罩。

（2）除法策略。以一种看起来并不可行的方式，把产品或服务中的某项功能去除，使该产品或服务发挥其他作用。例如，人们使用遥控设备享受产品的便捷性。

（3）乘法策略。在沿用产品的某项功能时做些微小改变。例如，在儿童自行车的后轮两侧安装辅助轮，是为了帮助初学者骑行。

（4）任务统筹策略。在进行产品或服务的创新时，某些任务被整合在一起。例如，除臭袜不仅保暖，而且除臭；又如，一些面部乳霜不仅保湿，而且还兼具防晒功能。

（5）属性依存策略。许多产品或者服务都具有两种以上属性，这些属性看似毫不相关，可一旦发生关联，就会引起创新的奇迹。例如，汽车挡风玻璃上的雨刮器会随着雨量大小自动调节速度，车内广播会随着车速快慢自动调节音量，车前灯遇到迎面驶来的车时会自动变暗等。

创新工场的创始人、董事长兼CEO李开复认为，微创新不是颠覆式的、大规模的，而是在很多技术之上提供更加灵活实际的、多方面的产品开发或服务思路。微创新不仅具有以小博大的效益，也能给企业带来差异化的竞争优势，降低企业创新的风险系数。由于成本低廉，技术简易，特别是刚创业的企业由于资金、人力、渠道薄弱，更应该采取简约思维，集中力量搞微创新。互联网经济的"微创新"从小处着眼，让产品契合用户的需求心理；迅速创造，不断试错，成功之前别停下来。这是个用户体验为王的时代，许多创意都要靠用户来驱动。

2011年召开的微创新高峰论坛，把微创新分为九种类型：技术型微创新、功能型微创新、定位型微创新、模式型微创新、包装型微创新、服务型微创新、营销型微创新、渠道型微创新和整合型微创新。创业者应当转变观念，创新以改善用户体验为立足点，而不再仅仅从企业的角度出发。企业做微创新时，应该先掏空自己的头脑，重新站在用户的视角来看问题，把用户体验的满意度放在第一位，通过大数据来挖掘用户的不满。

广义的产品概念包括核心产品、形式产品和附加产品。核心产品是指能给消费者带来基本功能需求的产品，如冰箱制冷功能、汽车代步功能。形式产品是通过产品的品质、特性、包装和式样等要素，体现消费者对产品的形式需求，如冰箱、汽车的品质、形状和颜色等。附加产品是指企业提供的免费送货、免费维修、产品安装调试、消费信贷以及其他的售后服务等，能使消费者在购买产品时，享受到与产品相关的服务。随着消费者多元化需求日益凸显，市场竞争日趋激烈，能够给消费者带来更多感官和精神体验的形式产品、附加产品和服务，自然成为企业关注的重点。这些产品和服务所产生的差异性，也越来越成为企业区别于其他同类商品，进而在竞争中获胜的重要手段。企业要想更好地满足消费者需求，吸引人们购买自己的产品，就要设计贴近顾客细微需求的产品，在看似细小实则庞大的需求方面，进行持续的产品和服务微创新，构建差异化竞争优势。

2.微创新的五种类型

（1）技术型微创新

技术可以改变人们的生活，提高用户使用产品的优越感和信任感，从而提高客户的忠诚度。技术型微创新强调的是创新应用，是对已有技术的微小突破，可以让人们在使用产品时更便利，提高用户的满意度。从满足客户的某种需求，或给用户带来某种能够投其所好的独特体验，进行周期短、应用快的技术创新、改良或运用，从iPod到iPhone，主要是技术微创新。

（2）功能型微创新

企业要在不断变化的市场中，开发出满足用户需求的产品或服务功能，开展能制造出独特用户体验的创新活动，才能使自己的产品快速占领市场。海尔在日本销售过程中发现，日本的单身用户使用的洗衣机容量往往得不到充分利用。于是，海尔以此为突破口，向日本市场投放洗涤、脱水容量更小的全自动洗衣机。产品设计简洁，耗水、耗电更节省，受到日本单身用户的极大欢迎。海尔还针对夜间洗衣服时，洗衣机的噪声会影响邻居休息的问题，专门设计了低噪声的变频直驱滚筒洗衣机，解除了用户对洗衣机噪声的担忧。

（3）外观型微创新

在用户需求越来越个性化、多样化的年代，一个独特的外观或新颖的包装，就足以成为吸引人们眼球和区别于其他产品的标志，不仅能够给客户创造出独特的体验，还能传递出产品和品牌的独有文化与内涵，这就是外观型微创新的价值所在。例如，凡客诚品最初打动顾客的正是包装盒的外观创新。为了给顾客带来良好的用户体验，"让消费者打开的时候感觉到舒服"，凡客要求在所有的服装塑料袋包装之外，加上一个既精美又环保的无纺布包装袋，而配送的外包装，则坚持使用硬质的纸盒。又如，中山圣雅伦五金制造有限公司生产的"非常小器"指甲钳，主要就是通过外观型微创新，不断推出情侣指甲钳、名片指甲钳、迈克尔漫画指甲钳等，受到了消费者的追捧，已发展成为目前世界最大的（名牌）指甲钳生产基地、全球最大的美甲用品生产基地，并成为中国指甲钳研发制造中心。

（4）整合型微创新

通过对各种微创新元素、各种产品和服务及营销上的细节进行调整和改良，进行持续和动态性的整合，使产品具有长期持续的引爆力，这就是整合型微创新。在奇虎360的发展历程上，有一系列微创新：专杀流氓软件、清理系统垃圾、"恶评软件"网民说了算、用打补丁代替杀木马……其中每一项，在当时都有着巨大市场需求。依靠这些引爆点，奇虎360成为国内用户量最大的安全软件提供商。持续的微创新，奇虎360成功引爆了亿级用户的能量。

（5）服务型微创新

服务是产品不可分割的一部分，它创造出的独特用户体验，不论是产品本身、还是其他任何形式，都是无法比拟的。企业提供服务的质量与方式，将是企业进行微创新的主要内容，而用户体验是其创新成败的决定性要素。海底捞就是依靠服务微创新发展壮大起来的典型案例，从一个不知名的小火锅店起步，逐步发展成为以经营川味火锅为主、融汇各地火锅特色为一体的、大型跨省直营餐饮品牌火锅店。其成功的主要原因就是服务微创新。当顾客在海底捞等待区时，热心的服务人员会立即送上西瓜、苹果、花生、炸虾片等各式小吃，还有豆浆、柠檬水、薄荷水等饮料，此外，还可以提供打牌下棋和免费上网冲浪条件。每个环节都洋溢着服务的光芒，从停车泊位、等位、点菜、中途上洗手间、结账走人等全流程的各个环节，海底捞处处体现了对服务的重视和对服务人员培训的投入。甚至厨房不再免进，海底捞出了一个让餐饮业都感到意外的招数，顾客可以参观厨房。

在大数据时代，国内很多互联网公司在创业初期，都选择在国外优秀的产品基础上进行微创新，结合中国市场的实际情况进行改造。这样，可以大大地缩短"亏损"的时间，让企业在最短的时间内实现盈利。大部分互联网企业在创业初期，由于资金和人才都不充足，因此抵抗市场风险的能力也相对较弱。所以，选择一个已经有了一定基础的创业模式，在很大程度上降低了企业的运营风险。使用微创新的方式，保持企业的核心竞争力。目前，我国大多数互联网公司，不仅仅是产品和商业模式，甚至有很多公司都是照搬国外成功企业的组织架构模式，尤其是一些新兴的互联网公司，直接复制国外的运作模式。如果互联网产品没有技术壁垒，那么很多小公司必然会被有实力的大公司所吞并。因此，互联网企业应该加强自身的技术创新，这样才能让企业的产品不断推陈出新。大数据时代，"微创新"变得越来越重要，已逐步成为互联网企业创业，以及产品研发必须遵从的标准。

什么地方最容易产生微创新？回答是同质化竞争最明显的地方。由于产品与服务同质化，缺乏鲜明的个性，消费者不会特意为某个品牌停留。也正因为同质化，竞争过度激烈，才能把微创新的效果反衬得更明显。微创新并不深奥复杂，无论是百年老店，还是新成立的小微企业，只要用心观察用户体验需求，都能找到微创新的机会。与此同时，成本与风险较低的微创新可以使创业者连续出招，找出最适合自己的路径。接下来，企业就可以专注于一点，把微创新的成果做到极致。

在大数据时代，将过去自上而下、由内到外的创新模式，转变为自下而上、由外到内的创新模式。也就是说，用户不仅是意见的反馈者，也是创意的提供者。用户在阐述自己的需求时，往往也会带出一些微小的创意。微创新不需要专利实验室与资深专家，企业的每一个员工和产品的每一个用户，都能成为微创新的发起者。大数据技术，为集中这些创意提供了前所未有的便利条件。

当然，微创新比那些技术含金量更高的大创新，更容易被竞争对手模仿。如此，微创新带来的差异化优势，很快又会被无数跟风者、同质化竞争所淹没。因此，创业者应当树立常备不懈的创新意识，不断快速研发新的微创新，不断给用户制造新的美好体验。通过在微创新领域的持续发力，保持企业的差异化优势。大数据分析工具，可以从海量的用户数据中，把握其最重视的需求。这使得企业可以避免漫无目的地摸索，专注地发展用户最希望得到的产品和服务。通过大数据的反馈信息，企业可以准确地把握用户在细微之处产生的种种新需求，并通过点滴积累和改进，使企业的盈利链实现从量变到质变的升级。

（四）大数据未来的发展呈现八大趋势

大数据未来的发展呈现出以下八大趋势。

1.数据资源化将成为最有价值的资产；

2.大数据在更多传统行业的企业管理落地；

3.大数据和传统商业智能融合，行业定制化解决方案将涌现；

4.数据将越来越开放，数据共享联盟将出现；

5.大数据安全越来越受重视，大数据安全市场将愈发重要；

6.大数据促进智慧城市发展，是智慧城市的引擎；

7.大数据将催生一批新的工作岗位和相应的专业；

8.大数据在多方位改善着人们的生活。

大数据就是资源，和大油田、大煤矿一样可以源源不断地挖出大财富。但和一般资源不同的是，大数据资源是可再生的，是取之不尽用之不竭的。对企业如此，对行业、对国家也同样适用。这样的东西谁不喜欢呢？大数据在"互联网+"中会越来越重要。

从技术上看，大数据与云计算的关系就像一枚硬币的正反面一样密不可分。大数据的特性决定了必须采用分布式架构实现分布式数据挖掘、分布式数据库和云存储以及虚拟化技术。用大数据思维方式思考问题、解决问题是以问题为导向的思维转型，适应大数据思维的整体性、平等性、开放性、相关性和生长性等特征。

四、云计算时代的创新思维

人类的思维既具有连续性，也具有突变性。当牛顿力学处于统治时期，人们习惯于既定算法的思考问题方式；而随后发展的复杂理论引导人们思考复杂系统的整体性、关联性和不确定性；随着网络技术和通信技术的发展，人们的思维方式又在不断变化和完善。"云计算""物联网"和"大数据"新技术浪潮，必然会对人们的思维产生革命性的影响。未来商业形态的基本技术为云计算，整个社会生产力都建立在云端，每个企业都应有一朵云，各行各业向云移动成为云的海洋，云是未来价值的组织者和引领者。

（一）云计算的内涵和特点

美国国家标准与技术研究院对云计算的定义得到了普遍的认可：云计算是一种按使用量付费的模式，这种模式提供可用的、便捷的、按需的网络访问，进入可配置的计算资源共享池（包括网络、服务器、存储、应用软件和服务等资源），这些资源能够被快速提供，只需投入很少的管理工作，或与服务供应商进行很少的交互。"云计算"是一种技术，包括虚拟化、分布式计算、并行计算；"云计算"是一种服务，用信息技术将服务器以及其他存储设备整合为一种提供存储服务的平台，包括基础设施即服务、平台即服务和软件即服务；"云计算"更是一种生活方式，将计算资源集中起来，并通过专门软件实现自动管理，无须人为参与。人们可以动态申请部分资源，支持各种应用程序的运转，不需要为繁杂的细节而烦恼，能够更加专注于自己的业务，有利于提高效率、降低成本和技术创新。

近年来IBM专注于云计算与人工智能业务，将传统的IT和新的云计算、移动互联、大数据、社交网络的新系统结合起来，为企业构建混合云，同时保证企业的安全性。

云计算具有以下特点：

1.超大规模。超大规模的"云"赋予人们前所未有的计算能力。

2.虚拟化。云计算支持在任意地点使用各种终端获取服务。所请求的资源来自"云"，只需要一个客户端，就可以通过网络服务来获取各种能力超强的服务。

3.可靠性高。"云"使用了数据多副本容错、计算节点同构可互换等措施来保障服务的高可靠性，因此，使用云计算比使用本地计算机更加可靠。

4.通用性。云计算不针对特定的应用，在"云"的支撑下可以构造出千变万化的应用，同一片"云"可以同时支撑不同的应用运行。

5.可伸缩性高。"云"的规模可以动态伸缩，满足应用和用户规模增长的需要。

6.按需服务。"云"是一个庞大的资源池，用户按需购买，像自来水、电和煤气那样计费。

7.极其廉价。"云"的特殊容错措施，使得可以采用极其廉价的节点来构成"云"；"云"的自动化管理使数据中心管理成本大幅降低；"云"的公用性和通用性使资源的利用率大幅提升；"云"设施可以建在电力资源丰富的地区，从而大幅降低能源成本。因此，人们可以充分享受"云"的低成本优势，需要时，花费几百元，一天时间就能完成以前需要数万元、数月时间才能完成的数据处理任务。

Amazon Web Services（AWS）亚马逊第一个进军云计算市场，为用户提供平台即服务（Paas）和基础设施即服务（Iaas）。目前，全世界190个国家和地区拥有数百万个用户，甚至美国国家安全局、中央情报局等都是AWS的客户。

（二）云计算时代创新思维的特征

云计算把计算能力、存储能力集中在"云"端，也就是网络里，软件、硬件也隐没于云端，这对社会经济结构甚至社会组织形式都会产生深刻影响，而按需购买的计算能力服务、软件功能服务、存储服务也影响着人们的日常生活，形成云计算视角的思维方式。

1.云计算思维是云端思维。就是站在云端看世界，想问题。云端上"横看成岭侧成峰，远近高低各不同"（苏东坡），云端上"会当凌绝顶，一览众山小"（杜甫）。山外还有山，天外有天。云计算思维站得更高，看得更远，是一种全局思维、顶层思维、战略思维。

2.云计算思维是开放思维。全球有超过五分之一的企业在战略性平台中选择开源技术。正是对这些开源技术的支持，不仅让开发者可以快速地构建平台、开发软件和部署应用，也让企业能够在来自多个厂商的公有、私有和传统IT环境中自由移动。

3.云计算思维是系统思维和协同思维。从狭义上看，云计算中心操作系统，即"云OS"是云计算后台数据中心的整体管理系统；从广义上说，云计算使得现代信息化架构从纵向"信息孤岛"向横向整合的"信息云"演进。云计算集成系统就是将若干系统或过程组合成一个协调、相容的整体。

4.云计算是用户思维。是指在价值链各个环节中都要"以用户为中心"考虑问题。互联网上的成功大多是免费体验或低成本体验，这一思维方式正在快速地改变当今世界的商业模式，而这些在"云"端受益的用户，也同样为"云"提供资源。

5.云计算思维是服务思维。包括基础设施即服务、平台即服务以及软件即服务。云服务的商业模式是通过繁殖大量创业公司提供丰富的个性化产品，以满足市场上日益膨胀的个性化需求。其繁殖方式是为创业公司提供资金、推广、支付、物流、客服一整套服务，把自己的运营能力像水和电一样让外部按需使用。

6.云计算思维是众筹众包思维。众筹就是大众筹资，也就是向网友募集项目资金的模式；众包是企业利用互联网将工作分配出去、发现创意或解决技术问题。众筹、众包都是商业模式，是云计算时代的思维模式。这种模式可以充分发挥人的想象力和创造力，可以无边界、无限量整合资源，产生核聚变、核裂变。众筹众包思维的商业模式，也为创新创业提供了平台和机会。

第二节　创新管理

一、创新管理的定义

创新管理是以创新活动为管理对象，通过计划、组织、领导、控制等管理职能，确保整个组织创新活动得以实现的过程。具体可以从以下几个方面来理解创新管理的定义。

（一）创新管理的对象是创新活动的全过程

创新管理通过对创新整个过程的管理行为，促使创新活动的顺利实施。一般而言，创新过程包括发现问题、提供创意、实施反馈三个阶段。

要想进行创新，首先要能够发现问题。发现并提出正确的问题比解决问题更重要。"发现问题"需要感知和认知能力，还需要确定的创新思想和目的。如何才能发现问题呢？一般是从当前的各种产品、生产方式、生活方式中发现存在的问题，从人的行为需要发现新的概念产品。发现问题是创新过程的实际开端，发现问题是创新过程的灵魂。善于发现问题并确立相应课题的强烈的怀疑精神、批判精神和敏锐的经验直觉、理论直觉是创新过程中必不可少的一部分。古往今来，芸芸众生，真正做出重大创造性贡献的人凤毛麟角，其中一个重要原因就是普通人往往缺乏发现问题的能力。

发现问题后，就要提出创意来解决这个问题，而创意的产生必须基于高度的创新敏感。首先要养成在学习和实践中用寻觅与审视的眼光看问题的习惯。有意的搜寻比无意的浏览更容易发现问题是显而易见的。在搜寻过程中要注意消除思维的盲区和禁区，克服各种扼杀创造性意念的心理障碍。创新往往是从质疑开始的，没有经过缜密思考的东西，即使它是公认的成熟理论也不能无条件接受。在科学史上已经有许多曾被认为是匪夷所思的观点打破了经典理论的一统天下而赢得生存权利，比较著名的有大地球形说、日心说、生物进化论、大陆漂移说、相对论、非欧几何等，甚至数学公理和形式逻辑规则也被证明是具有相对性的。

所有创新思维的心理障碍都有一个共同特点，就是把某种东西有意无意地神圣化、绝对化，如把传统观念、既有理论、权威见解、流行观点、自身经验、思维程式、直观感觉、事实材料等看作绝对可以信赖的，从而无法产生与之相左的创造性意念或在产生与之相左的创造性意念后又将其扼杀掉。如何对待已有知识，应当采取辩证态度，善于批判性地继承。首先在前人的引领下用最快的速度到达前沿，然后在此基础上既充分尊重前人积累的知识成果，以此作为前进道路上的指示牌，同时又保持清醒头脑，不把已有成果看作绝对不可突破的金科玉律。总之，只有正确处理继承与创新的辩证关系，才能形成科学意义上的创新敏感。

同时，要培养高度的创新敏感，还要在学习和实践中造就敏锐的直觉。所谓直觉就是直接洞察事物本质的能力。它不是显意识领域的自觉推理，而是潜意识领域中快速进行的浓缩兼并的自发推理。直觉不是凭空产生的，而是建立在一定的经验基础和理论基础上的。一个孤陋寡闻、闭目塞听的人不会有什么真正的直觉。直觉是在一定经验和理论的指导下对事物本质的一种猜测，虽然不一定准确，但却有极重要的价值，它指出一种成功的可能性较大的方向，有直觉指引的探索的效率比盲目探索要高得多。

实施反馈阶段是创新过程的核心，在这个阶段中的投入要素是明晰的战略概念和实现这种概念的初步思想，而产出要素是已开发出来的创新和有准备的市场（内部和外部），为将新产品最终推向市场做好准备。其中实施相应措施是推进项目落实、获取创新成效的保障。措施要注意节奏性，把握阶段落实的重点和重点活动落实的时序与环节。同时要注意针对性，要着眼于关键部位和重要时段，体现重点重抓、重点突破；针对具体责任部门、责任人，开展相应的协调、促进、支持等工作。长效性和连续性也是重点，要善于做好工作的统筹。要针对创新项目实施过程中可能出现的关键问题，制定相对具体、完备的推进措施。

（二）创新管理的目的在于对组织的创新活动与行为进行有效管理，确保创新活动转化为实际的经济效益

市场经济发展迅速，企业在市场经济的大潮中如逆水行舟，不进则退。企业之间的竞争日趋激烈。市场经济的法则是优胜劣汰。企业在竞争中要想占据优势地位，出路只有一条，那就是提升管理水平，实现管理创新。企业必须尽快创新自身的管理体制，适应现代企业管理制度的要求，才能在竞争中站稳脚跟，在竞争中求得发展。创新是一种理念，更是企业生存发展的内在要求。只有通过管理创新才能使企业的管理体制和运行机制更加规范合理，实现人、财、物等资源的有效配置。着眼企业的管理体制和运行机制，给企业插上腾飞的翅膀。

（三）创新管理的职能要素包括计划、组织、领导、控制等

创新管理本质上是一种管理活动，具有与基本管理活动相同的职能要素。

计划职能是指管理者对将要实现的创新目标和应采取的行动方案做出选择及具体安排的活动过程，简言之，就是预测未来并制定创新行动方案。其主要内容涉及：分析内外环境、确定组织创新目标、制定组织发展战略、提出实现既定目标和战略的策略与作业计划、规定组织的决策程序等。任何组织的管理创新活动都是从计划出发的，因此，计划职能是创新管理的首要职能。

组织职能是指管理者根据既定的创新目标，对组织中的各种要素及人们之间的相互关系进行合理安排的过程。简言之，就是建立组织的物质结构和社会结构。其主要内容包括：设计组织结构、建立管理体制、分配权力、明确责任、配置资源、构建有效的信息沟通网络等。

领导职能是指管理者为了实现组织创新目标而对被管理者施加影响的过程。管理者在执行领导职能时，一方面要调动组织成员的潜能，使之在实现组织目标过程中发挥应有的创新作用；另一方面要促进组织成员之间的团结协作，使组织中的所有活动和努力统一和谐，包括激励下属、对他们的活动进行指导、选择最有效的沟通渠道解决组织成员之间以及组织与其他组织之间的冲突等。

在执行计划的过程中，由于环境的变化及其影响，可能导致人们的活动或行为与组织的要求或期望不一致而出现偏差。为了保证组织工作能够按照既定的计划进行，管理者必须对组织绩效进行监控，并将实际工作绩效与预先设定的标准进行比较。如果出现了超出一定限度的偏差，则需及时采取纠正措施，以保证组织工作在正确的轨道上运行，确保组织目标的实现。管理者运用事先确定的标准，衡量实际工作绩效，寻找偏差及其产生的原因，并采取措施予以纠正的过程，就是执行管理的控制职能的过程。简言之，控制就是保证组织的一切活动符合预先制订的计划。

二、创新管理与管理创新

管理是指在一定的环境和条件下，管理主体为了达到一定的目的，运用一定的管理职能和手段，对管理客体施加影响和进行控制的过程。而管理创新是管理活动的一个显著特征。管理创新是对管理理论、模式、方法等管理活动进行创新的过程。是指创造一种新的更有效的资源整合模式，它既可以是新的有效整合资源以达到企业目标和责任的全过程式管理，也可以是新的具体资源整合及目标制定等方面的细节管理。本质上，管理创新是发生在管理领域中的创新活动，是创新活动的一种，主要包括以下几个方面：

（一）管理理念的创新

管理理念是指管理者或管理组织在一定的哲学思想支配下，由现实条件决定的经营管理的感性知识和理性知识构成的综合体。特定的管理理念体现或折射在管理的各种活动中，并且还制约着企业的经营战略及其实现方式。在管理理念方面的创新是管理创新的方式之一。自20世纪80年代以来，西方优秀企业家提出了许多新的思想与管理观念。例如，知识增值观念、全球经济一体化观念、持续学习观念、战略管理观念、知识管理观念等，极大地丰富与补充了现代管理思想。

（二）管理目标的创新

企业是在一定社会环境中从事经营管理和经济活动的，特定的环境要求企业按照特定的方式提供特定的产品或服务。一旦环境发生变化，便要求企业对自身的经营方向、管理目标以及企业在经营过程中同其他社会经济组织的关系进行调整。因此，企业等社会组织根据外部环境和内部条件的变化及时地对原定目标加以调整，已成为非常必要的创新活动，是管理创新的重要内容。

（三）管理制度的创新

管理制度是受企业制度即企业财产制度决定的一整套管理行为规范，包括企业领导制度、经济责任制及内部管理制度。在信息社会中，市场信息复杂多变，人类知识日益膨胀。企业要根据管理的基本原则，结合企业自身的特点，对企业原有的一些内部制度进行创新，以适应企业在信息多变的环境中生存发展的需求。

（四）组织结构的创新

组织结构是指各管理部门之间，特别是不同层次的管理部门之间的关系形态，它涉及诸如组织的设计、职权分配、分权化程度和职务层次等内容。发达国家的现代企业为对付日益多变的环境和市场需求，纷纷着手企业管理组织结构的重新设计与构造。

创新管理是对创新活动进行管理的具体实践，起点于创新，落脚于管理，与管理创新具有本质差别。主要表现在创新管理是一种管理行为，而管理创新是一种创新行为。创新管理是组织通过计划、组织、领导、控制等管理职能对创新活动进行管理的过程，其目的在于保障创新活动的实现；而管理创新则是指对组织现有的管理理念、管理方法、组织结构等进行创新的一种行为，旨在形成新的管理理念、方法、思路、结构等。两者在本质上存在差别，前者注重"管理"，后者强调"创新"，是不同的范畴。

第三节　创新管理新趋势

一、创新管理理念的未来发展

一个由灵活的、网络化的组织所构成的全球经济，一个由信息技术和各种劳动力推动的全球经济，需要组织管理理念与组织运作关系更加紧密，在技术上更具可行性，周期更短，更加革新和学习导向化，更加内部向律，能适应更多不同客户的需要，更跨文化性以及对价值的判断更为明晰。

（一）创新管理理念将会变得更加多学科化

全球化、技术化、多元化和其他一些趋势将会大大地拓展组织创新管理理念，并使其他社会科学与计划性的变革更加相关。这表明，组织管理理念将会变得更加多学科化，并依赖于各种各样不同的途径和视角去发展与变革组织。从历史上看，组织创新管理理念的重点从关注小组织和社会过程转变到组织结构与工作设计；现阶段，已经进一步转到战略和全球性的社会变化上。在这一过程中，一些学科已经运用到组织创新管理理念中，包括组织理论、工业工程、劳动关系、比例管理及公司战略。在将来，组织管理理念将帮助组织把焦点转到全球网络、电子商务、生态可持续性、临时雇员、企业家素质的成长、经济和劳动力的多元化等方面。这些范围扩大后的实践，需要一些新的方式来管理信息系统、国际关系、社会生态、企业家素质和劳动经济学所带来的变化。可喜的是，很多学科都在扩展它们的领域，并逐渐认识到新的组织创新管理理念能给它们带来的贡献，如战略管理、社会生态学、经济学这些传统的着重考虑技术发展、产品发展、社会阶层结构以及经济业绩的学科，正融入人力资源变革和其他组织中，使它们能更好地设计公司价值、社会发展等方面的模型。

　　随着组织创新管理理念变得更加多学科化，一种综合管理变革方法离我们不远了。比如，在复杂科学和混沌理论中的一些最新发展，为组织管理专家提供了更新、更抽象、更丰富多彩的概念性框架，也表明了其他如数学、物理等学科怎样在这一统一变化的理论中起到各自的作用。在理想的情况下，完整的前景应该是在人类的发展与经济业绩之间实现平衡，提供一个对组织系统和人力方面更加完整的认识，并且创造更新的技术管理和大规模的跨文化与文化类的变革。对于组织管理理念实践来说，当所有的雇员都在战略性地思考，并且在自我兴趣、组织福利、生态福利的指引下前进时，受益的自然就是组织本身。

（二）创新管理理念会更加跨文化

　　随着组织和经济越来越全球化，近年来新的组织管理理念在国际和跨文化情况下的运用就是未来的一种缩影。尽管我们在这一领域的研究和实践都日渐增多，我们对在跨文化情况下的变革计划却知之甚少。传统上，组织管理创新只是在特定的文化下的组织中运用，英国的组织管理专家帮助设在英国的组织去解决问题，墨西哥的组织管理专家帮助拉丁美洲的组织，等等。但是，当今的潮流却要求组织管理在跨文化间的应用，团队建设干预需要修正，以便去帮助那些从未谋面但却共同负责在短期内开发一种新产品的来自多个国家的人，如美国人、印度人、中国人、韩国人、法国人、加拿大人，组成的团队也有必要调整，进行合并和收购，以便帮助日本公司和美国公司实施一个新的组织结构，这样对双方都有利。由于在跨文化下运作的组织的数量在不断增加，从而给组织管理理念创新带来的机会是无穷的。例如，在分支机构，运作单位和总公司之间的组织间与跨组织的关系，多文化环境下的团队建设，制定全球的后勤和供应链，在不同的民族文化下实施不同的中心价值观，设计在多层次下运作的战略计划等。另外，组织管理会在全球社会变革组织中找到越来越多的机会，因为这些组织通常也是国际网络中的一分子，跨组织管理理念过程和网络结构的发展在多元化下还会继续取得更大的发展，在将来会有重要的运用。

（三）组织创新管理理念将会更加明晰价值

　　经济和技术发展的趋势表明，在未来的几年内，组织管理专家会遇到更多的价值方面的困难，比如财富的不断集中化和组织管理理念传统上的平等与平均主义之间的冲突,组织管理专家需要清醒地知道他们在怎样帮助组织来集权或是分权。同样地,技术能把人们隔离开,也能把大家聚到一起,组织管理专家在把技术融入变革管理过程中时所做的选择会对诸如整合、影响、参与等情感产生重要影响,最后,不管专家们怎样尽力包容多样性,他们还是常常被一些基于文化的差异所困扰。

一般来说,组织管理专家最初提供给组织的是一整套人道的、民主的价值观。随着时间的推移,一些有利于组织改革提高的价值观被补充到那些价值中去,因而不尽力满足人道和有效这两个目标时就会产生冲突,现今这一领域中的冲突大多基于此。许多专家认为,组织管理理念已经变得太综合了,可能会在财富集中方面和管理层上产生冲突。他们坚持,组织管理理念应该返回到它最初的价值观上去,着力于解放组织中人的潜能。另外一些专家则认为,仅仅着力释放人们的潜能会使组织管理理念陷入不相关的境地,限制了它为一个更好的未来做贡献,这是一个组织管理中非常重要的正在进行中的争论。随着一些其他价值观,如生态持续性、经济平等性等进入变革的领域,这一争论会变得更加激烈。组织管理专家将会更多地替组织出主意,帮助它们去平衡个人发展和工作需要,提高组织的短期利润,同时使长期环保可持续性最大化。在这么多的价值观中要取得平衡是很困难的,如果专家们能清楚地认识到这些价值和困境,并能帮助客户实施战略措施去解决它们,组织管理理念就会对组织的未来产生决定性影响。

(四)创新管理理念更具创新性和学习性

在组织管理理念所面临的千变万化的环境中,变化的目标应该更多地针对创造全新的结构、程序、行为,而不是仅仅对现状的调整。正如一位公司总裁所说,那些"管理变化"的组织已经落后了,以后成功的组织将是那些创造变化的组织,这就需要前所未有的变革和学习。股份分散所代表的利益分散,要求一个患难与共的未来,并且学习怎样实施它。由于这个过程一般都要涉及未知领域,组织成员得与变革代理人共同学习,共同开拓未知领域。实施新的组织管理创新将需要大量的实验,如参与者试用一些新的大量的工作、评估、调整方法。实际上,他们将会从自己的行动中学习到怎样创造新的战略、组织和服务。共同学习的努力能够使一些新的可能和方法得到实施,而这在以前是不可想象的。因此,这是一个创新的过程,而不是一个改错的过程。反过来,新的结构和系统会使组织的信息增多,从而提高它的学习能力与在一个技术和经济都在不断变化的环境中的适应能力。组织管理的一些干预措施,如行为科学心理研究、重点询问调查、自我设计型组织和学习型组织等,在不远的将来会出现创新的先行者。

二、创新管理的未来趋势

(一) 大数据时代的创新思维

近年来大数据技术的快速发展深刻改变了我们的生活、工作和思维方式。大数据研究专家舍恩伯格指出，大数据时代，人们对待数据的思维方式会发生如下三个变化：第一，人们处理的数据从样本数据变成全部数据；第二，由于是全样本数据，人们不得不接受数据的混杂性，而放弃对精确性的追求；第三，人类通过对大数据的处理，放弃对因果关系的渴求，转而关注相关关系。事实上，大数据时代带给人们的思维方式的深刻转变远不止上述三个方面，其关键在于它带来了人们思维的创新，将引起新的一轮创新浪潮，主要体现在以下思维的转变。

1.总体思维

社会科学研究社会现象的总体特征，以往采样一直是主要数据获取手段，这是人类在无法获得总体数据信息条件下的无奈选择。在大数据时代，人们可以获得并分析更多的数据，甚至是与之相关的所有数据，而不再依赖于采样，从而可以带来更全面的认识，可以更清楚地发现样本无法揭示的细节信息。正如舍恩伯格总结道："我们总是习惯把统计抽样看作文明得以建立的牢固基石，就如同几何学定理和万有引力定律一样。但是，统计抽样其实只是为了在技术受限的特定时期，解决当时存在的一些特定问题而产生的，其历史不足一百年。如今，技术环境已经有了很大的改善。在大数据时代进行抽样分析就像是在汽车时代骑马一样。在某些特定的情况下，我们依然可以使用样本分析法，但这不再是我们分析数据的主要方式。"也就是说，在大数据时代，随着数据收集、存储、分析技术的突破性发展，我们可以更加方便、快捷、动态地获得研究对象有关的所有数据，而不再因诸多限制不得不采用样本研究方法，相应地，思维方式也应该从样本思维转向总体思维，从而能够更加全面、立体、系统地认识总体状况。

2.容错思维

在小数据时代，由于收集的样本信息量比较少，所以必须确保记录下来的数据尽量结构化、精确化，否则，分析得出的结论在推及总体上就会"南辕北辙"，因此，就必须十分注重精确思维。然而，在大数据时代，得益于大数据技术的突破，大量的非结构化、异构化的数据能够得到储存和分析，这一方面提升了我们从数据中获取知识和洞见的能力；另一方面也对传统的精确思维发起了挑战。舍恩伯格指出，"执迷于精确性是信息缺乏时代和模拟时代的产物。只有5%的数据是结构化且能适用于传统数据库的。如果不接受混乱，剩下95%的非结构化数据都无法利用，只有接受不精确性，我们才能打开一扇从未涉足的世界的窗户"。也就是说，在大数据时代，思维方式要从精确思维转向容错思维，当拥有海量即时数据时，绝对的精准不再是追求的主要目标，适当忽略微观层面上的精确度，容许一定程度的错误与混杂，反而可以在宏观层面拥有更多的知识和更好的洞察力。

3.相关思维

在小数据世界中，人们往往执着于现象背后的因果关系，试图通过有限样本数据来剖析其中的内在机理。小数据的另一个缺陷就是有限的样本数据无法反映出事物之间的普遍性的相关关系。而在大数据时代，人们可以通过大数据技术挖掘出事物之间隐蔽的相关关系，获得更多的认知与洞见，运用这些认知与洞见就可以帮助我们捕捉现在和预测未来，而建立在相关关系分析基础上的预测正是大数据的核心议题。通过关注线性的相关关系，以及复杂的非线性相关关系，可以帮助人们看到很多以前不曾注意的联系，还可以掌握以前无法理解的复杂技术和社会动态，相关关系甚至可以超越因果关系，成为我们了解这个世界的更好视角。舍恩伯格指出，大数据的出现让人们放弃了对因果关系的渴求，转而关注相关关系，人们只需知道"是什么"，而不用知道"为什么"。我们不必非得知道事物或现象背后的复杂深层原因，而只需要通过大数据分析获知"是什么"就意义非凡，这会给我们提供非常新颖且有价值的观点、信息和知识。也就是说，在大数据时代，思维方式要从因果思维转向相关思维，努力颠覆千百年来人类形成的传统思维模式和固有偏见，才能更好地分享大数据带来的深刻洞见。

4.智能思维

不断提高机器的自动化、智能化水平始终是人类社会长期不懈努力的方向。计算机的出现极大地推动了自动控制、人工智能和机器学习等新技术的发展，"机器人"研发也取得了突飞猛进的成果并开始一定的应用。应该说，自进入到信息社会，人类社会的自动化、智能化水平已得到明显提升，但始终面临"瓶颈"而无法取得突破性进展，机器的思维方式仍属于线性、简单、物理的自然思维，智能水平仍不尽如人意。但是，大数据时代的到来，可以为提升机器智能带来契机，因为大数据将有效推进机器思维方式由自然思维转向智能思维，这才是大数据思维转变的关键所在、核心内容。众所周知，人脑之所以具有智能、智慧，就在于它能够对周遭的数据信息进行全面收集、逻辑判断和归纳总结，获得有关事物或现象的认识与见解。同样，在大数据时代，随着物联网、云计算、社会计算、可视技术等的突破发展，大数据系统也能够自动地搜索所有相关的数据信息，并进而类似"人脑"一样主动、立体、逻辑地分析数据、做出判断、提供洞见。那么，无疑也就具有了类似人类的智能思维能力和预测未来的能力。"智能、智慧"是大数据时代的显著特征，大数据时代的思维方式也要求从自然思维转向智能思维，不断提升机器或系统的社会计算能力和智能化水平，从而获得具有洞察力和新价值的东西，甚至类似于人类的"智慧"。

舍恩伯格指出，"大数据开启了一个重大的时代转型。就像望远镜让我们感受宇宙，显微镜让我们能够观测到微生物一样，大数据正在改变我们的生活以及理解世界的方式，成为新发明和新服务的源泉，而更多的改变正蓄势待发"。大数据时代将带来深刻的思维转变，大数据不仅将改变每个人的日常生活和工作方式，改变商业组织和社会组织的运行方式，而且将从根本上奠定国家和社会治理的基础数据，彻底改变长期以来国家与社会诸多领域存在的"不可治理"状况，使国家与社会治理更加透明、有效和智慧。

（二）基于互联网思维的创新

互联网的发展，是历史发展的大势所趋，是社会进步的潮流所向，更是未来中国的机遇所在。目前，关于互联网思维尚无统一的定义，一般认为，"互联网思维"是重新审视市场、用户、产品、企业价值链乃至整个经济发展的思考方式与思想方法。它不是技术思维，不是营销思维，也不是电商思维，而是一种系统性贯穿产品设计、生产、物流、营销等全流程的思维方式。关于"互联网思维"的内涵，比较公认的十个核心思维是：用户思维、简约思维、第一思维、标签思维、痛点思维、尖叫点思维、粉丝思维、爆点思维、迭代思维、整合思维。

1.用户思维。互联网消除了信息不对称，消费者主权时代到来。企业必须在市场定位、产品研发、生产销售乃至售后服务整个价值链各环节，都坚持"以用户为中心"的理念。主动站在用户立场思考产品，让用户参与产品开发，或是按需定制，追求用户体验至上，超出用户预期。

2.简约思维。简约是为了让用户能够迅速地找到自己所需要的功能，快速上手、零成本学习，本质上是减少用户使用负担，提升用户体验。

3.第一思维。互联网时代"胜者为王、强者恒强"，市场上第一名和第二名的占有率往往存在很大差别。企业必须树立第一思维，才能在市场竞争中脱颖而出，获得"滚雪球"式的成长速度。届时，其他竞争者将很难撼动其地位。

4.标签思维。在互联网时代，没有标签的产品等同于没有定位，有多个标签的产品也等同于没有定位。标签思维要求在产品初期就进行精确定位，并围绕这个定位进行开发、改进，持续专注地坚持这个标签。

5.痛点思维。痛点是指某项产品或服务被大多数人反复表述过的有待解决的问题。痛点的背后往往隐藏着有价值的功能诉求。在体验经济盛行的年代，痛点是一切产品开发的基础。要尤为重视挖掘用户痛点，提升用户体验，超越用户预期。

6.尖叫点思维。如果产品仅仅解决了用户的痛点，还不足以让用户推荐，必须让用户觉得实在是太好了，才会有尖叫点。

7.粉丝思维。学会借助网络通信工具，与粉丝密切互动，保持粉丝的参与感、尊重感、成就感。小米手机在开发之初，就不断吸收用户反馈、完善产品，这种迥异于传统企业的做法，让"米粉"们有了很强的参与感，成为小米发展的重要支撑。

8.爆点思维。爆点就是产品能够引爆话题的点。在互联网时代，企业需要着眼于产品本身的引爆点，借用微博、微信、博客、论坛等社会化媒体推广产品、形成口碑，需要将产品爆点用更加碎片化、更加网络化的表达方式不断推向网络。

9.迭代思维。互联网时代，从生产到消费的时间非常短，消费者意见反馈成本非常低。这是互联网产品能够"快速迭代"的基础。迭代思维允许产品有所不足，在持续迭代中完善产品。小米 MIUI 系统，就是以周为迭代开发的周期。

10.整合思维。整合思维要求跳出行业的条条框框，看到自身的资源、优势和弱势，看到行业和整个大环境的资源、优势和弱势。在不同整合对象之间寻找共同利益所在，同时能够提供彼此之间有利的条件，以达到"1+1>2"的整体效果。

"互联网思维"本质上是一种"用户至上、开放合作"的思维模式，它是相对于传统工业思维而言的，与传统工业思维模式存在诸多差异。

1.具有互联网思维的企业，主要关注产品可以带来多少用户，然后再考虑从用户身上获取多少利润，很多互联网企业的产品表面看没有盈利，其实是通过产品黏住用户，挖掘更多商机；传统思维则关注产品本身，所有的收益都与产品挂钩，盈利点过于狭窄。

2.互联网思维强调开放和大范围协作，注重外部参与，例如谷歌提供大量免费工具，利用众包模式设计谷歌眼镜；传统思维往往自闭于外界，即使有协作，也是小范围的协作。

3.互联网思维关注产品的可扩展性，通过软件升级不断提升产品功能，拉长产品生命周期；传统思维则关注以新产品替代旧产品，让用户更换产品达到升级目的，反而造成用户流失。

4.互联网思维注重吸纳用户参与产品开发，在信息面前人人平等，人人都可以参与产品开发；传统思维认为，用户只是产品的使用者，唯以参与产品开发。

5.互联网思维强调开放、协作、共享，讲究小而美，对应扁平化的组织架构；传统思维认为，组织架构自上而下、等级分明，讲求大而全。

可见，互联网思维的发展必然带动企业的转型与创新，对企业的生产、管理等方面均提出了挑战。如何在互联网时代实现创新，培养具有创新思维的人才，形成相应的创新管理机制，是创新管理未来研究的方向。

参考文献

[1] 张瑜.新经济背景下企业市场营销战略的创新思维 [J].中小企业管理与科技（下旬刊），2020（9）：46-47

[2] 李岩壁，于沛.新时代经济背景下学生创新创业能力培养模式研究 [J].营销界，2020（43）：195-196

[3] 聂嘉辰，孟祥静，杨雪.分析新经济背景下企业市场营销战略的创新思维 [J].山西农经，2020（12）：140-141

[4] 谭璐.经济新常态背景下企业工商管理创新对策研究 [J].中小企业管理与科技，2023（11）：145-147

[5] 邵晓睿.加强企业财务管理和提高企业经济效益 [J].中小企业管理与科技，2023（7）：155-157

[6] 张协奎，唐文倩，于保成.新时代区域经济学硕士研究生创新能力和实践能力培养研究 [J].广西经济，2022，40（6）：5

[7] 刘祥松.新时代下培养中职学生营销思维方式的影响探究 [J].经济与社会发展研究，2020（6）：1

[8] 于加琛.新经济时代企业市场营销战略的创新思维 [J].中小企业管理与科技（中旬刊），2019（12）：133-134

[9] 杨雨馨.新时代新征程深化党的作风建设研究 [J].经济师，2022（11）：38-40

[10] 闫新悦.试论新经济背景下企业财会管理创新路径 [J].财会学习，2023（6）：31-33

[11] 闫森，唐新贵，乔雯.新形势下企业家创新能力系统分析及提升路径研究 [J].对外经贸，2022（9）：88-90+148

[12] 李保良，侯丽娟.新形势下企业财务管理面临的困境和创新思维 [J].

商场现代化，2022（17）：129-131

[13] 王波，贺菁.论公共管理创新思维发展机遇与挑战 [J].商品与质量，2020（7）：14

[14] 甄岳.数字经济背景下中小型科技企业组织创新 [J].投资与创业，2022，33（2）：205-207

[15] 张定仁.巧妙开发问题，培养创新思维 [J].中学数学：初中版，2020（1）：2

[16] 陈勇.用新发展理念引领企业高质量发展 [J].企业文明，2022（1）：119

[17] 魏禹尧.构建经济大市背景下提升领导干部创新思维能力的途径 [J].中国市场，2021（10）：183-185

[18] 张小建.做好新时期就业创业工作重在创新思维创新实践 [J].中国就业，2022（8）：8-1

[19] 陈晓晓.完善企业经济管理体系提升企业可持续性发展研究 [J].商业观察，2022（19）：61-63

[20] 彭志刚.科学思维在企业管理实践中的应用分析 [J].交通企业管理，2022，37（1）：63-65：

[21] 刘甘林子.新形势下企业管理创新对现代企业转型发展的作用研究 [J].中国管理信息化，2022，25（2）：101-103

[22] 戚小华.后金融危机时代企业管理创新研究 [J].商业文化，2022（11）：54-55

[23] 任红杰.底线思维下企业技术创新风险治理 [J].合作经济与科技，2021（19）：136-138

[24] 邢红兵，高月.数字经济背景下企业管理创新路径研究 [J].现代商贸工业，2022，43（23）：23-24

[25] 安宇，王蒙蒙.园林设计创新思维在现代城市建设中的应用 [J].园艺与种苗，2022，42（6）：47-48+50

[26] 李玉钧.以系统思维创新班级管理模式 [J].新课程评论，2022：66-71

[27] 邓俊锋，张玉香.培养创新思维的经济理论课堂 [J].科教文汇（中旬刊），2020（35）：124-125

[28] 吴晓东.创新农业经济管理理念，提升农业经济发展水平 [J].农业开发与装备，2020（11）：40-41

[29] 张瑜.新经济背景下企业市场营销战略的创新思维 [J].中小企业管理与科技（下旬刊），2020（9）：46-47

［30］陆云.互联网经济思维模式下能源企业体制机制创新研究［J］.中小企业管理与科技（中旬刊），2020（08）：72-73

［31］张庆龙.数字经济背景下的财务思维创新［J］.财务与会计，2020（13）：83-85

［32］王勇.浅谈国企市场营销中的创新思维［J］.现代营销（信息版），2020（06）：234-235

［33］王敏.基于"互联网+"思维的国际经济与贸易专业创新性改革研究［J］.农村经济与科技，2020，31（6）：301-302

［34］于加琛.新经济时代企业市场营销战略的创新思维［J］.中小企业管理与科技（中旬刊），2019（12）：133-134

［35］王乐乐，曹伟.互联网思维与HRBP模式创新［J］.安徽理工大学学报（社会科学版），2020，22（1）：35-41

［36］胡烨，张硕.以系统思维推进管理创新的路径分析——以中国电力工程顾问集团有限公司为例［J］.中国勘察设计，2022（1）：82-84

［37］张卓雅.基于"互联网+"时代的企业管理创新探讨［J］.投资与创业，2022，33（7）：189-191

［38］周聪.企业管理的创新型思维建设研究［J］.营销界，2022（23）：161-163